奇蹟課程釋義

正文 行旅

Journey through the Text of A Course in Miracles

第三冊（第九章～第十二章）

肯尼斯‧霍布尼克博士（Kenneth Wapnick, Ph.D.）◎著

若　水◎譯

奇蹟課程基金會授權出版

目 次

第九章

接受救贖

導　言

整部《奇蹟課程》的信息，可以濃縮為「**寬恕**」兩個字；只不過，多半人大概沒注意到，寬恕的理念雖然不斷出現於〈正文〉前八章，卻要等到第九章，耶穌才正面討論這個觀點。我們已多次解釋過其中的原委，因為如果不先搞清楚小我是怎麼一回事，就不可能了解寬恕之妙。要知道，寬恕除了化解小我的投射以外，便沒有其他意義了。故在論及寬恕之前，我們必須先了解罪咎、投射與攻擊是如何相互作用的；而聖靈的寬恕正是針對這套罪咎懼體系而設計的療癒過程。在進入聖靈的修正計畫以前，讓我們再度探討一下小我的寬恕計畫及其內幕。

　　不過，在此之先，我們還得具體探問一下，究竟是小我思想體系的哪些因素導致聖靈給出這種修正方式？這又把我們帶回《奇蹟課程》另一重要主題，就是：小我深怕聖子會改變心意而選擇聖靈。我們會發現，耶穌從這個主題又延伸出一個饒富深意的對比，即「聖靈的偉大」與「小我的自大」之間的天壤之別。

小我對救贖原則的恐懼

　　現在來讀讀本章開場的幾句課文，它言簡意賅地為我們揭開了這套投射體系背後隱藏的原委：小我實在太害怕我們回歸心靈之後可能發生的後果了，才費盡心思地策畫出這一整套應對方法。

(I.1:3~5) 真相只可能「威脅」到幻相，因為真相只可能支持真理。上主的旨意就是你的真相，你若對它心懷畏懼，表示你害怕面對自己的真相。換句話說，你所怕的並非上主的旨意，而是你自己的意願。

　　顯然，我們害怕的不是上主或上主的旨意，而是心靈的選擇能力；只因它意味著我們隨時可能改變自己的意願，轉而抵制天人分裂的企圖，放棄自我形象（或自我觀念），最終選擇上主的旨意。下面短短一段話將「小我對救贖的恐懼」發揮得

淋漓盡致：

(I.2:1) 你的意願並非小我的意願，為此，小我才會跟你作對。

　　可還記得，小我一直想方設法說服我們，說它就是我們的抉擇者。換句話說，與上主分裂純粹是出於我們自己的意願。被小我逼瘋了的我們，最後終於認同了小我的瘋狂體系，相信自己真的已經與上主分裂；而這個分裂出來顯得與眾不同的個體生命，正是「我」。請留意一下，「意願」（will）一詞，在《奇蹟課程》中通常留給上主或聖靈專用，只有在此才借給小我用在分裂上。

(I.2:2) 你表面上好似害怕上主，其實你怕的是自己的真相。

　　這句話說得真是一針見血。其實這個觀念在全書中屢見不鮮，尤其是第十三章「對救贖的恐懼」那一節（T-13.III），耶穌講得最為精闢：小我為了讓我們對上主敬而遠之，不斷發出警告，說我們犯了褻瀆上主之罪，上主必會大發雷霆，伺機報復，奪回我們從祂那兒盜取的生命（請參閱附錄「奇蹟課程思想體系圖」中那個妄心方框）。難怪我們會對上主如此恐懼，而且深信自己若留在心靈內，必死無疑。接著發生的故事，大家早已耳熟能詳了——於是我們把一生的精力都投注在逃避天譴上，最後終於抵不住小我的慫恿而從心靈出走，變成了一具身體，徹底遺忘自己原是心靈這一回事，內心卻始終有一股莫名的恐懼暗中作祟，逼得我們只好把這恐懼不分青紅皂白地投

射到外面的人事物上，從此，世界變得草木皆兵，自己也活得膽戰心驚。

　　耶穌在此點明，我們真正害怕的並非上主，而是我們自己的生命真相。說得更具體一點，我們害怕自己的心靈會**選擇**那一真相。想當初，我們面臨小我的瘋狂一念和聖靈的清明之念之間的選擇時，竟然**接受了小我的分裂之境當作自己的現實**，這等於否定了聖靈的答覆，拒絕接受「什麼事也沒發生，我們仍是上主的創造，不只源自於愛，我們就是愛；愛才是我們的生命真相」這個救贖原則。既然小我的出現是基於我們拒絕了愛，難怪小我老是擔憂我們有朝一日會改變心意，再次選擇回歸於愛。因此才說，我們真正害怕的，並非世上任何東西，也不是上主會怎樣懲罰我們（幻相有什麼可怕的，更別提實相了）。唯有陷於瘋狂夢境的個體生命，才會感到實相的威脅，因為它知道真理之光必會驅散小我的黑暗幻境。

(I.2:3) 在驚惶不安的心情下，你不可能學到任何始終如一之事的。

　　我們始終都活在惶恐不安中，只是絕大多數的人意識不到而已。其實正因我們驚惶失措，才會從心靈出走，逃入世界，基於「**觀念離不開它的源頭**」之原則，它必會在人心內烙下驚恐的陰影。只是，我們愈來愈善於隱藏，精於投射，把驚恐之心轉嫁於他人或外境。耶穌在此意味深長地說：驚惶不安的學生是學不到任何東西的。道理很簡單，我們若對授課老

師心懷畏懼，不論他講得多好，我們都不會從課堂上學到任何東西的。恐懼必會干擾學習，只有接納的心胸，才具有吸收的能力。《奇蹟課程》所教的，和兩千五百年前柏拉圖之「記憶說」（anamnesis）殊無二致：真理只等著我們接受，因為它始終存在我們心內；只因恐懼作祟，我們才無從憶起。難怪小我想盡辦法也要讓我們驚惶不安，如此才會對它的伎倆言聽計從，開始建立種種特殊關係來安撫不安的心靈，這麼一來，生命本有的一體真相必然顯得更加遙遠而且虛幻無比。小我當然不會告訴我們，學習的訣竅即是放下舊日所學，它豈會容許我們放棄它所灌輸的那套謊言？

(I.2:4~5) **本課程的宗旨本是為了幫你憶起自己的真相，但你卻對自己的真相退避三舍，自然不會好好學此課程。然而，正因你不知道自己的真相，這部課程才會來到人間。**

正因如此，即使是願心十足的奇蹟學員，一碰到奇蹟形上理念也會卡住，更別提深入體驗了，這才使得耶穌所要給的平安無緣進入我們的意識領域。由於《奇蹟課程》不只明白點出我們的生命真相，它還揭發了我們是如何處心積慮地想要否認這個終極身分，先打造一套小我的思想體系，繼而投射出一個世界來為小我掩飾。難怪我們開始學習這套課程時，會感到舉步維艱，因為我們真的很害怕知道「實相和幻覺，基督和小我，自性和自我」之間的內幕。

(I.10:1) **你若向聖靈求取對你有害之物，祂是無法回應的，因**

為沒有一物傷害得了你，因此，即便你求了，等於什麼也沒求。

　　我在「前奏曲」就提過，耶穌很愛玩文字遊戲，上面這段引文就是在玩nothing一字的兩種用法，一是「沒有一物」，另一則是「什麼也沒求」。說「沒有一物傷害得了我們」，等於在說「幻相對我們一無所能」。活在夢中的我們當然認為幻相有左右自己的能力，但在實相領域，它對我們真的一無所能。因此若向聖靈提出具體要求，表示我們相信那個虛無之物**傷害**得了自己，但事實上：「祂是無法回應的。」以及「即便你求了，等於什麼也沒求。」我們的祈禱，一落入具體事物，和特殊性沾上一點邊，頓時便失去了意義，因為聖靈除了提醒我們選擇救贖、憶起自己的真相以外，祂無法干預我們的決定。故從實相層面來講，沒有一物傷害得了百害不侵的聖子，因為虛無沒有左右我們的能力。然而一旦落入小我夢境，那就另當別論了——虛無確實能夠呼風喚雨，因為我們先相信分裂的幻覺能夠改造完美的聖子，而且已經改變了聖子與天父永恆一體的真相。

(I.10:2~3) 凡是出自小我的願望，其實什麼也沒求，故根本不能算是一種祈求。它徒具祈求的形式，骨子裏卻是一種排斥或否認。

　　「虛幻的願望」和「祈求虛無之物」，其實是同一回事，終究「什麼也沒求」。這種祈求等於在說：「我相信小我是真

的，我必須滿全它的需求，耶穌，請你幫個忙吧！」這種祈求，等於否認「我們什麼也不缺」的事實。然而，靈性是不可能有任何欠缺的，因為它的「所是」就是「所有」，故說這種祈求等於「什麼也沒求」。我先前解釋過，我們早已「擁有一切」（T-3.V.6:3），唯一有意義的祈求，就是請祂教導我們寬恕，協助我們改變心念，進而憶起自己還有心靈這一回事。一進入心靈，我們便會面臨兩種選擇；但請記住，只有一個選擇是真的。

(I.10:4) 聖靈毫不重視外在的形式，只注重內涵與意義。

我們在第八章已經探討過這個觀念，聖靈對「形式」層次的問題毫無興趣，它們只是分裂之念投在心靈上的一道陰影；而分裂之念始終留在心靈內，故聖靈從不會被問題表相所遮蔽。為此，我們可以這麼說，我們的求助一旦落入有形層次，等於和《奇蹟課程》的教誨背道而馳。雖然我們也不否認，書中的確有幾處好似要我們具體說出自己的需求，那是因為我們還處在靈性階梯的底層，仍然相信自己就是這一具身體，耶穌只好遷就一下，如此而已。等到我們拾級而上之後，終會意識到，世間沒有一事有勞他出手，不論發生了什麼，全都無足輕重，因為「**觀念離不開它的源頭**」。人類有待協助的只有這一件事──如何才能憶起夢境中的自己其實是具有抉擇能力的心靈，因為心靈才是罪咎之所在、寬恕之樞紐。

(I.10:5~8) 小我無法向聖靈要求任何東西，因為他們之間的交

流早已斷絕。但是你能向聖靈要求任何東西，因為你對祂的要求是出自你的正見之心，故而真實無比。聖靈豈會否認上主的旨意？祂在聖子心中怎麼可能認不出這一旨意？

上主既然不可能知道分裂的存在，自然也不可能知道小我的存在了。小我和聖靈都各執一詞，兩者的前提不僅相反而且彼此相斥。縱然如此，聖靈仍然**能夠**運用小我所造的一切（包括了世間萬物以及人際關係），來改變我們的心念，並賦予它們不同的目標及意義。請記得，這段引文的「你」，仍是指抉擇者。正見之境的抉擇者只會祈求聖靈幫助我們憶起真相，也只會分享祂的慧見，把世上的一切都轉化為學習的機會，最後領悟出「我們全都被寬恕了」這一事實。

(I.11:1) 你尚未認清自己在否認真相上所耗損的鉅大能量。

光是這一句話，就足以讓我們停下腳步，看看自己（更別提一般人了）是怎麼過日子的，我們投入多少時間保護身體或改善世界。看清楚了，便不能不承認我們確實把畢生的精力都耗損在「否認救贖真相」上了。然而，救贖不在身體或世界，而在自己心裡，身體與世界不是我們存在的目的，只是給我們一個轉變心念的機會而已。我們應隨時記住，小我打造世界以及製造問題的動機，只是為了掩藏真正的問題，令我們不得不對它言聽計從，與世界同流合污，終此一生忙著解決根本就不存在的問題。

幾年前，我為世界下了這個定義：世界，只是對一個不

存在的問題所給最糟的解決方案。何以說是「最糟的」？因為那個解決方案徹底無效，它從來沒讓我們活得真正幸福。更何況，世界一心想要消除的罪咎，本身就是無中生有的問題；而小我正是為了壓抑那無中生有的罪咎，才費盡心思把它投射於外，打造出一個人影幢幢的世界，活靈活現地展現在我們眼前。接著，小我又使出更陰險的一招，慫恿我們去祈求聖靈來幫忙解決那些同樣無中生有的外在問題。最常見的例子，就是小我會把「寬恕」或「求助」這類靈性觀念套用在夢境上，也就是在「世俗的框架〔身體〕」進行寬恕（S-2.III.7:3）；它可不要我們把虛幻夢境帶到聖靈前，以免我們改變心念。這正是先前引用過的小我處世原則：「打不過它，就與它結盟。」也因此，小我絕對不會阻止我們靈修，但它會暗中扭曲我們的初衷，令我們不知不覺地壯大了小我的聲勢，卻還不知道究竟哪兒出了差錯。

(I.11:2) 對於「知其不可而為之」而且「不達目的絕不罷休」的人，你能對他說什麼呢？

現在，回到奇蹟交響樂的一個重要主題曲：我們鍥而不捨所學到的那一套人間智慧，不僅不會帶來幸福，而且註定失敗。這和世間的信念恰恰相反，好比唐吉訶德舉起長矛向那象徵魔鬼的風車挑戰，神智清明的人只會把他當成一個瘋子，因那個象徵小我的風車不僅不存在，甚至，就算打敗了它，也不會帶給我們平安的。

(I.11:3) 認為自己必須擁有那不存在之物才會幸福，這一信念徹底違背了上主的創造法則。

　　耶穌在此說的正是特殊性「認為自己必須擁有……才會幸福」的那個「不存在之物」，也就是指別人擁有而自己欠缺的特殊之物。然而，人間只有一個東西堪稱「特殊」，那就是愛，它反映出天堂的「創造法則」。這個愛必是眾人平等共享的，因為，存在於人間的，只有一個愛。

　　從這兒一直到本段的結尾，都在為我們闡釋「分裂不曾發生」的救贖原則：

(I.11:4~6) 上主的旨意不可能讓幸福奠基在你永遠不可能得到之物上頭的。上主是愛這一事實，不需要你信仰，只需要你接納。你有否認這一事實的本事，卻沒有改變它的能力。

　　「上主是愛這一事實，不需要你信仰」，因為它是**真理**；不過這個真理需要我們接納才是真的。然而，這並不是說，我們若否認它，它便不真了；而是說，如果我們追求的是特殊性，不僅永遠不可能得到，還會遮蔽了這個最單純的終極真理——上主的愛永遠不變，身為聖子的我也永遠不變。這才是關鍵所在。

(I.11:7~9) 你若用手蒙住自己的眼睛，自然無法看見，因為你違反了看的原則。你若否定了愛，就無法知道愛的真相，因為你的參與及配合正是愛的存在法則。幸福法則是為你而造，卻

不是由你所造的，為此，你無法改變這些非你所造的法則。

縱然肉眼無法看見救贖為我們呈現的存在真相，卻也無法將它由我們心中抹去。抉擇者只是暫時失明，失去心靈的慧見而已。即便我們認定自己的心靈不堪一擊，並不意味它真的無能，只表示我們一時忘記它扭轉乾坤的選擇能力而已。

耶穌繼續陳述小我如此害怕我們發現真相的另一隱衷：

(IV.10) 真正可怕的是幻覺，除了對真相已經死心或絕望的人以外，誰會轉向幻覺求助？幻覺絕不可能滿足你的，因此，改變你對真相的看法才是你唯一的出路。唯有你那個「真相是可怕的」的看法是錯的，上主才可能是對的。而我敢向你保證，上主絕對是對的。那麼，你該慶幸自己始終搞錯了，而那不過是因你尚不知自己真相之故。你一旦知道了真相，就會像上主一樣，永遠不再出錯。

讀了這一段話，我們便不難明白，為何世人不惜一切也要證明自己是對的，那不只是維護個人的立場，更是攸關生死之戰。倘若我對事情果真看走了眼或判斷錯誤，不就影射出我的存在本身無疑是一個錯誤！人人的心靈深處都埋藏著一個記憶：我曾經犯下一個天大的錯誤，選擇了小我而放棄自己的基督身分。而聖靈在我們心中代表了「上主是對的，我所認同的小我是錯的」這一真相，為此，我們不得不打造一個虛幻而恐怖的世界，證明上主那一套不可能正確。幸好，「上主的想法

則恰恰相反」（T-23.I.2:7），終有一天，我們會為這個真相深感慶幸，寧願選擇快樂幸福也不再堅持自己是對的了（T-29.VII.1:9）。

接下來，我們進入本章相當重要的一節「兩種評價」，它只是換了一套詞彙來描述我們看待自己的兩種眼光——不是小我就是聖靈。我們若選擇小我，就會「虛誇自大」，相信自己擁有毀滅上主及天堂的能力，不僅可以釘死祂的聖子，還能使著盜取來的生命與上主分庭抗禮。小我企圖用這個「我」來取代「莊嚴偉大」的真實生命，也就是我們與上主一體的自性。聖靈則透過「救贖原則」，教我們明白，我們從未和自己的靈性或自性分開過，這正是聖子天賦的「莊嚴偉大」，只是被小我偷天換日，變成一個「虛誇自大」的小我。接著，我們就來讀本章的第七節，也就是「兩種評價」這一節，它為我們對比了「回歸聖靈的幸福結局」以及「繼續和恐懼不安的小我廝混下去的痛苦」這兩種截然不同的人生。

(VII.3:1~3) 聖靈若以愛心看待祂眼中的萬物，毋庸置疑的，祂也會滿懷愛心地看待你。祂對你的評價是根據祂所知的你的真相，因此祂對你的評價必然真實無比。而這評價也必然存於你心，因為祂就活在你心內。

無疑的，小我最害怕聽到的正是這種正見或評價，因為這會徹底瓦解小我的存在基礎。為此，小我在我們心內輸入一套罪咎觀念，使得我們無法用愛的眼光來看待萬事萬物。為了保

住自己的個體價值，我們竟然接受了小我給我們的錯誤評價，即使為此吃盡苦頭，也在所不惜。

(VII.3:4~10) 小我也在你心中，只因你讓它寄身於此。然而，它對你的評價卻和聖靈截然相反，因為小我根本不愛你。它對你的真相毫無概念，它連自己的所知所見都不敢信任，只因它的知見反覆無常。因此小我在最好狀態下，只是猜忌狐疑，最壞狀態便會心狠手辣。因為它的能力僅限於此。它無法超越自己的限度，只因它本身反覆無常。既然它永遠無法肯定，故永遠無法超越那種兩極反應。

　　小我不可能愛我們的，因為它根本不知道我們就是愛的造化。小我只知道我們不僅有選擇它的能力，也有否定它而轉向聖靈的可能，以至於對我們充滿了猜忌和疑慮，簡直就像患了精神妄想症。心靈內認同小我的那一部分，想盡辦法從圓滿一體中分立出去，替我們活下去，卻又終日提心吊膽，唯恐我們憶起「自己本是心靈」──只因無論心靈作錯了什麼選擇，它始終都有重新選擇的機會。為此，小我使出「失心」的策略，打造出物質世界和身體來隱藏它那套分裂與罪咎的思想體系。小我之所以打造出這麼虛誇自大的世界，充滿「猜忌狐疑」，乃至「心狠手辣」、「反覆無常」，為的就是要取代聖靈心目中莊嚴偉大的我們。

　　若想得到《奇蹟課程》的精髓，就必須識破小我這種狠毒的心機。小我使出它的防衛機制，想方設法讓我們的眼光膠著

於自己的特殊性和他人的攻擊，導致我們在這失心世界愈陷愈深。至此，我們不難領會〈練習手冊〉所說「我絕不是為了我所認定的理由而煩惱」之深意（W-5）。從經驗的層次來講，那些煩惱明明是來自身外那個作惡多端的小我世界，實際上，所有煩惱都是從感到罪孽深重的小我妄心內冒出來的。唯有看清心靈的內在真相，再也不受心狠手辣又虛有其表的小我所蒙蔽，我們才有機會跳脫小我的重重機關，找回心靈的力量，欣然接受聖靈對我們的自性最真切的評價：

> 我是上主之子，圓滿、健康而且完美無缺，在聖愛的倒影下閃耀著光輝。在我內，祂的造化受到了祝聖，永恆的生命亦獲得了保證。在我內，愛得以圓滿，恐懼無處容身，喜樂所向無敵。我是上主的神聖家園。我是天堂，祂聖愛的居所。我是祂神聖的無罪本質，因祂的純潔無瑕就存於我的純潔無瑕裡。（W-PII.十四.1）

(VII.4:1) 於是，你心中對自己便有了兩種矛盾的評價，它們不可能同時是真的。

耶穌在此再度強調心靈的樞紐作用。雖然小我和聖靈都活在心內，但兩者不可能並存，故也成了小我的心頭大患——因為選擇其一，必然否定另一。這可說是正念心境的「**非此即彼**」原則。我們只要選擇聖靈，牽起耶穌的手，踏上寬恕之路，小我便頓失立足之地。也因此，小我的擔憂絕不是沒有理

由的。

(VII.4:2) 你尚不明白這兩種評價根本南轅北轍，只因你不了解真實的你在聖靈眼中何等崇高。

這正是問題所在，沒有了這具身體，我們根本不知道自己是誰。這也是為什麼我們喜歡把上主或聖靈想成人類的一份子，有手有腳，有性格也有想法，甚至還有情緒。然而，縱使耶穌確實在人間活過，卻再也不是我們心目中那個「人」了；他已化為正念心境中的「一念」，而成了「正念之我」的象徵。話雖如此，我們有時還得把耶穌以及正念心境裡其他「非具體」的聖念加以人格化；唯有透過這類形式，我們才推想得出自己的真實自性是怎麼一回事。但是，如果對祂們的「形式」過於當真，甚至把自己分裂性的存在特質套在祂們身上，那問題可就大了。因為天賦聖子的大能及榮耀只可能存在一體心靈內，和身體完全無關。也因此，只要我們仍視自己為一個個體，而且把身心的經歷當真，是不可能接受聖靈對我們的真實評價的。幸好，不論我們接受與否，真相始終不變，我們都是聖子奧體的一部分、上主天心的一個聖念。人間的語言再美，也終究無法道盡我們在耶穌慧眼中的光輝聖潔。

(VII.4:3~4) 祂不會被你的所作所為蒙蔽，因為祂須臾不忘你的真相。你的所作所為卻常蒙蔽了小我，尤其當你與聖靈互通聲息之時，那些經歷只會加深小我的迷惘。

小我聽了這些話，恐懼必然變本加厲。《奇蹟課程》雖然

用非人格化的「它」來稱呼小我,卻經常把小我描述得像人一樣,說它是如何設計陷害、如何發動攻擊,又如何一步一步誤導我們的。究竟說來,小我不過是我們心中的一個觀念或想法而已,一旦和小我那套分裂思想體系認同,我們就成了它的化身。那麼,已經與個體性及特殊性認同的那一部分心靈,自然會害怕我們改變心意,轉而相信聖靈,接受耶穌對我們的「評價」,甚至操練起寬恕。我們緊接著就會讀到,那個另起爐灶的「我」為了自保,是如何圖謀對策的:

(VII.4:5~9) 因此,每當你以愛心與人互動之際,小我很可能大肆攻擊你,因為它早已斷定你沒有愛心,而你竟然違反了它對你的評論。只要你的意向與它對你的看法不符,小我便認為你居心叵測而攻擊你。這時,它的猜忌狐疑會頓時轉為心狠手辣,因為它反覆無常的本性會變本加厲。你實在無需反擊回去。否則你不就中了小我的圈套,證明它對你的評價正確無誤?

顯然,不論我們攻擊何物,都表示我們已經把它弄假成真了。反之,當我們開始認真操練每日練習時,就會隨時向聖靈求助,放下內在的怨尤、判斷,甚至於甘願放棄受害者的自我認同。在這個節骨眼上,我們很可能感受到耶穌所說的「心狠手辣」的小我。我們心內始終有一部分想在人間活出一副「純潔無罪的面容」(T-31.V.2~5),這一部分的我一旦遭遇到超乎自己所能掌控的困境,便會驚惶失措。想一想,如果我沒有一

堆問題，也稱不上是受害者，更沒有特殊性，那我還算什麼？難怪我們會企圖抵制聖靈的救贖，想盡辦法強化分裂的感受。我曾經說過，小我維繫分裂最拿手的本事就是攻擊和生病：為了撫平內心的憤怒，我們若不是發洩在別人身上，就是無情地打擊自己。比如說，讓自己一病不起，或故意在工作上擺爛而被解雇，甚至剛買的新車出門就發生事故，可謂層出不窮。反正只要能夠證明小我那套處世妙方言之成理、耶穌那一套解決方案很不可靠，我們真的「萬死不辭」。這就是〈練習手冊〉「生病乃是抵制真相的防衛措施」那一課的深意（W-136）。小我一看到真相快要浮現心中了，立刻發動攻勢，警告我們，真理和心靈或靈性無關，身體的現實才是真相。於是乎，我們馬上身體出現不適，或是突然對人生的經歷感到憤怒、沮喪或無能為力。

　　總之，人生本來就是殘酷無情的，為此，我們必須看透小我的陰謀，當不幸來臨時，便知道原因何在了。並非因為我們沒有認真操練《奇蹟課程》，而是心靈開始恐懼了，奇蹟學員未曾經歷過這一階段的，可說少之又少。當我們真正深入研讀這部課程時，會突然領悟到，原來耶穌的教導從來不是針對我這具血肉之身而說的，內心不可能不感到焦慮。確實如此，耶穌三番兩次告訴我們「心靈才是一切，身體無足輕重」，所以，他怎麼可能跟虛有其表的「我」說話呢？書中的教誨全都是針對「作錯選擇卻故意遺忘」的抉擇者而說的。當一切責任落回抉擇者身上時，我們不可能不焦慮，只因小我一定會伺機

警告：「再修下去，上主一定會整死你、將你打回萬劫不復的
虛無深淵！」接著，小我使出它的殺手鐧，鼓動我們為自己的
分裂王國以及特殊價值繼續奮鬥下去，無論如何，就是絕不允
許我們越雷池一步。

**(VII.5) 你若甘心把自己視為沒有愛心的人，你是快樂不起來
的。如此詛咒自己之後，你必會認為自己一無是處。你難道會
請那使你感到一無是處的小我來幫你擺脫這種窩囊之感？小我
就是靠這形相而立足的。它會想盡辦法維繫你這形相，你若繼
續採用它的策略，豈能擺脫得了它給你的評價？**

確實如此，我們這一路都在向小我求助，習慣用自己的成
長背景或過去的經驗來評估眼前發生的事（小我如何利用過去
來詮釋現在，是《奇蹟課程》另一個重要主題，我們留待下一
章細述）。簡單地說，聖靈不可能活在過去，小我又不可能活
在當下，因此，如果我們一味著眼於過去，豈不表示我們存心
不想知道聖靈對眼前此事的看法了？小我對現狀的種種解析，
我們一聽就懂，卻全是瘋狂之見；至於清明之見，我們一無所
知，卻又不甘心向它請教。正因我們根本意識不到自己多麼
依賴小我來護守自己的特殊性，耶穌為了切斷我們的依賴，才
語重心長地說出上述這一番話。

《奇蹟課程》的思想體系簡直是顛覆現實，但只要我們用
心操練下去，遲早會領悟出：世界所教的那一套，對自己一點
用處都沒有；而我們由課程學來的這一套，對世界也是一點用

也沒有。故說寬恕需要一段漫長的過程。也因如此，我把〈正文〉形容為含有三十一個樂章的大交響樂，我們需要反覆聆聽類似的主旋律，才可能領會作者的用心。然而，不論耶穌的教誨多麼具有說服力，我們也真有回家的願心，卻仍會害怕失去自己的小我，覺得「把真相帶入幻相」遠比「把幻相帶入真相」容易得多。這種恐懼不時在心內作祟，不是一朝一夕能夠消除的，幸好耶穌有「無限的耐心」陪伴我們，直到地老天荒（T-5.VI.11:6）。

(VII.6:1~4) 你無法從一個神智失常的信仰體系作出正確評價的。它本身的限度排除了這種可能性。你唯有把自己提昇到神智清明之境，俯視這一切，才可能看清兩者的鮮明對比。神智失常的狀態只有在此對比之下，才會顯得確實瘋狂無比。

　　這兒的「你」當然還是指抉擇者；也就是本書附錄的圖表中，標記著「上主之子／抉擇者／夢者／觀者」那一橫線中間的黑點。當上主之子決定回到抉擇者所在的那一部分時，表示他已躋身於正念心境的觀者之列，能夠和耶穌一起正視小我瘋狂無比的思想體系了。凡是「身在此山中」之人，是不可能看出小我神智失常到什麼地步的，難怪心理分析學推到這兒就碰壁了。在佛洛伊德的學說中，小我和心理（psyche）是同一回事，他雖也深知小我的瘋狂，但他只能從小我的角度去解析小我，當然對小我束手無策。其實，我們是有出路也有能力掙脫小我的，〈正文〉把那個解脫的過程形容成「超越戰場之上」

（T-23.IV）。我們都知道，**觀念離不開它的源頭**，世界和妄心，
表裡相映，同出一源，故只要提昇到世界和妄心之上，便不難
看清自己所認同的分裂及死亡的噩夢。耶穌在隨後幾章還會進
一步為我們解說，奇蹟是如何將我們領回心靈的抉擇者那一點
上。在那兒，我們不只看清了小我為特殊性打造的噩夢，同時
也會看到聖靈賜我們的救贖美夢，兩者涇渭分明。總之，我們
必須回到「那一點」上頭，才可能看清小我的瘋狂面目，之後
的選擇也才會顯得意義非凡。至此，我們終於明白了瘋狂的起
因，也懂得自己為什麼這麼死心塌地著眼於外在形式，而不看
內涵，全都是因為我們決定放棄一體真相而選擇了分裂。

　　本段一開始就強調「退後一步，和聖靈一起正視小我」的
重要性，這是無望的世界中人的唯一出路。只要活在這個徹底
瘋狂的世界裡，不論我們如何努力去適應它，都是毫無希望
的。最典型的莫過於戰爭的邏輯，一有矛盾，人們就認定唯有
開戰才能解決問題，其實戰爭手段乃是針對瘋狂行動的一個瘋
狂反應。不論是瘋狂的行動或瘋狂的反應，全都出自瘋狂的念
頭，它只會引發更加瘋狂的行動與更加瘋狂的反應。小我最瘋
狂的地方就是它的解決方案必會引起惡性循環，瘋狂激起瘋
狂，變本加厲，最後一發不可收拾。為什麼人類的政府會笨到
這種地步？因為世上每個人都是如此反應的，而小我**正是**那套
主張分裂與攻擊的思想體系之化身。總之，若想從人間地獄脫
身，唯一的出路就是跳脫小我的思想體系，這就是為什麼我們
需要時時跟耶穌連線的緣故。我們心中若沒有他的清明和愛

心，面對這麼瘋狂而且陰險的小我世界，必會激發更深的恐懼、更多的批判，怎麼可能一笑置之，只好一而再、再而三地瘋狂下去，直到生靈塗炭，同歸於盡。

(VII.6:5~7) 你雖具有上主的莊嚴偉大，卻自甘卑微，然後為自己的渺小悲哀不已。只要你一落入這一體系，你便沒有其他選擇的餘地，悲哀是勢所不免的。你的渺小卑微在這個體系內被視為天經地義，使你無從反問：「這是誰定的？」

「虛誇自大」只是平反「渺小卑微」的伎倆，虛張聲勢地宣示自己的偉大：「誰敢說我渺小？我已經和上主平起平坐了！」但在骨子裡，卻自知罪孽深重，寢食不安，害怕上主隨時會來討債索命，故常「為自己的渺小悲哀不已」。也唯有落入小我的「卑微」之夢的人，才會生出必受「天譴」的瘋狂信念。幸好，只要跳脫瘋狂的戰場，便不難對這愚昧想法莞爾一笑了。耶穌這番教誨深具救贖的力量，他說：賦予你這身分以及接受這一身分的，就是你自己的抉擇者。

接著，耶穌向抉擇者喊話了——我們發現耶穌向心靈喊話的次數愈來愈頻繁了。他好似說：「身體，我可不是跟你講話，我豈會對影子發言？我這一番話是向那一度因為神智失常而選擇了小我的那位抉擇者說的。」我們真的從不追問心內的罪惡感究竟是誰給的，只覺得「天經地義」，就全盤接收了。只因我們與罪咎的認同如此之深，不再質疑它的來源，只會一味否認這是自己幹的好事，凡此，無非表示抉擇者相信了小我

的分裂謊言。從此以往，我們都在忙著為那個謊言圓謊，九死
而不悔。

**(VII.6:8) 這一反問對小我的思想體系可說是離經叛道，因為它
等於向整個思想體系提出質問。**

　　耶穌接著前面「是誰定的」那個問題追問下去，答案當然
是抉擇者。但這答案在小我思想體系中根本無法成立，因為小
我只相信這一具失心的身體，心靈對它根本就不存在。小我為
了不讓我們想起是誰讓我們感到罪孽深重的，遂一再告誡我們
這種「**質疑**」毫無意義，只因這一問等於「**懷疑**」小我思想體
系的可信度。這個懷疑遲早會讓我們意識到，小我那套虛誇的
分裂體系全是捏造的謊言。下一節馬上便會詳述小我的對策，
它發明了一套寬恕，喬裝成愛的正見，來護守自己虛誇自大的
門面。

**(VII.7:1~2) 我曾說過，小我並不知道真正問題之所在。缺乏真
知，通常與「不願知道真相」有關，才會導致全面的無知，因
真知是全面性的。**

　　耶穌在此繼續玩「全面」（total）的文字遊戲。由於我們
「不願知道真相」，自然也無從得知自己是「**整體**」（totality）
的一部分。一旦質疑小我，很可能導致假我的「全面」瓦解，
直接威脅到自己的特殊性。總之，只要開始質疑小我的分裂體
系，遲早會將我們領回到心靈內可作抉擇的那一點上；人間一
切苦難全都出自那兒。我們這一生無論歷經多少滄桑，都無法

諉罪於人，因為那是我們編織的夢，夢中的一切皆出於自己的心靈決定。

(VII.7:3~5) **你若不向自己的渺小卑微提出質疑，表示你為了保護小我的思想體系而不惜否認一切真知。你無法只保留一個思想體系的某一部分，因為你若要質疑，必須從基礎上釜底抽薪。你還得超越這一體系之上，才有反身質問的餘地，因為它的理論基礎在自己的體系內是可以自圓其說的。**

這一段話充分解釋了世界存在的目的。小我十分清楚，我們一旦質疑自己的渺小，遲早會延燒到它的整套體系而消失於它本來的虛無中。若要防止我們質疑當初那個決定，最好的辦法莫過於否認心靈的存在。心靈不見了，抉擇者隨之消失，我們再也無法反問「我究竟是什麼」，那卑微的生命也就順理成章地取代了自己，孕育成為一具身體，連出生的決定權都不在自己的手裡。

總之，小我絕不容許我們回到一切問題的起點（就是圖表中分裂妄心方框上的黑點），也因此，它絕對不會手下留情的。由於天堂或地獄全繫於那一部分心靈的選擇，唯它有能力把幻相弄假成真，讓不可能的事好似發生了，而這正是小我最根本的立基點。除非跳脫出小我的思想體系，我們才有機會質疑其中的瘋狂。為此，耶穌屢屢向具有抉擇能力的那一部分心靈高聲呼籲：「重新選擇吧！」

(VII.7:6) 聖靈之所以能夠反駁小我思想體系的真實性，只因為他知道小我的基礎虛假不實。

　　至此，我們終於明白自己為何經常對聖靈心懷敵意了，因為選擇聖靈等於和小我作對。小我心知肚明，它自己全靠心靈的認同才得以生存，而這個隨時可能改變主意的心靈，便成了小我的心腹大患。故唯有「去心」，才能永絕後患，讓當初認同分裂的那個我得以高枕無憂。

(VII.7:7~10) 因此，由這基礎推衍出的理論是不可能有道理的。聖靈是根據信念的源頭來判斷你心中每一種信念。凡是來自上主的，祂知道那必是真的。凡不是來自上主的，祂知道都毫無意義。

　　這段話指涉了奇蹟第一原則「**奇蹟沒有難易之分**」。世上不論發生什麼問題，問題不論以何種形式呈現，都與小我脫離不了關係。因為**所有**問題都暗含同一企圖，就是不讓我們意識到問題的癥結——內心深藏不露的咎。其實，問題的表相毫不重要，重要的是它的內涵，也就是我們與罪咎認同的那個決定。唯有奇蹟才能夠將我們的目光從外相轉入心內，唯有從這兒，我們方能對小我作出公正的評估，給予心靈一個選擇救贖真相的機會，如此，我們便踏上了歸鄉之路。

　　接著，在「莊嚴偉大與虛誇自大之別」這一節，小我的恐懼再次被描繪得淋漓盡致：

(VIII.1:1~2) 莊嚴偉大屬於上主的層次，也只可能出自上主。因此，它必也在你內。

　　耶穌在前一章對一體的讚頌中，已經體現了上天賦予我們的大能及榮耀。既然我們只可能活在上主內，那種莊嚴偉大必然非我們莫屬；即使陷入昏睡，上主的記憶也仍然隨著我們一起進入分裂夢境。

(VIII.1:3) 只要你稍微意識到這一偉大，不論多麼隱約，你必會即刻放棄小我的，因為在上主的偉大之前，小我的荒謬立刻暴露無遺。

　　上主與聖子的偉大真相一旦現前，卑微的自我就會立刻化為虛無，因為那是它的本質，也是它的真相，這是小我最深的恐懼。卑微渺小的自我，在我們心中也許不可一世，但它只是我們打造的「拙劣贗品」而已（T-24.VII.1:11;10:9）；只要我們一轉向偉大的基督自性，它便顯得毫無意義，連我們寄身的浩瀚宇宙也將瞬間銷聲匿跡。請記得，世界和身體的存在只有一個目的，就是保全我們心目中那既真實又珍貴的「我」。然而，深受我們倚賴的小我，其實只是一念之恨的化身，它不僅瘋狂自大，甚至還宣稱自己比上主更加偉大。

(VIII.1:4~7) 小我一旦面臨此境，縱然不明白究竟發生了什麼事，仍會認定「大敵」已發動攻勢了；於是，它便開始向你略施小惠，設法將你誘回它的保護傘下。它所施予的小惠，最多

只是一種自我膨脹而已。小我想用「自大」來取代上主的「偉大」。你會選擇哪一個？

　　這還用說，我們當然會選擇小我！其實「從古至今」，我們一直在作同樣的選擇。這浮誇又自命不凡的小我不斷宣稱，自己是按照神的肖像而造出的偉大造化。我們若能看清這一內幕，便不難明白，為何《聖經》能在西方世界大行其道了。因為《聖經》正是小我的傑作，《聖經》高舉個體的價值，賦予身體及人格特質某種神聖性，又把上帝的心態描繪得和人類一樣瘋狂。然而，不論小我如何虛誇自大，「邪魔、黑暗與罪惡的淵藪」這個腐臭的自我認定始終在心中作祟（W-93.1:1）。不僅如此，這種罪咎意識還有更深一層的屏蔽功能，它讓我們再也意識不到自己那偉大的基督身分了。

(VIII.4:1~2) 在上主的莊嚴偉大之前，小我不敢輕舉妄動，因為祂的偉大確保了你的自由。祂只需稍微提醒一下你的真相，便有驅逐小我之效，因為你再也不會在它身上投注任何希望了。

　　什麼？要我們放棄在小我身上投注的一切？還有比這更可怕的事嗎？難怪我們寧可失心，也作不出那個決定。這一主題在全書中反覆出現，我們應該不難看出它在奇蹟交響樂的份量。它不只解釋了人類在世上活成這副德性的原因，同時還揭露了我們這群奇蹟學員一邊操練又一邊抵制的隱衷。說穿了，就是我們一點都不想放棄虛誇自大的小我而回歸莊嚴偉大的自性；而《課程》竟想勸我們憶起「自己的虛無，自性才是一

切」這一真相（W-358.1:7），還有比這更駭人的嗎？

(VIII.4:3~8) 莊嚴偉大之境沒有一點幻相的成分，因為它如此真實，讓你不能不信。但只要你繼續縱容小我的攻擊，真相的可信性便會搖搖欲墜。小我想盡辦法重整旗鼓，它不會輕易讓你脫身的。它會告訴你，你一定瘋了，你不可能偉大的，因為小我早已判定你是渺小卑微的。然而，你的偉大不可能出自你的妄想，因為那不是你能造出來的。你只會造出自大，而自大會令你害怕，因它會影射出一種攻擊心態；至於你的偉大則出自上主，是祂在聖愛中為你造出的。

　　於是，小我就在卑微與自大之間來回擺盪。至於我們如何評價自己，小我根本毫不在意，因為這兩種選擇都是對偉大自性的攻擊。這又是《奇蹟課程》交響樂的另一重要觀念。耶穌想要提醒我們，切莫對小我的恐懼掉以輕心，它害怕分裂妄心可能回頭接受自性的偉大真相，不惜抹除我們的自性記憶，將它覆蓋在卑微又自大的小我念頭下面。卑微和自大恰好代表了特殊性銅板的兩面，不論是攻擊自己或他人，都是在為小我推波助瀾，否認我們和眾生共有的純潔本性；一旦缺少了共同福祉的慧見，沒有人能夠憶起基督的一體真相——畢竟，人間的知見對這一體境界望塵莫及，因那屬於上主聖愛的領域。

(VIII.5:1~2) 你在自己的偉大中只能祝福，因為你的偉大即是你的富裕。唯有祝福，你才能在心中守住自己的偉大，且永存於天心之內，不受幻相所惑。

耶穌要我們對小我思想體系保持警戒，誠實地看清自己多麼熱中於特殊性，多麼重視外在形式而忽略內涵，總想證明自己的知見才是對的。說到底，我們對自己這冥頑習性毫不陌生，它會以不同形式呈現於各種特殊關係中，目的只有一個，就是防止我們選擇聖靈，遠離寬恕的正道，因而與上主天心絕緣。我們其實並不排斥回歸天心，只要還能夠保住一點自我就行了。問題是，天堂內不可能存有形形色色的自我，只因上主的一體之愛和個體之我是無法並存的。

(VIII.5:3~4) **你該隨時記住，除了上主的天心之外，你別無立足之地。一旦遺忘了這點，你便會陷入絕望，還會攻擊別人。**

我們對他人的敵意和對自己的絕望，不是因為世界對我們做了什麼，而是我們冥冥中知道自己對世界做了什麼（不消說，就是聖子決定與妄心認同，離開上主天心，然後歸咎於世界這個陰謀）。我們一旦自絕於圓滿自性，不可能不感到孤立無援的，於是我們把選擇幻境之後的苦果投射於外，要世上每個人每件事為自己的痛苦負責。

(VIII.6:1) **小我全靠你心甘情願地容忍，才有存在的餘地。**

在《奇蹟課程》裡，「心甘情願」指的就是我們的選擇或決定。「心甘情願容忍小我」和「決定把小我當真」兩者其實是同一回事。小我的存在原本就是建立於「心靈相信自己是一個不同的生命」這個決定，我們一旦撤除這個選擇，小我立即消失於它本來的虛無（M-13.1:2），因為幻相本身沒有任何實

質可言。

(VIII.6:2~4) 只要你真願瞻仰自身的偉大，你不可能絕望，也不可能執著小我的。你的偉大是上主對小我的答覆，因為你的偉大真實無比。渺小卑微與莊嚴偉大無法並存，也不可能交替登場。

　　「卑微」和「偉大」這兩種自我評價，不可能同時成立。我們若不屬於偉大的上主，就是落入卑微的小我。基於恐懼，我們不能不委曲求全地為特殊之我尋覓一席之地，還得不時虛張聲勢來掩飾自己的微不足道。《奇蹟課程》所啟示的偉大，讓我們坐立不安，於是小我邀請特殊性一起共赴「偉大」的盛會；我們會在小我的指點下，把真理硬塞入幻境裡，而不敢把心內陰暗的幻覺放到耶穌的真理之光中，免得露出了馬腳。比方說，《奇蹟課程》傳授我們一套寬恕妙法，小我就趕緊來插上一腳，「幫」我們把別人的過錯看成天大的罪過（反覆重申對方對我們的傷害），然後再加以寬恕，這就是「毀滅性的寬恕」（S-2.II）。要知道，《奇蹟課程》不相信罪的存在；罪若存在，表示上主也把錯誤當真了。遙想當初，我們選擇小我而拒絕聖靈之際，就是因為把那**瘋狂的分裂一念**太當真了，由此投射出來的分裂世界才會顯得栩栩如生。

　　聖靈看到這**小小瘋狂一念**，只會莞爾一笑，根本沒把它當一回事，因為真的沒事！這就是「救贖原則」的真諦。聖靈既未把錯誤當真，自然不會設法解決，祂只會說：「哪來的問

題？什麼事也沒發生啊！一體生命完好如初，天堂之歌也不曾失落一個音符。」然而，對小我而言，那個分裂不只是致命的錯誤，內心生出的罪咎感也真實無比，才會打造出一套應對方法，搞出這麼一個充滿罪惡、疾病、死亡的世界，這種世界自然也顯得真實無比。毋庸贅言，這全是小我捏造的謊言，不幸的是，神智失常的心靈把這謊言當真了，接受小我所給的卑微生命，自動放棄了上主與聖子的崇高偉大。究竟而言，真相和幻相，偉大與卑微兩者無法並存，也不可能相互消長；除非落入夢境，我們的心靈才會在兩者之間來回擺盪。對此，耶穌首要之務即是消除我們內心對救贖的恐懼，因為只有救贖才能帶給我們平安幸福，故他在下一段繼續鼓勵我們選擇自己唯一的真相：

(VIII.11:1~2,6~7) 然而，真相若是不可分割的整體，你的自我評價必然就是上主的評價。你的價值既不是你自己定出來的，故無需你的保護。……向聖靈請教這個價值吧，祂必會據實以告；但切莫害怕祂的答覆，因為那來自上主。祂的答覆極其高明，因它出自終極源頭，那「源頭」若是真的，答覆必也是真的。

　　《奇蹟課程》的一大宗旨即是減輕我們對真相的恐懼。它設法讓我們意識到，關於「我是誰」這個問題，小我所給的答覆不只錯誤，還會害我們活得很不快樂，因為它和上主的旨意背道而馳，而唯有上主的旨意才可能帶來幸福（W-

101~103）。為此，無論我們向聖靈提出什麼請求，祂的答覆永遠只是「寬恕」一語。我們馬上就要深入聖靈的寬恕了，在此之前，我們得先摸清小我是怎麼扭曲寬恕的。小我版的寬恕，一定會慫恿我們著眼於世界的問題，追究外在的起因，然後寬宏大量地加以寬恕，這就是先前提到的「毀滅性的寬恕」。《奇蹟課程》自創一個語彙：「尚未療癒的治療師」，就是針對把分裂錯誤當真的治療師而說的，相關細節留待「尚未療癒的治療師」那一節再談。我們先讀一下「聖靈的寬恕計畫」，這一節特別點出了「小我的寬恕計畫」所玩的把戲。

小我的寬恕計畫

(IV.4:1~6) **小我也會應你的要求而給你一套寬恕計畫，只是你找錯了老師。小我的計畫必然不可理喻，自然也不會有任何成效。聽從它的計畫，只會將你導入絕路，這一向是小我請君入甕的把戲。小我的策略是先讓你看清錯誤，然後要你假裝視而不見。問題是，你既已把錯誤當真了，還漠視得了它嗎？你既然已對錯誤秋毫畢察，而且弄假成真，你是不可能視而不見的。**

我們一旦把某人不當的言行或錯誤的想法當真，而且嚴陣以待，便中了小我的計謀，表示我們徹底**看走了眼**，認為問題

發生在世界的層次（即附圖底下的方框內），而忘了它其實發生在自己心內。小我只容許我們著眼於**心外**的問題，防止我們看出問題其實出於**心內**。難怪它把世界打造成這種形式，讓我們只看到外在的錯誤，並且視為罪行；然後再加上一道屏障，使我們無從察覺自己心內想要掩藏的罪原來是小我虛構出來的。由此可見，瘋狂的小我不只心狠手辣，而且慧黠無比，令人不得不佩服它的高明，而事實上人人天生都具有這種「本事」。小我為了遮蔽心靈的抉擇能力，編造出天人分裂的故事，謊稱我們已犯下了滔天大罪，引發極深的罪惡感和恐懼心，終於把聖子逼瘋了。神智失常的聖子隨時感到上主虎視眈眈，覺得自己若不逃出心外，必死無疑。

既然小我已經把罪咎弄假成真，於是不能不打造一個世界作為保身之道，再為我們精心設計一套認知失調的神經系統，把心內無中生有的罪咎轉嫁到其他人的身上。這個策略實在太天才了！為此，耶穌得先戳破小我的詭計，讓我們看清，世界只是「對一個不存在的問題所給最糟的解決方案」，那個不存在的問題，當然是指始終在人心內作祟的罪咎；就是它招來了一套最糟的解決方案，企圖把身體對罪咎的癮頭投射到他人身上，而別人當然也會迫不及待地把他們的罪咎丟回給我們。請看，這就是我們的世界！事已至此，如何是好？於是，小我搬出了它的寬恕計畫（即**毀滅性寬恕**），要我們睜大雙眼，對罪咎嚴陣以待，然後再動手解決。我們若不想擺出「有修養」的模樣，一定會對罪人口誅筆伐，再抓出兇手，若不將他繩之於

法，接受懲罰，則誓不甘休。反之，若想顯示自己多麼有修養，我們會對那些罪人說：「你做的事真的天理不容，但我能諒解，也願意寬恕你的罪行，我仍然愛你，因我們都是上主的兒女。」

從此，我們再也認不出這套罪咎和懲罰的邏輯本身「不可理喻」之處，開始聽信小我神奇的秘方。就這樣，我們又中了小我的天才詭計了。

(IV.4:7~9) 到此地步，小我只好向「神秘」學說求助，堅稱你必須相信某些無「理」可喻之事才能得救。不少人還假借我的名義，說得玄之又玄，他們忘了我所說的道理絕對是有「理」可喻的，因我的道理出自上主。不論我現在說的或是以前說過的話，必然合乎情理，因為它們是千古不易的。

小我心中已有勝算，只要把我們的目光轉向「無理可喻」又「毫無意義」的事（也就是罪孽深重的心靈以及有罪的身體），我們就不可能真正接受耶穌的教誨，而與心靈漸行漸遠，再也沒有機會放棄那原初的分裂一念，而重新選擇一體生命了。為此，耶穌才那麼想向神智失常的心靈展現一體聖子的永恆真相，讓我們知道自己和生命源頭不曾分離。

接下來，我們要進入「尚未療癒的治療師」這個主題了，這正是「毀滅性的寬恕」的具體實例。「尚未療癒的治療師」通常立意良善，有心助人。〈正文〉第十八章有一句話正是針對這類人說的：「不要信任自己的善意，僅憑善意是不夠

的。」（T-18.IV.2:1~2）這或許是我們仍然會和這類善心人士保持一點距離的緣故。因為他們一般覺察不到自己壓抑在潛意識裡的罪咎，常會不自覺地投射到他們協助的對象身上。耶穌告訴我們：「尚未療癒的治療師」著眼之處並非問題的癥結，他們常常針對病患的處境或身體的症狀進行治療，故治療師不可能不把問題弄假成真。這種治療對患者留下負面的後果，因為在助人的善意下，他否認了問題的源頭是心靈自我定罪的決定，因而斷絕了療癒的可能，〈頌禱〉一文稱之為「分裂取向的療癒」（S-3.III.2~3）。這種治療方式會加深治療師和患者之間的差異性；當然，在表相上，他們本來就大不相同；但在心靈層次，他們同樣是有待療癒的人。

凡是無意療癒自己而想治療別人的，就屬於「尚未療癒的治療師」。倘若他們有心療癒自己，一定會明白，真正有待療癒的不是身體的問題，那些症狀只是心內的抉擇者深受潛意識的罪咎所苦，而在身體上呈現出來罷了，目的無非是要掩飾人心內隱藏的分裂之恨以及特殊性，企圖否定聖子的一體真相。〈教師指南〉有一段話描述了「尚未療癒的治療師」的另一種挑戰，他們因為著眼於身體的症狀，故領受不到心靈的療癒：

> 人們最難識破的誘惑就是：看到外在症狀不斷重現而懷疑療癒的功效，這是缺乏信賴的一種標記。它骨子裡其實就是攻擊。然而表面上它會裝得恰如其反。操心掛慮乃是一種攻擊，這種說法乍聽之下確實有違常

情。因它具有愛的所有樣貌。然而，沒有信賴，愛是無法存在的，而懷疑與信賴也不可能並存。恨，不論化身為何種形式，必然與愛水火不容。你若毫不懷疑這禮物，就不可能懷疑它的療效。就是這份肯定不疑使得上主之師搖身一變而成了奇蹟志工，因他們已把信任寄於上主身上。（M-7.4）

這一段話讓我們看清，唯有徹底明白「身體的症狀只是心靈為了隱藏罪咎而投射出來的表相」，才可能成為道地的治療師或奇蹟志工。缺少這一洞見，任何善意的協助反而可能幫助小我隱藏內心之恨，使得罪咎、攻擊以及死亡的思想體系更加牢不可破，因而錯失了真正療癒的機會。如此，小我的計謀便得以再度得逞了。

《奇蹟課程》給出兩種「尚未療癒的治療師」的具體實例：「神學家」和「心理治療師」。如此的具體指稱，這在《奇蹟課程》中幾乎是絕無僅有的。但不消說，「尚未療癒的治療師」到處都是，絕不限於這兩類人士；他們有一個共通的心態：很願意幫助別人，但自己仍未明白，心靈才是一切問題及答案之所在。

(V.1:1~2) 小我的寬恕策略遠比上主的寬恕計畫更受歡迎。因為它出自「尚未療癒的治療師」之手，也就是小我。

為什麼小我的策略遠比聖靈的計畫更受歡迎？顯而易見的，其中一大原因：幾乎沒有人願意承認問題出在自己心

內——唯獨這個心靈才是有待療癒之處。為了保住這個個體，人們只關切如何緩解症狀；一旦緩解了身心的困擾和痛苦，人們會產生「更為快樂」的幻覺，如此便巧妙地迴避了「心靈選擇小我」的那個關鍵問題。然則，真正能對此痛下針砭的，唯有聖靈的計畫。

(V.1:3~6) 我們在此不妨深入一下，究竟「尚未療癒的治療師」是何等人物。顧名思義，他企圖給人自己尚未得到的東西。打個比方，如果這個尚未療癒的治療師是一位神學家，他的思考前提很可能是：「我是一個可憐的罪人，你也好不到哪裡去。」如果他是一位心理治療師，他也很可能會用同樣荒誕的邏輯為前提，一邊相信那些打擊對他和病患都真實無比，卻又聲稱那些打擊其實左右不了他們。

　　「尚未療癒的治療師」還沒有療癒自己就想療癒別人，表示他們尚未「親自領受」療癒。《課程》一直提醒我們，療癒只可能發生於心靈層次，因為那才是病根之所在，（即心靈選擇了罪咎的那個決定）。因此《奇蹟課程》說「身體」不會生病，也沒有「人」會生病。「尚未療癒的治療師」之所以未得療癒，正因為他自己害怕心靈的力量。這樣的人怎麼可能幫助他人進入心靈，正視問題的源頭，更別說是給出藥方了！

　　這一段提到的「神學家」顯然是指基督教的神學家，因為基督教的基本教義就是：罪不只真的存在，而且寄身於世界、身體與每個人。上主必須從九重天外射下一道聖光，進入這黑

暗的世界，拯救有罪的人類。如果罪孽深重的世界真的已經萬劫不復，只能仰賴天堂的光明（即耶穌）來驅散黑暗，我們便不難明白，為何「贖罪的行為」對基督教這麼重要了。但我必須提醒，這種救贖計畫，前提就搞錯了，他們想要除之而後快的「罪」既不在身體，也不在某人身上，**罪根本就不存在**，純粹是小我捏造的一個觀念。小我根據這個莫須有的罪，打造出夢境，目的就是要透過身體的問題將我們永遠困在分裂之境，再令我們把分裂的罪債算在萬事萬物頭上，甚至把它推到老祖宗亞當的身上，就是絕口不提自己的心靈所作的選擇。耶穌把神學家歸類為「尚未療癒的治療師」，因為神學家同樣企圖繞開心靈的抉擇者，要身體扛起罪狀，承受後果，然後祈求天堂的光明進入世界，「奇蹟般」地解除我們的罪過。這麼一來，我們便碰不到這個罪的起因，我們也永遠沒有得救的指望了！

　　心理治療師（尤其是專門治療過去創傷的心理分析師），可說是小我寬恕計畫的現代版。（其他心理學派即使不強調過去的創傷經驗，最終還是難免把患者的身心症狀當真）。心理治療師雖然不把問題看成是「罪」，而改稱為「精神官能症」，但他們相信，這些症狀確實是過去受到的壓抑或打擊而造成的，始終埋藏在潛意識裡。於是「尚未療癒的治療師」開始**充當**智慧之光，努力照入病患妄想出來的黑暗世界，希望光明能夠驅走黑暗。如果治療師知道這些精神症狀是出於心靈的選擇，他的治療便能產生一定的效用。但事實不然，連二十世紀最傑出的兩位心理學家，佛洛伊德和榮格，都對心靈所知甚

少。他們所理解的「心理」（psyche）都與這具身體或大腦脫離不了關係，和《奇蹟課程》所談的「心靈」完全是兩回事。

　　神學家或治療師這些「尚未療癒的治療師」，凸顯出小我計畫的基本策略，絕不去碰問題的起因——也就是心靈。如果他們自己都處於失心狀態，怎麼可能喚醒病患的心靈能力？由此可知，聖靈及耶穌多麼看重心靈的選擇能力，祂們不會為我們解決身體層次的問題，因為祂們知道問題根本不在那兒。祂們提出的對策就是「奇蹟」；奇蹟利用身體的症狀，將我們帶回到「心靈想要分裂」的那個決定上。小我死守著這個錯誤的決定，不僅杜撰出一套罪咎懼的思想體系，還據此打造了一個罪咎懼的世界。在這層層嚇阻的「雙重遺忘」之防衛機制下（W-136.5:2），小我從此便高枕無憂了。

　　總結一下，神學家所犯的錯誤是：首先把**「罪」當真**，然後請求上主赦免；而上主也認為人類真的罪孽深重，因而為世界送來一位耶穌，讓他釘死在十字架上，為人類贖罪。心理治療師犯的錯誤則是把**「咎」當真**（將形上的「咎」觀念轉為心理層次的「疚」），然後借用心理學所認可的方式來治療問題。這兩派的共通處就是企圖迴避心靈，使得問題繼續在心內發炎潰爛，不得不往外投射。至此，我們終於豁然明白了，為何小我的寬恕計畫一直大受歡迎，因為它**解決不了問題**；而《奇蹟課程》則難以成為主流（至少目前無此可能），因為**它真的能解決問題**。小我壓根兒就不想解決問題，只想要我們

與層出不窮的問題周旋下去，一下子車子拋錨了，電器壞了，人際關係或是國際問題出了大亂子，要不然便是身體突然病倒了。就這樣沒完沒了的折騰，讓我們永遠迴避了「心靈始終在選擇小我」的那個核心問題。

耶穌繼續討論神學和心理學「罔顧心靈」的傾向：

(V.2) 我再三強調過，小我的信念是無法與人共享的，因此，它們絕不可能是真的。你豈能藉著「挖掘」過去而把它弄假成真？任何治療師若企圖以幻覺來取代真相，表示自己尚未療癒，因為他不明白該由何處尋找真相，故在治療的問題上，他自己都還沒找到答案。

小我的信念之所以「無法與人共享」，就是因為「心中的分裂之念和個別利益」那個信念也離不開自己的源頭。既然這些想法都是虛妄不實的，那麼挖出問題，再依照神學家的辦法去寬恕，或是請治療師分析前因後果，又有何意義？問題既然出於心靈，也只能從心中化解，他們卻費盡心思挖出小我的虛妄世界裡究竟發生了什麼事，實在沒有道理。因此，《奇蹟課程》不斷設法將我們的焦點拉回抉擇者的心上，不讓我們掉入訴諸分裂與特殊性的妄念體系內。

(V.3:1~2) 幫你意識到自己的夢魘，只有一個好處，就是教你看出那不是真的，夢裏的一切毫無意義。尚未療癒的治療師由於不相信其中道理，故無法治療任何人。

　　耶穌在此告訴治療師：「唯有讓病患意識到過去的創傷並沒有左右自己的力量，故也不足為懼。」在此前提下，陪他回顧過去的經歷，才會產生正面的效果。縱然病患仍然抓著毫無意義的過去不放，只要能幫他看出這份執著仍是心靈的決定，而他有能力重新選擇，這個選擇即在當下。「尚未療癒的治療師」當然無法接受這種觀點，只因他們自己都害怕心靈的力量，才會樂此不疲地幫患者回溯過去，挖掘起因，不論稱之為罪或是精神症狀，他們都認定那才是問題之所在。

(V.3:3~6) 所有尚未療癒的治療師，不論採取何種寬恕方式，都擺脫不了小我的陰影。如果他們是神學家，他們很可能會定自己的罪，同時傳授罪罰的觀念，特別熱中令人恐懼不安的解脫法門。他們還會把罪罰觀念投射到神的身上，把祂變成一位報復成性的神，開始害怕自己受到天譴報應。這種手法與小我伎倆同出一轍；只要著眼於小我的所作所為，這一誤解會使自己陷於萬劫不復。

　　罪咎就是這樣弄假成真的，而由此投射出來的天譴世界，自然顯得同樣真實。我們已說過，世界不過是掩飾內在的咎的一道「失心面紗」，令我們再也看不見「自己定他人之罪等於在定自己的罪」這個事實（W-196,198）。人類失心失智後，原本與我們一體的慈愛天父，搖身一變，成了和我們一樣瘋狂的神明，認定我們罪孽深重，與我們一起演出因果報應的大戲。

(V.3:7) 上述概念經常引起人們反彈，這是可想而知的；既然是

反彈，表示他們相信它的威力。

這一點特別值得我們警惕：我們若被世間任何一事激怒或反彈，不論理由多麼充分，立意多麼良善，我們已經掉入了小我「弄假成真」的陷阱；因為內心的反彈本身，表示我們已經把錯誤當真，需要我們插手解決。其實，我們真該警惕的，不是「外面有問題」的假相，而是我們真的相信問題可能發生在心靈之外。

接下來，耶穌進一步闡述心理治療師的錯誤：

(V.4:1~5) 小我的某些新策略和過去的伎倆一樣幫不了大忙，因為僅僅改變形式是毫無實益的，它的內涵仍一成不變。所謂新的形式，舉例來說，心理治療師會詮釋夢中的種種象徵，為小我「解夢」，藉此證明夢魘的真實性。一旦把夢當真，他若想撤銷夢魘的後遺症，只好貶低作夢之人的重要性。如果他真能把夢者一併視為虛幻不實的話，還可能產生某些療效。問題是，夢者就是心靈本身，此舉豈不同時否定了聖靈賦予心靈的修正能力？

這一段又透露了小我的另一策略：把問題從夢者（心靈）轉移到夢境（身體）的層面，令夢中人相信，夢境裡發生的一切不只真實而且另有源頭，藉此貶低甚至否決了夢者的主導地位。要知道，否認心靈的地位，**才是**問題之所在。接著，小我開始從長計議，先利用罪咎感，影射出夢者／心靈的存在，接著立刻否定心靈的真實性，以免抉擇者（也就是真正的夢者）

起意修正過去的錯誤，重新選擇聖靈。耶穌曾私下跟海倫談起佛洛伊德，他說過這麼一句話：「小我現形時，他（佛洛伊德）一眼就能認出，知道那不是好東西：但他不曉得，那個壞東西根本不存在。」這正是耶穌把治療師視為「尚未療癒的治療師」的主要原因。他們企圖在罪咎「不在」之處下手治療，毫不察覺真正的問題在於那個刻意選擇與罪咎認同的心靈；如此一來，罪咎還有療癒的希望嗎？用意良善的治療師不知不覺地成了小我的幫兇，在幫人修正或療癒虛假問題之際，反倒鞏固了小我的江山。

(V.5:1) 如果只有貶低心靈的價值才抵制得了恐懼的話，又如何鞏固小我的力量？

這正是小我在幹的好事！它一方面幫我們壓抑對天譴的恐懼，一方面又嚴密防備聖子改變心態，只好出手打壓心靈（順便一提，引文中「小我的力量」是心理學的術語，意指建立自我感）。小我要我們相信，心靈絕非自己安居之地；只是沒想到小我打壓心靈的策略同時也削弱了它自身的力量；只因小我的存在全靠心靈的認同。

(V.5:2~3) 這樣明顯的矛盾，說明了為何無人能清楚解釋心理輔導的過程究竟是怎麼一回事。說實話，那個過程裡並沒有發生任何事情。

這幾句話是在六〇年代中葉記錄下來的。那時，心理學界正在推展一個「評估心理治療功效」的研究計畫。研究報告的

結論是：無法確定。因為根據調查結果，三分之一的患者說有幫助，三分之一說沒有改善，剩下的三分之一則說病情更加嚴重。針對仍想釐清「心理輔導的過程究竟是怎麼一回事」的人，耶穌委婉地答覆說：「什麼也沒發生。」雖然此話不無挪揄的味道，但這也反映出耶穌的療癒觀：治療時若不敢去碰觸患者的心靈，在化解小我以及特殊思想體系這方面，治療師真的什麼也沒做。

(V.5:4~8) 尚未療癒的治療師心裡也不曾產生任何實質的變化；不僅如此，他還會從中學到自己教人的觀念。他的小我還會設法從中獲得一些好處。故尚未療癒的治療師並不明白給予的道理，自然分享不出任何東西。也不可能修正任何人，因為他進行的方式明顯有誤。他認為自己有責任教病患了解真相，其實他對真相一無所知。

　　「尚未療癒的治療師」之所以給不出療癒，是因為他們自己害怕療癒。如果他們懂得療癒是怎麼一回事，自己一定會接受治療。其實，我們和治療師一樣害怕療癒，也無意療癒自己分裂的心靈，只因那是我的個體性寄身之處，也是虛妄之我的出生地。我們和「尚未療癒的治療師」一樣，都想守住自己的特殊價值，無時無刻不在伺機強化分裂的信念（例如認為自己和接受我幫助的人屬於不同階層），此外，我們也和治療師一樣，妄想自己是「純潔無罪」的一群（T-31.V.2:6）。唯有落入「虛誇自大」妄想症的人，才會聲稱自己是上主的選民，把罪

咎投射到他眼中的異教徒身上，一廂情願地認為自己不只幸福健康又樂於助人，還知道別人需要什麼，並且相信只有自己才幫得上忙。

(V.6:1~5) **那麼，應當如何是好？當上主說「有光」，就有了光。分析黑暗能讓你得到光明嗎？心理治療師或神學家通常都是先認同了自身內的黑暗，再由遠處求取光明來驅逐黑暗，並且再三強調光明遙不可及。療癒本身一點兒也不神秘。唯有真正了解療癒的真諦，才有改變的可能，因為光明代表了解。**

　　分析陰暗的幻相，可說是小我最愛玩的把戲，令我們無暇選擇真理光明。為此之故，小我才會為我們打造一個虛幻世界，裡頭充斥著虛幻的問題，然後催促我們處理這些「精神症狀」，或解決罪的問題，讓我們耗盡畢生之力去解決一個根本無解的問題，也就是我先前所說的「對一個不存在的問題所給最糟的解決方案」。小我陰暗的罪咎世界徹底虛幻，但從真理角度觀之，我們根本沒有什麼需要解決的問題。然則，如何才能發現這一智慧之光呢？第一步就是承認問題發生在自己心內；然後逐漸領悟出，問題原來是無中生有，根本就不存在。

(V.6:6) **你若想治療「可憐的罪人」或重建「卑微心靈」的自尊心，那可真的需要神通的本事了。**

　　心理治療師時常漠視心靈的重要性，甚至罔顧心靈的存在，他們更關心的是病患的腦子裡在想什麼。我們說過，絕大多數人談到「心」的時候，其實是指大腦的神經反應。佛洛伊

德晚年曾提出一個驚人之說，他相信在不久的將來，人體的電磁化學研究會為他發現的精神官能症提出科學的佐證。殊不知，療癒的奇蹟只可能發生在心靈的領域，唯有寬恕的光明，才解除得了罪咎的陰魂。我們若想從問題所不在之處（即精神症狀，或有罪之身）解決問題，必然淪為怪力亂神。如果上主跟我們一樣瘋狂，一邊宣稱祂愛聖子，一邊定他們的罪，然後設計一個幫聖子脫罪的計畫，這種神明實在很容易被小我騙得團團轉。

(V.7:1) 上述兩類小我策略，必會將人導入死巷，它最常陷入的下場就是給人回天乏術或一籌莫展之感。

　　請記住，小我故意讓我們對自己的處境感到一籌莫展，我們才會鍥而不捨地發明新招來解決失心世界的問題。只要看看我們的信箱裡塞滿的廣告，佈滿琳琅滿目的新產品，不就是要幫我們活得更輕鬆、有效率，或更有趣一些？更別提人手一支的各式手機了，它便利了我們交流，帶來更多的娛樂；結果呢？我們活得更輕鬆更快樂了嗎？

(V.7:2~3) 幫人指出他目前的處境或方向，也許還不無助益，但除非你能同時幫他改變方向，否則只是虛晃一招而已。本身尚未療癒的治療師無法協助他人轉向的，因為連他自己都轉不過來。

　　言下之意，我們以為指正對方的小我想法，可能對他有幫助，但事實不然，除非我們能夠先幫他們指明方向，回歸正念

之心，否則善意的規勸不會帶給人任何好處的。為此，我得再次強調，將人性看得如此透徹的佛洛伊德，讓我們領教了人類心理的混亂與瘋狂，但他自己卻看不到任何出路。因為他無從得知人的心理狀態（psyche）（也就是以罪咎為核心的妄念體系）全是小我虛構出來的。抉擇者為了抵制內心可怕的罪咎感，不惜和小我結盟，自甘陷於失心狀態。要知道，認同小我是心靈自己的「選擇」，我們若是貶低心靈的能力，心靈還有重拾平安的希望嗎？小我的寬恕以及療癒計畫的目的無他，就是要否定心靈的力量，讓心靈在自己的想法、感受及經驗的泥淖裡打滾，一頭栽進「精神症狀」、「罪孽深重」的過去，而落入萬劫不復之境。

接著，我們要開始探討何謂聖靈的真寬恕，然後再回到「尚未療癒的治療師」這個主題。

聖靈的寬恕計畫

既然小我的寬恕是企圖將我們打入失心狀態，那麼聖靈對小我的修正必然是幫助我們重新意識到心靈本有的選擇能力。如果要恢復這種意識，我們必須選擇聖靈為師，不再對小我唯命是從。至此，奇蹟交響樂的主旋律又再度登場——改變你的心念。現在，我們繼續回到這一主題：

(I.3:5~7) 你如此作繭自縛，若無一位了知你真相的「嚮導」指引，你又如何脫得了身？這位嚮導只會幫你憶起你真正想要什麼。祂無意把外來的意願強加於你。祂只能在你允許的範圍內，盡祂所能地幫你重新意識到自己的意願。

「自己的意願」指的就是心靈的選擇能力，在恢復「自己原來是有選擇」的意識之前，我們必須先切身感受到自己拜小我為師時所經歷的痛苦，才會甘心改變那個選擇。我在前面提過，耶穌常藉著我們的私利作為誘餌，勸我們回頭，他好似說：如果你能下定決心跟我學習寬恕，放棄小我硬加給你的「罪咎、攻擊和痛苦」思想體系，你會活得更加幸福與平安；而那才是「你真正想要的」。但耶穌深知我們如此害怕失去自己的特殊身分，必會打造出種種障礙暗中阻撓，故他沒有「直接」要求我們接受救贖真理、否認分裂幻相；反之，他刻意採用「間接」手法疏通我們內設的重重障礙，也就是寬恕（T-14. I.2,5）。這一點，我們留待第十四章時再深入討論。

(I.4:1~4) 你若將自己的意願防堵在你的意識之外；即便它仍在那兒，對你也愛莫能助。我曾說過，聖靈的任務只是幫你的心靈辨別真假虛實；我的意思是，祂有能力透視藏在你心底的願望，認出上主的旨意即在其中。聖靈一旦幫你指認出來，這一旨意對你便會顯得真實無比，因為祂就在你心中，祂就是你的真相。聖靈因著祂對你心靈的看法而把心靈的真相帶還給你，這等於說，祂幫你憶起了自己的真相。

　　呼求聖靈，不過就是呼求自己的清明之心而已；唯有從「心」出發，才可能識破小我的瘋狂以及它永不饜足的需求。這一清明選擇最能反映出天堂的清明心境，讓我們領悟上主旨意**才是**自己的生命真相。故當我們甘心放下虛幻之我時，真理便自動取代幻相；這時，我們原是上主唯一聖子的記憶就會浮現心中，而我們的真相從此便昭然若揭了。

　　唯有透過聖靈的寬恕計畫，這個記憶才可能重現心中。只要繼續讀下去，我們便會發現類似的說法不斷出現，反覆重申「待人如己」的重要性。只要回想一下我們的問題是怎麼開始的，便會看出耶穌實在用心良苦。我們當初一心想從上主那兒分立出去，發明一套以「個體」為核心的思想體系，再打造一個物質世界，不斷渲染你我的不同以「證明」分裂的事實。誠然，我們打造出來的身體不只外形不同，內心對彼此的期待也大不相同，結果可想而知，芸芸眾生的世界淪為對立陣營的戰場。既然一切問題都源自個體的觀念，故唯有把每個人都視為同一個人（具有同一分裂的心靈、同一妄念、同一正念以及同樣的抉擇者），才能根本解除人間的苦難。難怪耶穌再三強調你我的同一性，因為它乃是聖子在天堂的一體生命之倒影。讓我們來讀一讀第二節「祈禱的答覆」中相關的幾段話：

(II.4:1~2,4~8) 如果你想要確認自己的祈禱受到俯允，絕不可懷疑上主之子。切莫質疑他，也不要迷惑他，因為你對他的信心，就是你對自己的信心。……你豈能一邊真心祈求聖靈，一

邊卻猜疑自己的弟兄？相信弟兄的話語真實不虛，因為真相就在他內。唯有在他內，你才能與真理結合，因為弟兄的話語真實無比。只有聆聽他，你才會聽到我〔耶穌〕的聲音。只有聆聽真理，你才可能「當下」聽到，並且明白它的真義。

(II.6:1~5) 你不可能只為自己找到喜悅的，同樣的，你也無法僅為你自己祈求。所謂祈禱，即是聖靈在上主天律的指引下再次重申了生命的「涵攝性」。救恩屬於你的弟兄。聖靈將救恩由你的心靈推恩至弟兄的心靈，成了祂給「你」的答覆。你不可能單獨在自己心內聽到聖靈之聲，因為你不是單獨存在的生命。

(II.6:8~12) 你也不會信任聖靈的指引，更不會相信那是為你而設的，除非你已在他人身上聽到這一指引。聖靈的指引必是為你弟兄而設的，因為那原是要給你的。上主怎麼可能只為你一人創造天音？除了上主給所有聖子的答覆以外，你還可能聽見什麼答覆？你希望我如何聆聽你，你就得如何聆聽你的弟兄，因為你並不真想隱瞞我任何事情。

(II.7:5~7) 你若想要聽到我，只需聆聽上主天音透過弟兄所說的話。一切祈禱的答覆都在他們內。只要你能在每個人身上聽出答覆，那就是給你的答覆。

(II.8:1) 相信你的弟兄吧，因為我相信了你；你遲早會懂得我對你的信心是有憑有據的。

(II.8:7) 只聆聽上主置於聖子內的「答覆」吧！那正是祂給你的答覆。

　　耶穌這番話就是為了修正「我和弟兄是兩個不同生命」的妄見。這個「分別見」在我們的現實經驗裡牢不可拔，若想徹底扭轉或化解這一信念，實非易事，只因我們的存在前提就是建立在上主和聖子，聖子和宇宙萬物的不同上；這意味著**觀念已經離開了它的源頭**而形成不同的生命。更糟的是，你我不僅不同，我們還成了死對頭。因為我把你看成另一生命的目的，其實就是為了投射自己的咎。現在，我們又回到**「非此即彼」**的原則。我把咎投射給你之後，你成了有罪的一方，我便擺脫了罪名；只要我能理直氣壯地向世界證明你的罪孽，你便成了幫我脫罪的「救主」。歸罪於你只能算是攻擊的第一步，我會變本加厲尋找盟友，才能更加名正言順地與你為敵。環顧人間，不只國家想盡辦法與其他國家結盟，家族之間也會尋求媾和來打壓另一家族；職場上也少不了各種小圈圈，這群同事聯手攻擊另一群同事。耶穌要我們好好正視，自己有多麼喜歡拉幫結派，建立「仇恨同盟」；他還要我們清楚意識到那些作為帶給彼此的痛苦。唯有感受到切膚之痛，我們才會甘心改變自己的知見，接受基督慧見，以療癒的眼光看待世界。

　　接下來，我們再引述一段課文，描述那與生俱來的「同一性」，不僅在幻境內，在真理之境，我們也同享著上主之子的「一體性」。

(VI.3:1~5) 你的弟兄若是你生命的一部分，你願接納他們嗎？唯有他們能教你認出自己的真相，因為你學到的正是你教他們的結果。你在他們身上看到了什麼，也會在自己身上看到什麼。你只要在他們身上看到了，那東西對你就變得真實無比。上主只有一個聖子，祂知道他們全是一個生命。

　　每當我們想與聖子決裂時，必須提醒自己，聖子奧體和造物主是同一生命。任何念頭（或許是貪戀他人之物，或許是抨擊他人的錯），一旦與自己的特殊性沾上邊，當下便掉入小我的陷阱，認同了它的計畫，從而否認了聖靈啟示的真理。《奇蹟課程》經常透過我們現實生活的一舉一動來揭發小我的居心。《課程》曾經這麼說：「你一定逐漸意識到這課程的實用性，如此鐵口直斷，毫不含糊。」（T-8.IX.8:1）它敦促我們把奇蹟的形上理論落實在生活裡。一體的概念，若只是紙上談兵而活不出來，根本形同虛設。但請記得，如果真想活出一體生命，首要之務，得先意識到自己有多麼「不」喜歡跟人一體，我們才可能將這個分裂心念帶到耶穌的愛中。唯有如此，我們的長兄才能引導我們，見招拆招地穿越種種抗拒花招，帶領我們回到聖子共有的分裂心靈那兒。一進入心靈層次，我們自然會明瞭，我們怎麼看待別人，就會怎麼看待自己；我們在教自己什麼，別人也會學到什麼。不論我們示範的是有罪或無罪，是咎還是寬恕，道理是一樣的。

(VI.3:8~11) 凡是你為我弟兄做的，就是為我做的，而你所做

的每一件事又是為你自己做的，因為我們都是你的一部分，那麼，我們所做的每一件事必然也都歸你所有。上主所創造的每一個生命皆為你的一部分，而且與你共享他的榮耀。他的榮耀屬於他，也同樣屬於你。那麼，你的榮耀絕不會少於他的。

　　這並不是說我們必須美化他人的愚蠢言行。〈練習手冊〉第一百八十一課曾說過：信賴自己的弟兄，而不是信賴他的小我。我們不必故意否認那些出自小我的攻擊行為，而應設法越過這些表相，進而意識到上主之子共有的一體本質。不論在真相或幻相層次，我們都是同一生命、同一基督、同一位榮耀的上主之子。即使我們落入瘋狂的分裂心靈，存心否認上主造化的榮耀，終究仍不可能失落這個同一性的。耶穌也曾告訴我們，他和我們毫無不同，只是在不同時空呈現出不同外相而已——甚至連這時空都是虛幻的（T-1.II.4:1）。

(VI.4:3~4) **上主的光明或是你的光明不會因為你看不見而變得黯淡無光。聖子奧體必須一體無間地創造，只要你認出造化的一部分，就會憶起他整個造化。**

　　說穿了，問題在於我們根本不想憶起造化的真相，因為上主只有一個造化，我們若真屬於一體造化的一部分，豈非直接威脅到特殊的自我了？既然憶起造化的一部分就能憶起整個造化，因此，如果我不想憶起一體造化，只要否認其中一部分，就能保住這個虛妄之我了。這就足以解釋，何以「判斷」會成為人類的天性，只因我們正是由判斷而形成的產物（從判斷到

怨恨僅有一步之隔）。幸好，只要接受救贖，便能彌合這一間隙；不只是為自己，同時也為別人。縱然特殊性可能暫時遮蔽一體生命的光輝，但我們明白，上主及其造化的榮光是永不磨滅的。

(VI.4:5~6) 你所憶起的那一部分會使你的圓滿生命更為增色，因為每一部分都是整體。圓滿本體是無法分割的，但除非你能隨處看出它的整體性，否則你無法明白生命的圓滿。

　　《奇蹟課程》告訴我們，唯有透過部分方能認出整體；言下之意，我們也只能透過每一個體而認出聖子奧體，因為我們是同一整體的一部分，每一個人心內都帶有整體生命的片面記憶。寬恕最能勾出這一深埋的記憶，聖子便如此恢復了完整性，他在我們心中再也不是一個破碎的生命了。為此，〈練習手冊〉說：「當我痊癒時，我不是獨自痊癒的。」（W-137）又說：「一位弟兄就等於所有的弟兄，一個心靈包含了所有的心靈，因每個心靈都是同一生命。」（W-161.4:1~2）。但別忘了，若想領受這一體真相，必須時時刻刻練習，無論今天遇到誰，或是心裡念到了誰，都能從中看出我們屬於同一個分裂心靈，同一個圓滿生命。

(VI.5:1~3) 你目前尚未覺醒，但你能夠學習如何覺醒。方法簡單無比，聖靈會教你如何喚醒別人。你只要能夠認出他們原本就是覺醒的，便明白了覺醒的真諦；他們感激你決心喚醒他們的抉擇，這一感恩之情反過身來又教你看出覺醒的價值。

　　我們就是透過自己平安寧靜的臨在來「喚醒別人」，讓他們意識到自己也能作出正念的選擇。也唯有如此推恩，這個愛的選擇才會在自己心內發芽茁壯。我們的示範若能激發他人選擇覺醒之路，必會反過來堅定自己的覺醒願心。那麼，上主之子怎麼可能不感激他們送來的提醒？這份感激是建立在「我們乃是同一生命」的領悟之上，它反映出天堂的一體之境，也終結了小我的分裂之夢。想到這兒，我們眼中必會忍不住泛出喜悅的淚光，因我們知道罪咎的噩夢即將畫上句點，我們離家也不遠了。

(VI.5:4~5) 於是他們搖身一變，成了你真相的見證人，正如上主把你創造為祂實相的見證人一樣。當聖子奧體眾志成城地接受自己的一體生命，他們所創造出來的一切自然也會認出自己的真相，這些創造又成了聖子奧體的見證，一如聖子乃是天父的見證一般。

　　於是，形上層次的天堂一體境界就這樣和形下的倒影世界合而為一了。當我們逐漸認出，所有的弟兄和我們只有同一目的，就是從小我噩夢覺醒，我們便不再用恐怖的世界作為我們有罪以及恐懼的藉口。到那時，虛幻的世界在我們眼裡只會映照出超乎時空的聖愛，洋溢著上主、基督和聖子奧體整個造化的一體光輝。

(VI.6:1~3) 奇蹟無法躋身於永恆之境，因為奇蹟只有補救性的功能。然而，只要你還有待療癒，你的奇蹟便成了幫你認出自

己真相的唯一見證。你無法為自己行奇蹟的，你必須先「付出」自己所「接受」的，然後才能真正領回奇蹟。

「奇蹟」可說是本課程的靈魂，因為只有奇蹟修正得了小我思想體系當中「非此即彼」的原則。奇蹟為聖子奧體的一體性作證，因此它的修正力量（也就是寬恕的效用），不可能只歸我們所用而無益於他人。這一點，便足以證明救贖原則的真實不虛──天人不曾分裂，聖子也不曾支離破碎，我們若不是結合在小我的咎內，就是結合在聖靈（或奇蹟）的修正內。

(VI.7:7~9) 缺了你，上主的意義不再圓滿；缺了你的創造，你的生命也不再圓滿。接受你世間的弟兄吧，此外不要接受任何東西，因為在他內，你會找到自己所有的創造，因為那是他與你一起創造出來的。除非你學會認出弟兄是你的創造同工，否則你無從得知自己原是上主的創造同工。

這幾句話再度把課程的形上思想和現實生活統合了起來。我們因為害怕天堂的記憶，故意在天人之間設下種種屏障，如今，我們終於學到了化解之道，逐漸憶起自己在天堂的任務，恢復了靈性的能力，如上主一般地創造。若要徹底解除內心對弟兄的「不接受」或「不寬恕」，我們必須老老實實地從人際關係下手，透過每天的人際互動，把心內根深柢固「個別利益」的妄見一點一滴修正過來。

隨著奇蹟交響樂的醞釀推展，這一觀念可以總結為一句話：「只要能在弟兄的臉上看到基督面容，我們便會憶起上

主。」至於如何在他人身上看到基督面容？這一課題留待後文詳述；在此先簡單地說，亦即著眼於隱身在罪後面的純潔本性，它的光明便能穿透罪咎的黑暗世界。「投射形成知見」的原理，便可改寫為「**推恩形成知見**」。只要在自己心內看到純潔的面容，自然也會認出他人的純潔無罪。靠分別與歧見起家的小我思想體系便開始瓦解，自然會看出他人的目標其實就是自己的人生目的。等到小我徹底瓦解後，心中自然只剩下聖靈的臨在，上主之愛的記憶便會清晰地浮現心中。這記憶其實始終都在我們的心內，只是被一層又一層的分裂及特殊性遮蔽了，所幸，這些面紗最多只能暫時覆蓋創造的真相，卻無法傷它分毫。

上面那段引文也描述了《奇蹟課程》幫我們憶起自己真實身分的過程。它把十分抽象的「一體慧見」和十分具體的「生活指南」串聯起來，雙管齊下，一步一步帶領我們參與聖靈的寬恕大業。為此，我們先來讀一讀本章的第三節「修正錯誤」，因為它答覆了每個人每一天都得面對的問題：我們該如何看待那些顯而易見的錯誤？這些錯誤可以大自轟炸無辜百姓，小至眼睜睜地看著自己的孩子作出傷人或傷己的選擇，也可能是老師如何對待小學生數學作業上的錯誤。確切地說，耶穌的答覆是在針對小我妄心最愛用的修正方式——「投射與攻擊」而痛下針砭，他要傳授我們另一套「正念」的修正方法。

(III.2:1~3) 對小我而言，指出錯誤並且加以「修正」，是正當

的，也是一樁好事。小我感到理所當然；問題是，小我並不了解那些錯誤究竟錯在何處，也不明白該從何修正才好。錯誤，全屬於小我層次；若要修正錯誤，只有根除小我一途。

　　其實，我們最愛指正他人的錯誤了，甚至迫不及待地等著別人越過我們的底線。這一段的最後一句至關重要：「錯誤，全屬於小我層次；若要修正錯誤，只有根除小我一途。」人類是不可能不犯錯的，我們若非做錯事，就是盡幹些傻事；但在修正他人的錯誤以前，我們必須先放下自己的小我才行。否則最愛無事生非的小我，必會伺機逮住他人的錯誤而痛加撻伐。小我的建議必定充滿敵意，我們若加以輕信，勢必會把對方視為該受懲罰的罪人，而自己才是無罪的上主兒女，與他們劃清界線，壁壘分明。我們還可能努力扮演「尚未療癒的治療師」，使出「毀滅性的寬恕」，對他人的罪行明察秋毫，錙銖必較。即使我們宣稱此人仍然值得被愛；但在我們心目中，他始終是個可憐可憫的罪人。這種眼光是和小我思想體系認同的必然結果，裡面充滿了分裂和批判。要知道，「投射形成知見」，小我要我們在他人身上看到罪，如此才能把內心的罪轉嫁給他人。反之，當我們進入了「神聖一刻」，小我知趣地隱退，我們才能真正操練聖靈的寬恕，讓祂的聖愛流經我們而擁抱整個世界。

(III.2:4~10) 當你糾正一位弟兄時，無異於告訴他，他是錯的。他有時可能真的不可理喻，其實，只要是出自小我的話語，沒

有一句是有道理的。然而，你的功課仍是告訴他，他是對的。如果他出言不遜或愚昧，你無需在口頭上公然認可。他有待修正之處在另一層次，因為他的錯誤發生在另一層次。他仍是對的，因為他是上主之子。至於他的小我，不論說什麼或做什麼，必定是錯的。

耶穌並非要我們對他人的所作所為視若無睹，也不是禁止我們在現實生活（即形式層次）修正他人的錯誤。這段話要說的是：我們有責任讓弟兄知道，他們仍是對的；因為他們的小我不論犯下什麼大錯，他們仍是完美的上主之子。為此，我們不會為了想要懲罰弟兄而緊盯著他的錯誤，卻能以「不設防」的心態來修正分裂信念，因那是一切錯誤的根源。別忘了世界是怎麼打造出來的，不正是因為背叛了上主，並認定自己罪大惡極，必遭上主嚴懲，我們才打造出一個人影幢幢的世界來逃避天譴嗎？世界既然是充滿罪咎而且恐懼受罰的心靈投射出來的，小我的分裂之念勢必在人間愈演愈烈，只因**觀念離不開它的源頭**。

我們在人間不斷犯錯，而且冥冥中認定必會遭受懲罰，這不正是小我在無始之始灌輸給我們的信息嗎？世上每個人都帶著這個不祥之念來到人間，認定自己是個遲早會遭受天譴的可憐罪人。但不消說，存心懲罰我們的其實是小我，它讓我們投胎為一具身體，活在它打造的夢境裡，陽壽盡時便一命歸西，以證明我們是遭到上主詛咒的罪人。然而，除非我們自甘與小

我認同，相信它那一套罪與罰的說詞，否則我們不必活得如此淒慘，因為這根本是我們自編自導的夢境。

人們一旦犯了錯，通常都會預期懲罰；當我們需要修正他人錯誤時，即使態度堅定，仍應心存善意。如此，我們所傳遞出的信息即是：一個無需懲罰的「罪行」，自然稱不上是罪了。這種回應和小我南轅北轍；我們變成了聖靈的使者，代表聖靈現身人間，就像耶穌這位先行者那樣。只要不再用懲罰來回敬任何錯誤，小我視為天律的「罪咎懼」便不攻自破了。我們眼中雖能看到錯誤，卻能藉著耶穌慧見之助，越過這一表相，看出所有心靈背後的真實內涵。換句話說，我們知道如何穿透罪的陰影，看到它背後透出的光明。《奇蹟課程》描述寬恕時最常用的形容詞就是「視而不見」（overlook）。這個語彙和我們的習慣用語大異其趣；平常說「視而不見」時，表示我們壓根兒沒有看到那個東西；比如說，我明明知道那張重要文件就在亂糟糟的桌上，但翻來覆去就是沒看到它的蹤影，故說「視而不見」。《奇蹟課程》的「視而不見」另有深意，因事關我們的療癒，故我必須再度釐清，它有「**超越其上**」之意。眼中雖然看到錯誤的陰影，心中卻明白那是抵制光明的屏障而已，光明仍在這位「罪人」心內照耀著。凡是接受了聖靈的救贖原則之人，自然知道，不論打造出多少重的黑暗帷幕，任誰也阻擋不了那燦爛光明的。

總之，耶穌無意阻止我們修正外在有形的錯誤，他只是提

醒我們，修正時務必懷著溫柔的心。試想，三年級的數學老師
如果不指正強尼的算術錯誤，無異於失職；至於強尼，他明明
計算錯誤，如果老師還讚美他，會讓他將來更難適應社會的要
求。我們可以一邊糾正他的錯誤，一邊讓他感受到他這上主之
子永遠是「對的」。就算他同一個錯誤犯了十五次以上，他在
我們的眼裡仍然可愛，也值得我們尊敬，因為他是上主之子。

　　只要我們記得幻相沒有大小之別，**奇蹟也無難易之分**，哪
怕弟兄犯了什麼錯誤，都遮蔽不了上主之子的自性光明。為
此，不論我們面對的是個人的問題或是國際間的大事，都應設
法找出堅定又仁慈的修正辦法，而無需氣勢洶洶地打壓對方。
我們若否認基督光明仍然存在於這位看似十分邪惡的人身上，
等於否定了所有人皆具有的光明。因為光明不可能只專屬於特
定之人或特定的族群，而與其他人無緣的；這光明若不在每一
個人心內，表示它也不在任何地方，因為我們只能從部分去認
識整體，每一部分都是整體不可或缺的元素。世界修正錯誤的
手法通常會讓問題更加惡化，這就是為什麼世界不曾真正改變
過；原初那一個分裂錯誤，透過投射、攻擊和防衛機制，只會
在人間繼續惡性循環而已。

**(III.3:1~3) 如果你指出弟兄的小我所犯的錯誤，你只可能透過
自己的小我才會看到，因為聖靈是看不見他的錯誤的。這是千
真萬確的事，因為在小我與聖靈之間沒有交流的可能。小我是
不可理喻的，聖靈也無意去了解小我的所作所為。**

　　這一段話再度反映出**奇蹟沒有難易之分**的道理，並且重申了它的重要性。世上的一切永遠不可理喻；如果我在考量：究竟應不應該去轟炸敵國，表示我們相信那個世界不只存在，它的生死存亡就看我這個決定了；然而，真相絕非如此。這也是《奇蹟課程》為何這麼難懂又難學的原因，因為它顛覆了所有人視為天經地義的自然法則與道德規範，甚至還要追加一句「絕無例外」！聖靈不可能被人間表相蒙蔽而為我們評斷好壞；祂也不會把錯誤當真，替我們解決人間的問題。在祂眼裡，世上所有的紛擾都能追溯到一個根本問題，那就是：心靈又認同小我了。小我和聖靈，這兩套思想體系是無法並存的，此即正念之心對「非此即彼」的詮釋──真的就是真的，幻相就是幻相，兩者永遠沒有交集。

　　耶穌在下一段又給了類似的提醒：我們不需從**形式層次**去分析小我如何在人間演出分裂大幻劇，他鼓勵我們盡快超越那些表相而著眼於**內涵層次**。

(IV.11:3~8) 幻境裡形形色色的象徵，其實就是小我的象徵，而且多到俯拾皆是。但不要奢望在它們身上找到任何意義。那些象徵與那一丘之貉的幻覺一樣沒有意義。童話故事不論是快樂還是可怕的，沒有人會把它當真。只有孩童才會相信，而他們最多也只會當真一時而已。只要真相一現身，幻相就會自行隱退。

　　既然**奇蹟沒有難易之分**，表示解決方法也沒有難易之分

了。威廉賽佛在世時常說：「所有的問題若不是出於『讓人著迷的特殊之愛，就是出於讓人恐懼的特殊之恨』。」形式雖有不同，卻出於同一罪咎，故唯有回到心靈層次，重作選擇，才能將它們一筆勾消，化解小我分裂與罪的噩夢。總之，問題永遠不在於形式上的錯誤，而是心靈所作的錯誤選擇。

(III.4:1~2) 只要你對任何錯誤有所反彈，表示你沒有聽從聖靈。祂對那些錯誤只會視而不見；你若在意它們，表示你沒有聆聽聖靈之聲。

　　「反彈」一詞是關鍵。我們一定會犯錯，這是註定的，但如何回應錯誤，則完全操之在己。反彈，顯示出我們不只把這事當真，而且賦予它左右內心平安的力量。我們不都這樣訴苦過：「我本來活得好好的，只因他的挑釁逼得我別無選擇，才會以其人之道還治其人的。」這是小孩吵架常有的藉口，而我們這些大孩子其實也好不到哪裡去。我們都會為自己失控的攻擊行為尋找藉口：「是你先傷害我的！」我們愛用別人的錯誤作為自己反彈的藉口，不自覺地助長了小我的罪咎與防衛體系，鞏固自己與眾不同的個體生命，而且能撐多久就撐多久。

(III.4:3~6) 你若聽不見祂，表示你正在聽小我之音，你便會像那些在你眼中犯了錯的弟兄一樣不可理喻。這哪裏稱得上是修正！你不只害他錯過了修正的機會，同時也表示你放棄了修正自己的機會。

　　我若視你為有罪或邪惡之人，內心必然相信自己也是一丘之貉，否則我不會以這種眼光來看你，這正是「投射形成知見」的道理。所謂「**有罪**」或「**邪惡**」顯然是出於自己的詮釋；只要著眼於行為表相，我們不難客觀地為他人列出一大串錯誤清單，然而，我們沒有權利將任何人剔除於上主兒女的行列之外。不論人們犯了什麼錯誤，都不足以支撐「壞人應受懲罰」這種妄見。我們自己在日常生活中都很難著眼於他人純潔無罪的一面，可想而知，國與國之間的相處有多麼困難；難怪世界的局勢每況愈下，只因沒有人敢去探究問題的癥結。因此，每當別人意見與自己相左，或是做出害己又不利人的事時，我們要特別警覺，一旦覺察自己的反應缺了平安、仁慈及諒解時，必須盡快向耶穌求助，因為我們已經和對方一樣神智不清了。我們一定是聽從了小我之言，才會失去心靈的平安。不聽耶穌的教誨，雖稱不上是罪，但這個錯誤決定卻會將聖靈的修正方案推出心外，讓我們與幸福絕緣。這不只是個人之失，他人也跟著遭池魚之殃；「雙方皆輸，無人獲益」，可說是小我最熱中的解決方案了。

(III.5:1~4,6) 當弟兄表現得神智失常，唯一治癒之道就是幫助對方認出自己神智清明的那一部分心靈。如果你不只見到錯誤，還把它當真了，你也會把自己的錯誤當真。如果你有意把自己的錯誤交託給聖靈，你必須將他的錯誤也一併獻出。除非你能以這種方式處理一切錯誤，否則，你不可能明白所有的錯誤是如何徹底化解的。……你的弟兄和你一樣都是對的，你若

認為他錯了，等於同時定了自己的罪。

　　我們對弟兄所做的，都是對自己做的。這是「寬恕交響樂」極其重要的主旋律。我們內心究竟如何看待別人，視他為瘋狂還是正常？恐懼還是愛？是有罪還是無罪？我們也會不自覺地如此看待自己。小我害怕我們改變聖子當初想和上主分裂的原始判斷，因而使出**殺手鐧**，唆使我們繼續判斷下去。聖靈的寬恕計畫則反其道而行，教我們放下判斷，祂就這麼溫柔地修正了我們對上主之子的妄見，從而療癒了夢境。心靈一旦接受了修正，整個聖子奧體同享這一福份，因為心靈是一體相通的。我們所作的正念選擇自動向世界傳遞一道訊息：「你也能作出類似決定的。」如此，我們就一起療癒了，因為在真理內，我們本是同一生命，故說：「當我痊癒時，我不是獨自痊癒的。」（W-137）

(III.6:4) 改變你的弟兄不是你的責任，你只能接受他的現狀。

　　由於我們不想改變自己，因此特別熱中於改變別人。我們不只知道對方應該作何改變，而且會擺出「捨我其誰」的架勢。說穿了，這完全是小我的傲慢。容我再提醒一下，耶穌並非禁止我們針對現狀給出具體的回應，他只是提醒我們，在反應之前先問一下自己，此刻，誰是我心靈的嚮導？是那熱中批判的小我，還是教我接受一體的導師？聆聽聖靈，意味著自己接受了人們與生俱來的同一性；聖子奧體分裂出去的破碎生命，只能靠我接受這同一性而重歸一體。不論我們活在瘋狂的

罪中還是清明的寬恕內，不論我們心懷小我的判斷還是基督的慧見，我們始終都是同一個生命。

(III.6:7) 你若在任何人身上看到錯誤，並且當真地回應的話，那些錯誤對你會變得真實無比。

　　平安才是唯一合理的反應，然而，這也說不上是一種反應，它其實代表了一種「心境」。當我們忍不住反彈時，表示對方的言行已經干擾了自己的內心狀態，承認對方有左右自己的能力，讓我們失落了心靈的自主權，這才是我們焦慮不安的根本原因。也因此，關鍵不在於我們眼睛看到什麼，而是自己的心靈如何詮釋眼前所見之事。總之，外面沒有一人或一物足以剝奪心靈的平安，我們很需要增強心靈的自主權，不只是為自己，也是為了弟兄。如果我們還存有懲罰別人的念頭、說詞或行為，等於再度為小我背書，承認心靈**確實**是罪惡的淵藪。果真如此，心靈逃亡史便開始了——為了逃出邪惡的心靈，不惜躲到世界和身體內，然後再想辦法將一切苦果歸罪於外在任何的人事物上，從而迴避了自己心靈所作的決定。於是，天人分裂的錯誤便在這個分裂之念中還魂了，讓所有的人一起承受苦果。

(III.7:1~5) 你弟兄的錯誤並不是他的，正如你的錯誤也並非你的。你若把他的錯誤當真，無異於自我打擊。如果你想找到自己的路而不再迷失的話，你必須只著眼於同行伙伴的真相。你內在的聖靈會寬恕你及弟兄內的一切。他的錯誤會與你的錯誤

一併受到寬恕。

　　如果真心想要返回天鄉，《奇蹟課程》給了我們不二法門，我們必須同樣「真心地」修持聖靈或耶穌的寬恕才行。缺了基督慧見的指引，我們很難透過弟兄而看到共同福祉。在**表相層次**，他可能對也可能錯，但在愛的**內涵層次**，他和我們永遠是同一生命。從內涵層次來講，我們不可能不與所有弟兄攜手同行的，這是唯一的路。「若不和他一起……你就根本沒有……可能」（T-19.IV.四.12:8），這句話可說是針對小我的「非此即彼」原則最溫柔的一道修正了。

(III.7:6~9) 救贖和愛一樣不容分裂。救贖不可能分裂，因為它源自於愛。你若企圖糾正弟兄，表示你相信自己能夠糾正別人，小我傲慢的嘴臉於此暴露無遺。修正是上主的事，祂對傲慢一無所知。

　　若要和耶穌攜手同返家園，只要牢記這個原則便萬無一失：任何念頭，凡是有分化聖子奧體的傾向，必然出於小我。**形式製造分裂**，為此，耶穌常說：「沒有比只看外表的知見更盲目的了。」（T-22.III.6:7）身體存在的目的就是證明我們在生理或心理上是如此的不同，而我們此生的目的正是要越過身體，學習看出「我們是心靈」；一進入心靈層次，我們真的完全一樣。由此可知，當我們萌生修正他人的衝動時，一定是受了傲慢的小我指使，因它最愛強化人我的不同，而且指出他人的錯誤又能反襯出自己的優越。容我再提醒一下，這並不表示

活在一體意識中的人就不會在言行上指正別人，耶穌只是提醒我們，要在指正的言詞或行為下，盡量反映出上主之子的同一性才行；否則就會淪為批判，從而再次鞏固了我們共有的分裂信念。

(III.8:1~4) 聖靈必會寬恕一切，因為一切出自上主的創造。請勿越俎代庖，否則你會忘卻自己的任務。只要你還活在時空世界裡，便只需接受療癒的任務，因為那正是時間存在的目的。上主已賜給你在永恆中創造的任務。

這一段話可說在為〈正文〉第十八章「小小的願心」那一節鋪路（T-18.IV）。在救恩大業上，耶穌對我們的要求微乎其微，只需祈求聖靈協助我們接受「共同福祉」的慧見，便足以修正處處皆由「個別利益」出發的小我判斷。在時空幻境內，唯有此類寬恕或療癒才化解得了小我，心靈也會欣然憶起自己「在永恆中創造的任務」。若想做到這一點，其實並不難，只要誠實面對心內小我那套「恨」的思想體系，而敢說出「我再也不想這樣活了」便成了。我們接著讀下去：

(III.8:5~11) 那是不待學習的，但你亟需學習讓自己想要這一任務。所有的學習其實都是為了這個目的。唯有如此，聖靈才能把小我打造出來的一堆無用的本領發揮大用。將小我的本領交託給聖靈吧！你不懂如何善用這些能力的。只有他能教你如何不以自責的眼光看待自己，同時學習不以定罪的眼光看待一切。於是，一切罪罰對你就不再真實，你的一切錯誤也一併得

到了寬恕。

「創造」乃是我們在天堂的任務，不是後天修得出來的；我們在人間需要學習的，只有「讓自己想要這一任務」，這就需要藉助於寬恕了。我們一度妄用了心靈的能力，藉由投射開始妄造；如今，聖靈教我們選擇奇蹟，學習推恩。祂將我們的知見從「定罪」轉為「寬恕」的方法，則是教我們不再定自己的罪，唯有如此，上主所有的聖子（包括我們自己在內）方能從分裂和仇恨的夢中醒來，恍然大悟，原來自己從未離開過一體聖愛的天鄉一步。

現在，我們可以正式進入第四節「聖靈的寬恕計畫」了。

(IV.1:1) 救贖是為一切眾生而設的，唯有它能化解你根深柢固的信念：「一切都是衝著你個人而來的。」

不幸的是，世界卻要我們相信，救贖是為某個特選民族而設的；難怪我們經常有意無意地將某一群人剔除於聖子奧體或聖愛之外，甚至認為必須群起圍剿或與他們劃清界線，才能活得更快樂。我們需要誠實面對這種自私自利的傾向，還能不自責地說：「沒錯，我確實在幹此事，因為我和大家一樣，活在小我內；但我再也不想活得如此自我中心，而且心懷瞋恨了。」這一表態，否定了小我對愛的否定，也就是否定了小我對真理的否定（T-12.II.1:5）。從此，我們愈來愈懂得反小我之道而行，不再附和它的個別利益，愈來愈想要領受救贖，不只是為自己，也是為上主所創造的聖子。

（IV.I:2~3）寬恕，就是視而不見。那麼，越過他人的錯誤吧，別讓你的目光落在上頭，否則你就會相信你所看到的。

我們先前已經討論過「視而不見」的意義了，耶穌在後文把罪或咎描述成花崗岩一般的石牆，然而只要與耶穌同行，透過愛的溫柔目光，便會認出那堵石牆不過是一片薄紗，絲毫擋不住透照出的光明（T-18.IX.5; T-22.III.3）。當我們寬恕時，並非否認自己在判斷及定罪的眼光下所看到的「罪行」，而是因為基督的慧見會拉高我們的視線，越過這一表相。耶穌在第十二章又進一步告訴我們：攻擊乃是出於恐懼，而恐懼只是想要奪回自認為被人剝奪的愛而已（T-12.I.8~10）。由此可知，聖靈的判斷和祂的寬恕計畫其實是同一回事，全都致力於化解小我的「分裂、分化以及特殊關係」那套妄念體系。

（IV.I:4~6）你若想知道自己的真相，必須只把弟兄的真相當真。如果你之所見並非真正的他，這一錯認會使你也無法得知自己的真相。隨時記住，你們共享同一個終極的身分，而它的共享性正是它的真相。

因為心靈已將那個分裂決定隱藏在人不知鬼不覺的潛意識下，故聖靈將我們眼中的「分別相」轉成一條直搗小我分裂體系的捷徑。不論在幻境或實相中，只有一個聖子奧體，如果我們還認為彼此是不同的生命，甚至主張「我是清白而你有罪」的話，我們是永遠不可能覺醒於那一體真相的。我們十分需要共同福祉的正念來修正分裂妄念，因為它反映出我們的同一自

性，也就是上主唯一聖子的真相。

(IV.3) 救贖是一部有關分享的課程，因為你早已忘記怎麼分享了。聖靈只是提醒你，如何發揮你的天生稟賦。祂把攻擊的能力重新詮釋為分享的能力，如此，方能將你的妄造轉譯為上主的創造。你若想要藉助聖靈之力而完成這一大業，就不能再透過小我的眼光去看待那些能力，否則你會像小我那般地判斷。一切弊端都出自小我的判斷。所有的益處則出於聖靈的判斷。

　　我們看到了耶穌如何不厭其煩地將我們拉回「心靈的選擇能力」這個主題上，只因它是得救的唯一希望。耶穌由此延伸出另外一個重要觀點，就是聖靈知道如何利用我們的妄造，幫我們憶起自己在天堂的創造大能。小我當然也不甘示弱，它立即在我們的心靈上覆蓋一層遺忘的面紗，讓我們施展不出，甚至忘記自己還有創造的能力。然而，只要我們甘心撤換老師，把傷人之意轉為助人之心，我們必會安然覺醒於上主為我們所創造的自性的。這個主題到了奇蹟交響樂第二十五樂章，論及寬恕的特殊任務時，說的更是簡潔有力：「這是聖靈的慈悲知見下的特殊性，祂會用你所造的一切來發揮療癒的功能，不再傷人。」（T-25.VI.4:1）

(IV.5:1) 我教給你的寬恕，絕不會用恐懼來化解恐懼。

　　正如同前文所說「攻擊乃是出於恐懼」，每當我選擇以牙還牙，而且反擊得理直氣壯時，就落入了耶穌所說的「用恐懼

來化解恐懼」的陷阱了。縱然在我的錯覺妄想下，確實是對方先發動攻擊的，但這種反彈，除了壯大對方和自己的小我以外，絕對不會有什麼好結果的。引文一開始，耶穌說「我教給你的寬恕」，這句話好似暗指人類練習了兩千年的寬恕，並非真正出於他的教誨。福音裡的耶穌如同《聖經》所描繪的上主一般，情緒隨著順境逆境而起伏不定，尤其是那位充滿了批判以及特殊之恨的上主。教會所教導的寬恕，帶給人類無窮的後患。追究其因，就是教會宣揚的寬恕，是以《聖經》裡的幾位特殊人物做為模範，而他們的特殊性卻恰好抹殺了真愛無所不包的本質。為此，耶穌才會在《課程》裡特別聲明他的寬恕絕非**毀滅性的寬恕**，不會以牙還牙，或用恐懼來化解恐懼。

(IV.5:2)〔我教給你的寬恕〕**也不會先弄假成真，然後再銷毀證據。**

　　現實世界的戰爭可說是這句話的最佳寫照了。本來不存在的敵人，經我把自己心內的罪咎投射給對方之後，立即顯得可恨無比，不能不除之而後快。世間的每一場戰爭都是建立在這種瘋狂的心態上，每一方都是由分裂意識出發，為同一個小我目標奮戰，致使罪咎懼及懲罰的幻境繼續不斷苟延殘喘下去。

(IV.5:3~4) **聖靈所教的寬恕，從一開始就視而不見他人的錯誤，使那些錯誤對你顯得虛幻不實。不要讓你的心信以為真，否則你必會認定自己必得解除那些錯誤才會受到寬恕。**

　　如果我們相信，必須先消除具體的錯誤才會得到寬恕，我們便把錯誤弄假成真了。寬恕只要求我們解除先前的錯誤選擇，也就是「抉擇者選擇了小我」那個錯誤即可，無需在行為層次亡羊補牢（當然，如果出於愛心而想要彌補一下，也無傷大雅）。《奇蹟課程》幾乎不談形式層次的作為，這是它和一般靈修法門大不相同之處。《課程》主張，問題永遠不在於我們究竟做了什麼，而是我們是**跟誰聯手**做的。故在付諸行動之先，我們應盡快回到心靈，把所有出於特殊性的妄見妄念一併帶到耶穌面前，尤其是那些我們認定自己理當生氣、傷心，或應該付諸行動的理由。耶穌在此提醒我們，只要是著眼於分裂或分歧的所知所見，全屬於妄見，故應該「*視而不見*」，也就是越過罪的假相去看，才是正辦。

(IV.5:5~6) 凡是產生不了後果的事，就不必把它當真；那些錯誤的後果在聖靈眼中根本就不存在。不論何時何地或何種錯誤，祂都會按部就班、始終一貫地為你撤銷錯誤的一切後果，藉此教你明白，並且向你證實「根本沒有小我這一回事」。

　　因與果的觀念，以及它與寬恕的內在聯繫，是〈正文〉的一大主題，我們留待日後再深入討論。在此權且摘要如下：寬恕的任務其實是向他人示範，即使他們好似傷害了我們，但那些事並沒有奪走自己內在的上主平安。這表示那些有目共睹的罪行，絲毫沒有左右真愛的本事，它們既沒有引發任何後果，以罪為核心的小我思想體系自然也形同虛設了。

真實的療癒

《奇蹟課程》指的假療癒就是「頌禱」中所說的「分裂取向的療癒」（S-3.III.2:1），這類療癒只著眼於外在症狀，罔顧真正的病根（亦即心靈認同了分裂及罪咎那個決定）。尚未療癒的治療師縱使有助人之心，卻因混淆了身體與心靈的層次之別，致使他的治療註定失敗：

(II.1) 凡是曾想祈求某些具體東西的人，都會有過「好似不靈」的經驗。這不限於祈求有害之物，連完全符合本課程原則的祈求，都可能帶給你類似感受。尤其是後面那種經驗，很可能被誤解為本課程說話不算話的「證據」。然而，別忘了本課程的反覆叮嚀，它的宗旨只是幫你擺脫恐懼。

換句話說，我們的祈求若涉及具體對象，即使是祈求平安或寬恕，卻避而不談我們最害怕的心靈抉擇能力，反而會使心靈所犯的錯誤萬劫不復。試想，如果罪咎和恐懼始終在心內作祟，我們豈有真正療癒的可能？祈求耶穌或聖靈具體地插手相助，只會再次鞏固小我的防衛機制，而與奇蹟的教誨背道而馳。當聖靈對我們的特殊祈求感到愛莫能助，小我便會振振有詞：「我早就告訴過你，《奇蹟課程》不管用的！」於是，天堂再次辜負了我們的期待。因為在祈禱之時，我們的用心顯得如此真誠，連自己都難以識破小我的重重偽裝，看出它其實只是想保住這個具體又特殊的我而已。

(II.2:1~3) 我們不妨假定一下，你向聖靈所求的確實是你想要之物，問題出在你對它仍然心懷畏懼。在這心態下，你若獲得俯允，也不能算是如願以償。這就是為什麼某些療癒境界未必出現具體的療癒徵兆。

其實，只要真心向聖靈求助，心靈是可以療癒的。然而，我們心內若對上主的聖愛仍懷有一絲戒心而舉棋不定的話，療癒便不得其門而入，我們只好繼續承受生理上的病苦，再次證明耶穌和本課程根本就不靈驗。

(II.2:4~7) 某人可能因害怕肉體折磨而祈求生理上的治癒。就算他的身體已經治癒了，他的思想體系所承受的威脅可能遠比生理病症更為可怕。這種心態下的祈求未必真想由恐懼中解脫，它只祈求上主解除他自己過去所選的某種症狀而已。因此，這類祈求根本不是為了療癒。

這就是為什麼我們必須釐清自己究竟想要什麼。剛剛踏上奇蹟之路的人，難免心存僥倖，希望不用碰觸自己心念的問題，便能治癒外在的症狀。這種抵制心態特別常見於心理治療，案主一心指望治療師幫忙消除種種痛苦，卻不想深入自己潛意識的心結，更不願承認他們暗地裡對這些痛苦症狀其實甘之如飴。這才是問題永不得解的關鍵，因為一旦療癒了，我們的個體生命也就告終了。除非我們真能鍥而不捨地追問下去，終有一天會恍然大悟：一切問題的起因，在於心靈選擇了罪咎；一切問題的解答，則在於心靈選擇了奇蹟。就這麼簡單。

　　我們再回到「尚未療癒的治療師」那一節，這回把焦點放在真正的治療師上。它從另一種角度描述了寬恕的真諦，以及如何才算真正接受了聖靈的修正計畫。

(V.7:4~6) 治療師唯一真實的貢獻，乃是為病患親身示範自己的方向是如何被「不再相信夢魘的那一位」扭轉過來了。如此，他心中的光明才可能成為患者的答覆，使受困之人不得不與上主一起肯定「光明確實存在」，因為他已親眼在治療師身上看到這一光明。但治療師又需藉助患者的肯定，才可能確知光明真在自己心內。

　　〈教師指南〉也有類似的說法，它要我們向弟兄示範「正念的選擇」，亦即「另一種神聖的選擇」（M-5.III.2:6）。所謂療癒，**不是**我們在療癒別人，我們的任務只是決心不和救贖的障礙妥協，讓人體驗到始終臨在於我們心內的療癒之愛。我們無意去修正、改變或治療別人，而只著力於修正、改變並治療自己的心靈，願意把內心陰暗的憎恨念頭帶到聖靈的寬恕光明中。簡言之，真正的治療師全心致力於自己的療癒，因為那才是一切問題之所在。如果我們認為問題發生在外邊，表示自己已經淪為病人了。縱然眼前的弟兄真的生了病，但我們真正該留意的是自己對他的錯誤知見。試想，如果我們缺乏聖靈的療癒慧見，只會從小我之眼去看問題，針對弟兄的病情痛下針砭，我們怎麼可能成為真正的治療師呢？

(V.7:7~9) 知見就是經由此途徑轉譯為真知的。奇蹟志工必須

由認出光明開始，再不斷把光明推恩出去，而且接受光明的認可，他的知見才會轉譯為一種肯定。這一光明之果方能為他保證光明已經進入他心裡。

我們的虛妄知見一旦和真實知見照面，便立即銷聲匿跡，聖靈的修正於是功成身退，黑暗的知見世界自動消融於燦爛的真知光明中。但請記住，我們得先學會藉助寬恕之光，才能越過小我的黑暗。當我們的心靈療癒了，弟兄也就隨著我們而療癒了，如此，自己的療癒經驗再也不會動搖了。光明慧見便逐漸取代了陰暗的幻覺，尚未療癒的治療師自己開始療癒了，上主之子終於安返家園。

(V.8:1) 心理治療師本身並沒有療癒能力，他只是讓療癒自然發生而已。

同理，真正的寬恕其實沒有寬恕什麼，只是讓寬恕自然發生而已；奇蹟志工也沒有行什麼奇蹟，只是讓奇蹟自然從他們心中推恩而已；人間救主也沒有拯救任何人，只是讓救恩透過他們而得以一展大能而已。不論從哪個角度切入，內涵全都一樣：我們唯一的任務不過是清除橫亙在路上的小我罷了。比方說，當我們自認為身負靈修重任時，應有自知之明，不僅自己已經落入了特殊性的魔掌，還會拖著一群學生掉入同一個陷阱。我們的任務只是化解自己的小我，將它置於救贖光明中，千萬要警覺「**天降大任於我**」的使命感。真想在靈修之旅更上一層樓的人必須明白，真愛在人間也是一無所作的。我再強調

一次：人間唯一可貴的靈修功夫就是**不要**裝模作樣，顯得很有靈性的樣子；可別忘了，聖子當初是怎麼惹出大禍的，就是他想要裝得「像神一樣」（godlike）。我們若真要「化解小我」，就必須和聖靈一起正視小我，否則我們心內一定會生出種種批判的。這是《奇蹟課程》的寬恕和療癒的關鍵。

現在，我們再度回到耶穌所給的兩個實例——神學家和心理治療師的身上：

(V.8:2~7) 他最多只能指出黑暗，卻無法帶來光明，因為光明並非來自於他。然而，這光明既然為他而存在，必然也為他的病患存在。只有聖靈才配稱為心理治療師。不論什麼場合，只要你尊祂為師，祂必會為你揭示療癒之道。你唯一能做的就是讓聖靈完成祂自己的任務。無需你插手代勞。

換句話說，要成為治療師，得先學會信賴聖靈之愛才行，切莫越俎代庖，或告訴聖靈祂該怎麼治療。我們唯一的責任，只是把小我的特殊性交到祂的手中，把小我的黑暗帶入祂的光明，聖愛自然會完成其餘的一切——同時療癒了治療師以及病患，因為他們本來就是同一生命。

(V.8:8~11) 祂只會一步一步地指點你如何去協助祂要你幫助的人，只要你不自作聰明，祂會透過你直接向病患說話。請記住，你選擇嚮導是為了幫助別人；若選錯了嚮導，就會愈幫愈忙。但也請記住，只要選對了嚮導，你一定幫得上忙。信任聖靈吧，因為助人是祂的天命，祂跟上主是「同路人」。

　　海倫生前確實感到那些求助的人都是耶穌送上門的，我們可能也會有類似的感覺，但事實並非如此，只因為我們打開了自己的心靈，讓聖愛得以流經我們而擁抱了整個聖子奧體而已。這個抽象之愛會透過我們的個體經驗而「轉譯為具體事件」，令我們感到那些人全是上天送來的。請記住，我們的心靈除了自我寬恕以外，什麼也沒有做，什麼也無需做，因為不論做什麼，都不可能產生真正的效益。故我們無需擔心自己該向他人說什麼話，我們真正需要的，是向心靈的導師求教，如何清除內心「不知道該說什麼」的那個障礙。唯有如此，我們的療癒之念才能轉化為有益他人的經驗，彰顯出奇蹟的靈驗效用。我們繼續讀下去：

(V.8:12~16;9:1) 你若能仰賴聖靈之力（而非自己的力量）喚醒其他心靈，就會明白自己不再受制於世間的遊戲規則了。只有你此刻所遵循的法則才會靈驗。「有用的就是好的」，這句話雖然言之成理，但還不夠。「只有好的才是有用的」。其餘一切，一無所用。

本課程給人一個非常直接而又單純的學習環境，它還提供你一位「嚮導」，具體為你指引迷津。

　　就這麼單純！只要記住：我們不是那位嚮導，也沒有這麼一個世界等著我們去療癒。唯一有待療癒的反倒是「把世界當真，亟需拯救，捨我其誰」的那個心靈。心外的一切全然虛無，唯一有待療癒的是心靈的錯誤選擇，我們在心靈之外所作

的一切治療都是白忙一場！

(V.9:2~6) 只要你照著去做，便會看出它確實靈驗。它的靈驗遠比這些文字解說更具說服力。讓你不能不相信它所言不虛。跟對了「嚮導」，你就能學到所有課程中最簡單的一課：

> 你們可憑他們的果實辨別他們，他們也會認出自己的真相的。

請留意，「果實」指的並不是《聖經》所說的那些外在成就，而是指已經接受療癒的聖子。那些跟我們一樣一度與黑暗勢力認同的人，如今能在我們的心中看到光明了；而我們也因著在他們身上看到光明，從而意識到我們原來是同一個光明。就這樣，我們再度回到了寬恕和療癒這個中心主題，只有它們足以反映出天堂的一體生命，也就是我們的自性。我們就在這美妙的主旋律中，結束〈正文〉的第九樂章。

第十章

疾病的偶像

導　言

　　第十章是〈正文〉最短的一章，它從一個獨特的角度切入「分裂」的主題。研讀到現在，我們已清楚看到《奇蹟課程》的每一章其實都在說同樣的話。耶穌用不同的變奏，呈現幾個最重要的旋律，透過主旋律和各種變奏曲的交互激盪，不斷推陳出新，最後譜寫出一首令人歎為觀止的交響樂。

　　「疾病的偶像」這一章，以嶄新的角度詮釋《舊約》裡上主給摩西的十誡中之前兩條：

　　「除了我以外，你不可有別的神。不可為自己雕刻偶像，也不可做什麼形像，彷彿上天下地，和地底下水中的百物；不可跪拜那些像，也不可事奉他，因為我 耶和華 你

的神是忌邪的神。」（〈出埃及記〉20:3~5）

針對「不可崇拜偶像」這個誡命，《奇蹟課程》賦予全新的解說：切莫神智失常，聽信小我的分裂思想體系，把它奉為偶像。因為自從我們與特殊性之我認同後，便將小我供奉在神廟裡，俯伏膜拜；我們慶祝它的誕生，哀悼它的死亡，自甘獻出一生，供它奴役。

〈正文〉第四章也曾借用十誡的「第一誡」而另有抒發：「『除了上主，你不可朝拜其他神明』，只因除祂以外，**沒有任何神明存在**。」（T-4.III.6:6）其實，這句話是在重申「救贖原則」，亦即天人不曾分裂的真相。既然上主沒有任何一部分可能與祂的完整生命分離，又怎麼可能冒出假的神明？畢竟，沒有一物能存在於圓滿整體之外，完美的愛也只能活成自己，這就是「上主永恆如是」（God is）的真諦——上主之外不可能存在任何的東西。有關天堂的一體不二本質，我們不知已讀過多少次了，請記得，凡是認為自己能存在於上主之外的，必然淪為二元體系，因為它直接違反了天堂的一體真相，故此一想法只可能存在於幻境內。

雖然《課程》對十誡的論述就這麼點到為止，但已透露出諾斯替教派（Gnosticism）的神學觀了。諾斯替教派是盛行於西元第一與第二世紀的一支基督教派，哲理意味很強，由於它的神學觀點威脅到當時的教會權威，因而被打入「異端」，受到教會全面圍剿，終至於滅絕。諾斯替教派把《舊約》的神明

視為假神明（近似《奇蹟課程》的小我），它提出一個合情合理的反問：「圓滿的上主怎麼可能和這個不完美的世界有任何瓜葛？」對此，耶穌顯然頗有同感。

但是看在小我的眼裡，這種諾斯替式的抵制假神，一樣冒犯了造物主，罪不可赦；另一方面，給出十誡的舊約神明也認為我們犯了罪，看，這個神明乾脆坦承不諱：「我是嫉妒之神！」（〈出埃及記〉20:5）甚至警告世人：「跪拜、事奉其他神明的，我必追討他的罪。」其實，崇拜偶像根本冒犯不了上主，只可能傷害我們**自己**。因為我們若相信自己有可能在造物主之外另行打造出「特殊性」偶像，必然會感到罪孽深重的。總之，我們不只崇拜這類神明，為它開壇建廟，還獻上自己的一生，為此，真正受苦的並不是上主，而是我們**自己**。

除了在這一章，隨後幾章還會繼續為我們揭曉，人類不只在**心內**，同時也透過心外的**身體**崇拜偶像。最原始的偶像當然非小我莫屬，我們不只把小我這偶像當真，還與它認同；它那套思想體系，在我們心內牢不可破。它不斷告訴我們：「天人真的分裂了，你褻瀆神明的罪名成立，祂必會向你追討罪債！」心靈因為恐懼天譴，不得不將罪咎投射到心外而形成了物質世界。從此，外在的世界都成為我們崇拜的偶像。這一切，不過是我們「視之為己」或「待之為友」的原始偶像（小我）的化身罷了。耶穌在隨後幾章說得更具體：投射出去的偶像就是「特殊關係」，若非特殊之愛，就是特殊之恨；而恨的

對象，對我們更具吸引力。被我們口誅筆伐且視為罪孽深重的人，反而成了身體崇拜的頭號目標，因為我們若想逃避天譴，不能不藉助他們的血肉之身，才能把內心的罪如變魔術一般地轉移到他們身上，從而逃過天譴。我們要在這一主題多下點功夫，因為它不只是本章的基礎，更可說是小我思想體系的底細。唯有徹底摸清「投射」的原委，我們才能識破這些幻相，讓真相水落石出。

分裂和疾病

　　本章最值得注意的，就是它在分裂和疾病之間劃上了等號。心靈為自己樹立了一堆偶像，然後虔誠膜拜它們，這種心靈顯然有病，故本章的標題直接定名為「疾病的偶像」。毋庸贅言，本課程所論及的疾病，一概與身體無涉，而是指「認為自己可能打造偶像來取代真實上主」這一信念。只因身體的形象是根據人心的罪咎打造而成的，自然成了小我偶像崇拜的不二人選。凡是膜拜分裂及特殊性之神的人，不可能不充滿罪咎，因而呈現出某種我們稱之為疾病的生理症狀。故奇蹟學員在操練本課程時，務必要有一個基本認知：疾病與身體無關；身體只是一個傀儡，它的主人乃是藏在心靈內「咎與懼」的思想體系。

(III.1:1~8) 你並沒有攻擊上主，你仍是愛祂的。你怎麼改變得了自己的真相？沒有一個人甘願自我毀滅的。當你認為你在攻擊自己時，充分顯示出你多麼嫌惡你心目中那個自我形象。你所能攻擊的也只限於這一形象。你的自我形象可能面目可憎，這一怪異形象還可能讓你做出極具毀滅性的事。然而，那毀滅性並不會比那個形象本身真實到哪裡去，不論製造這偶像的人膜拜得多麼虔誠。偶像雖然不算什麼，卻能讓上主的兒女淪為病態的信徒。

　　構成偶像的原始之念，就是小我自立神明以取代真實上主，這一念本身即是對上主的攻擊，一種不折不扣的病態；病態心理自然會投射出一個有病以及會死的身體，組成一個具有身心結構的我。〈正文〉這一段將小我最原始的分裂之念說成「極具毀滅性的事」；正因為**觀念離不開它的源頭**，故身體只可能呈現「毀滅」之相。這類「疾病偶像」不只隱身於國家與國家、特殊群組與特殊群組的戰爭中，也藏匿在我們不可告人的毀滅之念裡。我們自認為活在身體內，這個知見本身即代表了毀滅之念，因它企圖毀滅我們真實的靈性生命。縱然如此，正念心境的救贖之念就緊隨在仇恨之念的背後，不時向我們透露真相：攻擊只是一場無謂的夢，絲毫影響不了我們的真實自性，也傷害不了我們的造物主。總之，知見領域永遠只是一場騙局，只有真知之境代表了真理，它屬於靈性領域。

(III.3:1) 相信上主之子會生病，等於相信上主某一部分可能受苦。

　　凡是把自己當成上主可能受苦的那一部分的心靈，或者認為自己可能從圓滿生命分裂出去，基本上就已經神智失常了。但小我根本不作此想，它堅持這才是我們的存在真相，我們必須為自己的罪付出代價，並且接受死亡的懲罰。這對神智清明的心靈而言是不可理喻的，但不幸的是，聽信了小我罪咎與攻擊防衛機制的我們，早已喪失了理性，自然不可能聽見聖靈的天音了。

(III.3:2~3; 4:1~3) 愛是無法受苦的，因為它沒有攻擊的能力。因此，愛的記憶能恢復他的百害不侵之境……相信上主之子是有病的，等於與他崇拜同一偶像。上主只創造過愛，從未造過偶像崇拜這一回事。不論你崇拜哪一類偶像，它們都是假冒創造之名，在破碎而病態的心靈調教之下，它們是不可能了解「創造乃是分享能力而非篡奪能力」的。

　　在第二十四章，耶穌把小我企圖取代上主造化的偶像稱為「有辱上主造化」的「拙劣贗品」（T-24.VII.10:9;1:11）；在此，他則稱之為「冒牌假貨」。只有神智失常之人才可能相信上主和我們的臭皮囊有任何關係，既珍愛又崇拜，既痛恨又貪戀這個充滿瑕疵的自我。更不可思議的是，這麼不完美的我，竟然變成小我夢境裡的英雄，我們特別崇拜的偶像（T-27.VIII）。小我最屬害的殺手鐧，就是在真實上主之前打造其他神壇。幸好，充其量這只是一個妄想，因為耶穌明說了：任何造化只會「分享能力」，不可能「篡奪能力」的。換句話說，

相信上主的某一部分竟然可以從完美的一體聖愛中盜取能力，簡直是不可思議，不可能真正發生。我們一旦掉入他人的特殊夢境（例如疾病之夢），表示我們相信那不可能的事情確實發生了，上主之子變成一個有罪的怪物，再也不是上主所創造百害不侵的自性了。

(III.4:4) 疾病，屬於一種偶像崇拜，因為它相信疾病能夠奪走你的能力。

這句話再次告訴我們，疾病與身體無關。認為身體會生病的人，其實已經落入偶像崇拜了，因為相信疾病，等於宣告在我們之外確實存有一股力量，足以剝奪我們的健康。必須再次強調，疾病與生理症狀無關，它就是「相信外境有控制我的力量」這個瘋狂信念。耶穌想盡辦法要把我們的焦點由病態之身拉回到病態的心念上，因為有病之身不過是「偶像崇拜」的倒影，表示我們又在崇拜那位特殊性的偶像了，也就是下文所說「窮凶惡極」的病態之神：

(III.4:5~7) 那是不可能的事，因為你是全能上主的一部分。病態的神明必是偶像無疑，是仿照偶像塑造者的自我形象而造成的。這正是小我在上主之子身上所看到的形象：一個自我打造出來的病態之神、萬事不求人、窮凶惡極卻不堪一擊。

凡是相信世界是美好的人，不妨好好讀一遍這幾句話，便會發現《奇蹟課程》其實不乏這類說法。耶穌說，在這危機四

伏的世界裡，我們總是覺得命在旦夕，為了自保，我們（不論是個人或國家）都認為應該先下手為強。事實上，這個瘋狂思維本身即是一切疾病之源，因為它存心抹滅救贖原則。救贖原則告訴我們：身為上主一部分的我們永遠離不開終極源頭，始終活在上主慈愛的臂膀裡。

(III.4:8~10) 這可是你想要崇拜的偶像？這可是你日夜精進所要拯救的形象？你豈會擔心失落這個玩意兒？

我們深恐失去自我，失去這個有待保護的偶像，而整個宇宙正是從這一念中誕生、也靠這一念而維繫至今的。我們若讓象徵上主臨在的耶穌進入心內，自我便消失無蹤了。為此，耶穌才會追問我們：「你真想拯救這麼不堪一擊的自我形象嗎？」我們費盡心思保護如此虛無的偶像，不是相當愚痴嗎？但也別忘了，當我們看到自己在現實生活如何縱容特殊性時，切莫內疚；只需把讀到或聽到的奇蹟主題曲，和現實經驗比對一下即可，承認自己仍然害怕失落自我，看到自己為了死守它的虛假門面，是如何透過生病或攻擊來投射內心的罪咎的。

接下來的章節，再度影射了十誡的第一誡。我們一起來讀一下：

(III.8:2~3) 你現在就能為所有的人接受平安，帶給他們完全的自由，擺脫一切幻相，因為你已聽到了祂的天音。但你在祂面前不能安置其他的神明，否則你就無法聽到天音了。

　　小我讓我們相信，唯有鬥爭下去，才有得救的希望；它最怕我們突然聽到聖靈的呼喚，而決心和所有人和平相處。故問題並不在於聖靈音量太弱或耶穌的愛不夠，而是因為我們害怕聽到祂們的呼喚，寧願俯伏在其他偶像之下。為此，小我必須不斷發出分裂的叫囂，企圖覆蓋在聖子心內永遠輕聲呼喚的救贖之音。所以才說，疾病不是發生在身體，而是出於心靈內為特殊性而打造的那尊病態神明，那是我們為了不想聽到救贖的平安呼喚而打造的偶像。

(III.8:4) 上主不會嫉妒你打造的神明，善妒的是你。

　　對於十誡的第二條誡命，這又是一句諾斯替式的駁斥了：真實的上主怎麼可能嫉妒或在意那些虛幻的偶像？只有人類幻想出來的病態神明才可能說出這種話。我們的造物主除了一體無間而且永遠無瑕的聖愛以外，祂一無所知。

(III.8:5~6) 你一心想要拯救你的眾神，為他們效力，因為你相信自己是他們造出的生命。你之所以認賊作父，是你為了取代上主而造出偶像，然後再把這可怕的事實投射到他們身上。

　　我們自甘成為小我的兒女，第十一章甚至說我們竟然「認己作父」。自己打造出小我之後，推說是小我打造出我們的，然後躲藏到一具身體裡，企圖遺忘心靈所作的決定。如此一來，我們自然會相信自己的一生都操縱在身體所崇拜的偶像或神明手裡。故本章特別點明，我們害怕的並不是小我，也不是小我所打造的特殊性神明；我們真正的恐懼，是相信上主已被

自己打造出的小我取代，而這一滔天大罪必會遭受懲罰的。故問題永遠不在於我們究竟選擇了**什麼**，唯一的問題在於心靈誤用了選擇權並作出錯誤的選擇。真相是，不論那個錯誤選擇是什麼，只可能是虛無；既是虛無，何需恐懼？但問題的核心是，我們已經把自己打造的虛無信以為真了，這才是我們恐懼的真正原因。

(III.8:7) 當他們好似向你說話時，請記住，不論你企圖用什麼來取代上主，他們全是子虛烏有之物。

　　小我最怕我們聆聽聖靈的天音而識破二元世界的虛無本質，故當它慫恿我們建立特殊關係來滿足自己或減輕痛苦時，我們只需記住，那一切不過是那位病態神明在作祟而已。我們之所以對它言聽計從，只因我們害怕自己一旦聽到天音，特殊之我便無立足之地了。也因此，我們才會如此溺愛甚至崇拜這個特殊之我，不惜放棄「毫不特殊」的真愛，甘心為自己的特殊性吃盡苦頭，只因為痛苦愈大，存在感就愈強。我們每天幻想著「明天會更好」，暗中卻不斷自找苦吃；因為痛苦不僅能讓我感到與眾不同，還能給我怪罪別人的藉口。如此，我們不僅保住了從上主那兒盜取來的自我，還能誘罪他人，讓他們頂罪。這是小我幫我們消除罪咎最陰險的手法了。

(III.9:1~2) 道理十分簡單，你也許相信自己害怕子虛烏有之神，其實你害怕的是虛無本身。一旦明白了這個道理，你就痊癒了。

　　小我如此警告我們：「你若敢回頭聆聽聖靈，修正過去的錯誤選擇，你必會重歸虛無的！」這倒是真的，只要我們看穿自己是小我，小我**必會**回歸虛無的。耶穌說「你害怕的是虛無本身」，只因小我的本質徹底虛無。此處，我們看到耶穌又在玩文字遊戲了，在小小一段話裡，前後用了nothingness和nothing，故意凸顯出我們害怕虛無，因為小我正是徹底的虛無。也因此，如果我們希望病痛不藥而癒，只需意識到自己在上主前不可能另立任何偶像就行了，因為上主之外沒有其他神明存在；說穿了，愚蠢至極的分裂之夢，豈能對真理實相產生丁點的作用？

(III.9:3~4) **你想要聽從哪位神明，你必能聽到。你造出了疾病之神，他既是你造的，你自然聽得見他。**

　　說實話，我們十分樂於聆聽小我神明，因為它最懂得投我們所好，強化我們的分裂與特殊性——這正是每個個體生命的最愛。難怪我們對小我言聽計從，連打造出來的身體，都只聽得懂心靈的分裂之音，只看得到分裂之相。如此一來，我們還可能聽到聖靈的呼喚，救贖的天音嗎？還會相信「天人不曾分裂過」嗎？

(III.10:3) **在祂面前接受其他神明，與你在自己面前安置種種自我形象，都是同一回事。**

　　此舉絲毫影響不了上主，卻直接打擊到自我感，而忘了自己的終極身分原是基督，是上主創造的光明自性。更糟的是，

我們還相信自己如此卑微渺小，而將小我奉若神明，於是開始
打造世界、身體，以及芸芸眾生，只為了守護這不堪入目的自
我形象；但萬萬沒想到，我們打造的安全堡壘最後竟淪為自己
投射怨恨的靶子。

**(III.10:4) 你還意識不到，你對那些神明是多麼言聽計從，你是
多麼小心戒慎地守護著他們。**

　　整部《奇蹟課程》不乏這類委婉的勸諫。耶穌曾多次點醒
我們：「你可能認為自己不再聆聽小我了，但事實不然，即使
研讀《奇蹟課程》的人，只要還認為這本書能把你造就成更快
樂的『人』，企圖用我的教誨來榮耀你的個體生命，都是在崇
拜虛假的神明。反之，你若真心跟隨我的教導，那個充滿怨恨
的自我便會逐漸轉化為寬恕的心靈，最後安然隱入上主的光明
自性。《奇蹟課程》只是引領你邁向覺醒的一塊踏板而已，它
無意幫你在小我的分裂夢境中活得更快樂一點。」

(III.10:5) 他們是因著你的重視而存活的。

　　這兒說的是心靈具有相信幻相的能力，這個觀念我們早已
不陌生。為什麼我們如此渴望特殊性？為什麼世界以及它背後
的小我思想體系顯得如此真實？只因我們的抉擇者對它們堅信
不疑。小我的神明得靠我們相信它，它才有呼風喚雨的能力；
僅憑它自己，是無此能耐的。

(III.10:6~7) 你得把尊重用對地方，才可能活得平安。那是你真

正的「父親」所賜你的產業。

耶穌要我們把尊重和信仰的對象轉向正念之心（也就是聖靈的思想體系）。既然分裂不曾發生，平安便是我們的天賦遺產。要知道，在正念之心中，我們永遠記得自己是上主的神聖創造，是基督自性，也是上主的唯一聖子。

(III.10:8~9) 你造不出天父的，你自己造出的父親根本造不出你來。幻相不值得你的尊重，因為尊重他們，無異於推崇虛無。

這部課程對所有人都是一大挑戰，因為沒有一個小我（包括認真的奇蹟學員在內）願意聽到「整個宇宙根本就不存在」這一真相。我們不惜一切代價也要證明自己所珍愛的小我是真的，上主才虛幻無比，而我的存在則是有目共睹的事實。我們若想放下內心對真相的抵制，唯有一途，即是將耶穌的形上觀念運用到日常生活，隨時反觀自己的一言一行（包括操練奇蹟的心態）是否有崇拜虛假偶像或疾病之神的傾向。唯有明察秋毫，才抵制得了小我的誘惑而真心選擇聖靈的寬恕。如此，我們才敢說是「尊重」上主的造化了。

(III.10:10) 你也無需害怕他們，因為虛無沒有什麼好怕的。

耶穌一方面勸勉我們無需害怕小我，另一方面也十分諒解我們的苦衷；因為心靈乃是罪咎的淵藪，我們深恐自己一旦與罪咎照面，霎時便會灰飛煙滅，這怎能不令我們望而生畏。別忘了，《奇蹟課程》的宗旨即是要我們不再害怕往心內看去，

也無需一味盯著心靈投射出來的人間地獄。我們只要和耶穌一起，便能徹底看穿小我的虛無本質。接下來的篇章，耶穌即將全面深入此處一筆帶過的主題，逐漸發展成奇蹟交響樂最重要的旋律。

(III.10:11) 你之所以害怕愛，只因它毫無傷人的能力；因著這一畏懼，你竟然甘心放棄自己完美的助人能力以及你所擁有的完美天助。

我們之所以害怕愛，是因為我們知道自己傷害不了上主，故祂也不可能報復我們。第二十四章有一個類似的說法，更加令人玩味：「寬恕你的天父吧，將你釘上十字架絕非祂的旨意。」（T-24.III.8:13）上主及耶穌只有助人之心，絕無傷人之意，這反倒成了小我最痛心疾首之事（請留意，「助人」與「傷人」二詞常常並行出現於書中）。說穿了，我們更加崇拜會懲罰人的上主或救主，只因這種神明才符合小我「罪與罰」的思想體系，這也是《聖經》廣得人心的原因之一。請看，《舊約》的神不只會被人類冒犯，祂們還會報復。如今我們碰到一位不會傷人的造物主，反而驚惶失措，因為一旦看清了上主愛人助人的真相，我們投射在上主、自己以及世界的那個下手不留情的「偶像」，便無立足之地了。

(III.11:1~2) 你只能在上主祭壇所在之處找到平安。這祭壇就在你內，是上主親自將它安置於此處。

我們如此崇拜這類會報復、會帶來瘟疫疾病，甚至會向人類宣戰的神明，人間豈有平安可言？不幸的是，世界對這麼簡單的真理竟充耳不聞。歷史上的戰爭無一不是抱持著「打敗了敵人，和平才有希望」的信念，壓根兒不願接受「唯有心靈回到那『絕不傷人，只會愛人』的上主祭壇，人類才有平安可言」這一真理。

(III.11:3) 祂的天音不斷喚你回歸，只要你不在祂面前安置其他神明，你一定會聽見祂的天音。

我們又回到「化解小我」的主題了，同時見識到耶穌這位大作曲家如何圍繞這一主題而展開整部交響樂。我們若想聽見聖靈的天音，唯有一途，即拒絕小我。問題是，我們已經把自己**視為**小我了，一旦拒絕小我，等於否認了自己。難怪耶穌發此感歎：「只有極少數的人聽得到上主的天音。」（M-12.3:3）很少人甘心放棄個體身分。不幸的是，很多人以為只要不理會小我，自己便屬於「被特別揀選」的族群了。否認、假裝小我根本不存在，這正是小我最厲害的防衛機制，足以讓它江山永固，而讓上主的天音杳不可聞。

(III.11:4) 你能夠代自己的弟兄捨棄疾病之神；事實上，如果你也想放棄那些神明，你不能不如此去作。

這個主題將在下文繼續深入，也會在隨後幾章進一步發揮。若要放棄小我（也就是分裂信念和疾病之神），我們必須看出自己與弟兄的福祉根本密不可分。既然上主只有一位聖

子，而**觀念又離不開它的源頭**，我們若把聖子視為另一生命，等於自絕於基督慧見之外——因基督慧見不會被聖子奧體的分裂表相所蒙蔽，它只會著眼於聖子共有的同一性。

(III.11:5~6) 因為只要你在任何地方看到疾病之神，表示你接納了他的存在。你一旦接受他，就只有俯身膜拜的份兒，因為你當初就是為了取代上主而造出他的。

所謂疾病之神，絕不僅限於有形的疾病，還包括形形色色的分裂之念。我們不能不對這種神明俯首稱臣，因為我們自身也是一個疾病的偶像，終日在身體神廟前膜拜它的特殊性。我們之所以相信這麼病態的神明，只因我們存心遺忘它是我們為了取代上主所創造的真我而打造出的神明。從此，這場「遺忘之夢」（T-16.VII.12:4）讓我們堅信小我才是真正的自己。基於「投射形成知見」的原則，我們觸目所及，必會處處看到疾病與罪咎的猙獰面容。

(III.11:7) 他代表了「你相信自己有權決定哪個神才是真實」的信念。

在夢境中，我們幻想自己不僅能夠選擇，而且已經選擇了小我；為此，耶穌順勢給了我們另一種幻覺：我們仍有選擇聖靈的可能。要知道，即使是出於正念的選擇，仍屬於幻相領域，因為在一體不二的天堂內，我們沒有其他的選項，永恆一體之境是唯一的真相，不是我們所能置喙的。

(III.11:8) **這顯然無關真相，只關乎你自以為的「真相」。**

　　這又是「救贖原則」的另一種說法：我們在夢裡想選擇什麼就選擇什麼，想相信什麼就相信什麼，但這並不表示我們所信的就會變成真的。相信自己有選擇，等於把二元的知見當作真理，如此便把上主圓滿一體的實相打入了幻境。難怪我們的小我如此熱中於選擇，因為每個選擇都在證明當初選擇分裂的那一部分心靈是真的，而且雄風不減當年。

(IV.1:1~3) **所有的怪力亂神都是企圖協調原本水火不容之物。凡是道地的宗教都承認互不相容之物是無法和諧並存的。疾病與完美，正是水火不容之例。**

　　讓「互不相容之物……和諧並存」，耶穌指的是心靈和身體的關係。他告訴我們：**真實的宗教必然了解，上主不可能在如此虛幻的身體上大作文章的。**這讓我們想起耶穌的自問自答，他在〈心理治療〉一文有關「宗教在心理治療所扮演的角色」中這麼說：「形式化的宗教組織在心理治療中沒有存在的必要，形式宗教在宗教裡也沒有真正的地位。」（P-2.II.2:1），寥寥數言便為我們分辨出何謂真正的宗教（亦即靈性修持），何謂形式上的宗教。傳統宗教慣以儀式、組織以及形式來界定自己，往往犧牲了愛的內涵；耶穌稱此為企圖提升「形式」，而犧牲了「內涵」（T-16.V.12:2）。既然「互不相容之物是無法和諧並存的」，身體和心靈當然也是無法並存的。儘管罪咎懼之念讓身體生病了，但這些不完美的念頭不過是無

中生有的幻覺，絲毫干犯不了心靈的完美無缺。

(IV.1:4~5) 上主把你創造成完美的，你就是完美的。你若相信自己會生病，表示你已在祂面前安置了其他的神明。

這又影射出十誡的第一誡「你不可有別的神」。言下之意，我們是有可能打造出其他神明的。確實如此，落入幻境的我們，不只認為自己成功打造了別的神明，還會為此罪行而受到上主的懲罰。耶穌針對第一條誡命所給的答覆是：我們根本打造不出什麼偶像，故也不必害怕天譴，那全是自己想像出來的。我們既是完美的創造，必然永遠完美，任何幻相皆無法動它分毫。

(IV.1:6) 上主不會對你打造的疾病之神宣戰，你卻不時向上主宣戰。

回到本書附錄的那張圖表（奇蹟課程思想體系圖），我們在妄念之境的方框內標出「**戰場**」一詞，描繪人類心目中的天人交戰。不消說，那和真實的造物主毫無關係，祂絕不可能意識到人類的瘋狂想法的。分裂、偶像崇拜，或天人交戰這類怪異念頭只可能發生在小我的幻覺裡。

(IV.1:7) 疾病之神成了你抵制上主的一個標誌，你不可能不怕他，因為他與上主的旨意互不相容。

「**非此即彼**」的原則又出現了。我們如此害怕上主旨意，因為只要祂在，**我**就不在了。可以肯定的，當我們自甘拜在疾

病的神壇下，在那不神聖的一刻，現身神壇的必是我這一個體而非上主。這再次說明了《聖經》廣受歡迎的一個原因，因它如此推崇人類最嚮往的個體價值，讓我們甘心放棄代表一體真相的全愛之神，轉而供奉這位強調分裂及特殊性的疾病之神。

(IV.1:8) 你若攻擊疾病之神，反倒使他變得更加真實。

　　本課程的重點不在於如何壓抑或制服小我，它只是鼓勵我們好好正視，然後莞爾一笑，知道這一切都不是真的。〈練習手冊〉曾如此詮釋奇蹟：「它只是一邊面對人生慘境，一邊提醒人心：它所看到的景象全都虛妄不實。」（W-PII.十三.1:3）請看，奇蹟絲毫無意去反擊或療癒那些慘境，它只會莞爾一笑，知道那也沒什麼。既然是幻相，還需要為它大動干戈嗎？

(IV.1:9) 但不論他呈現何種化身，不論現身何種場合，只要你拒絕膜拜，他便會銷聲匿跡，回歸他原本的虛無。

　　這一段結語，不時出現於整部課程（W-107.1:6;M-13.1:2;C-4.4:5），它們說的全是同一回事：我們只需要好好地正視小我，倘若故意迴避，反倒幫了小我遮掩它的虛幻本質。如果把這句勸誡轉譯為日常的提醒，耶穌好似說：「把你供奉疾病之神以及膜拜特殊性的神壇那類想法，交給我來處理吧！我絕不會打擊它們或懲罰你的，我也不會給你更多的天條誡命，我只請你把這些幻覺交出來，和我一起正視一下，你就再也不可能相信『天國裡的上主可能打擊你或被你打擊，聖子奧體內還可

能相互攻擊」的這類說詞了。」只要和耶穌在一起，我們遲早會學到「一笑置之」的本領，因為我們明白，什麼事也沒有發生，我們和上主及祂的聖愛也不曾分離。反之，我們若向小我開戰，打算反制小我，反倒會把錯誤弄假成真，不自覺地又趴在偶像的腳下，再也沒有機會看清偶像的虛無本質了。

(IV.4:4) 上主之律純粹是為了你的益處而設的；除此之外，沒有其他法則存在。

在上主天律之外，一切皆是徹底的混亂無序，這和「上主之外沒有其他神明」的說法異曲同工。唯有愛、永恆，以及創造和推恩這類法則才真實存在，只有它們才足以反映出天堂一體不二的本質。世間的法則都離不開二元現象，但它僅僅掌控得了物質世界或特殊性打造的身心世界，不會帶給我們任何益處的。

(IV.6:1) 只要經驗過上主的眷顧，你是絕不可能打造偶像的。

那些有關偶像或分裂的想法一旦與上主聖愛照面，立刻顯得荒謬至極。為此，小我才會不擇手段地阻止我們牽起耶穌的手，深恐我們對它的叫囂置若罔聞，轉而聆聽聖靈，故不斷提供我們「不該寬恕」對方的種種理由。因小我知道，我們一旦追隨新的老師，便不可能繼續向它取經問道，那麼它的存在便會消亡在自身的虛無裡。

(IV.6:2) 在上主天心內，沒有那些奇形怪狀的偶像；凡是天心

所無之物，也不可能存於你心中，因為你們同具一心，而那心
靈又屬於上主。

　　這段話又是另一種表述救贖原則的說法：世上沒有任何事
物改變得了上主所創造的一體生命。「在上主天心內，沒有那
些奇形怪狀的偶像」，表示上主對分裂這檔事一無所知。前文
說過，天心內除了完美的愛及一體之念之外，不可能存有任何
二元思維。故小我的分裂對立世界以及特殊的愛只可能存在於
天心之外。耶穌在此進一步安慰我們：「不必害怕去看自己俯
伏於特殊性及個體性神壇前的醜態，只需明白它絲毫威脅不到
你的真相即可。故你不必崇拜小我的思想體系，更無需為此感
到內疚。只要知道，它永遠無法帶給你幸福快樂，唯有我傳授
的救贖和寬恕才有此可能。」

(IV.6:3~8) 正因它屬於上主，故也非你莫屬；因為對祂而言，
所有權就是共享權。祂既是如此，你也是如此。祂的定義即是
天律，整個宇宙的真相都隸屬於這一天律之下。你故意在自己
與你的真相之間供置的虛假神明，絲毫影響不了真相。平安非
你莫屬，因為上主創造了你。此外，祂什麼也沒創造過。

　　「正因它屬於上主，故也非你莫屬」，言下之意，上主天
心也非我莫屬，而這所有權不可能是「我有而你沒有」。耶穌
在此所說的「宇宙」，乃是一體之愛的不二境界，其中沒有**我
的**和**你的**這類分別心，這和我們所熟悉而且十分當真又充斥著
偶像的「宇宙」，完全不可同日而語。特殊性打造出來的偶像

對我們的靈性生命起不了任何作用，這又是「救贖原則」的另一說法，可說是《奇蹟課程》思想體系的靈魂。

褻瀆神聖

　　在這個樂章，奇蹟交響樂終於推出了新的變奏曲：十誡的第一誡——「褻瀆神聖」（blasphemy）。這個詞在《課程》裡唯獨出現於本章「否認上主」這一節。褻瀆是《聖經》常見的字眼，尤其是《新約》，無論是冒犯上主，或崇拜其他偶像，或是輕蔑祂的代表，都是犯了褻瀆真神之罪。耶穌在「否認上主」這一節特別為我們釐清一個事實：造物主是不可能被褻瀆的，只有我們自己才會被冒犯，因為我們把特殊之我（這個冒牌基督）當成真正的自己，這無異於放棄我們的終極身分。

(V.1:1) 疾病之神有他嚴峻且怪誕的一套儀式。

　　這句話不只影射我們個人對特殊性的種種崇拜儀式，它更直指人間所有的宗教組織，它們用盡各種特殊儀式，崇拜疾病及分裂的二元之神，這類神明一面要求信徒效忠，另一面卻以罪咎、痛苦和死亡作為回報。

(V.1:2~3) 那兒嚴禁喜悅進入，沮喪或憂鬱才是與他同夥的標誌。沮喪表示你已經背棄了上主。

　　由此可見，沮喪或憂鬱並非起因於生理功能失調，也非源自於過去的心理創傷。**所有的**身心障礙，最後均可溯源至心靈的決定，只因它自甘放棄聖愛之神而崇拜疾病之神。人心錯亂之後，所看到的自然只是疾病、恐怖以及無邊的痛苦；健康、慈愛和喜悅不能不自行隱退，於是原本不可能的事情變成了眼前的現實，永恆不易的天堂本質反倒成為虛無幻境。

(V.1:4~7) 許多人害怕褻瀆神聖，卻不了解「褻瀆」的真正含意。他們不明白，否認上主等於否定了自己的終極身分，因此聖經才會有「罪惡的代價是死亡」的說法。此言確實一針見血，一旦否定了生命，所見的一切自然顯得了無生機；不論哪一種否定，都不外乎以虛假不實來取代真實境界罷了。這一企圖是不可能得逞的，但無可否認地，你很可能自認為有此能耐，而且相信自己已經如願以償了。

　　人們害怕褻瀆神明，唯恐神明會加以報復。這句話是源自使徒保羅的名言（〈羅馬人書〉6:23），而耶穌再度為它賦予新意：我們在否認上主之後，自知罪孽深重，料想天父必會大發雷霆，向我們索債；所幸，這時「救贖原則」前來解圍，它告訴我們，想要相信自己有本事與上主分裂，甚至相信這一褻瀆之舉能毀滅上主，這是我們的自由，但這並不表示我們真的犯下此罪。相信不等於事實，但是這個「相信」的信念卻會將我們打入幻境，開始認為「虛假不實」的死亡真的可能取代「真實之境」的永恆生命。

(V.3:1~2) 矢志否認上主，成了小我的宗教。疾病之神理所當然會要求你否認健康，因為健康直接違反了它的生存法則。

　　了知自己的生命真相才算是健康的人，但這和身體狀況完全無關。換言之，「不」知道自己的真相，才是真正的疾病，而這也和身體無關。要知道，小我賜給我們個體生命，代價是要我們遵守它所謂的「疾病與健康」法則。我們因為害怕失落自己的特殊性，不得不認同它那充滿罪咎、否認及投射的世界；凡是膽敢重申自己生命真相的人，等於犯下大逆不道之罪，必受小我的懲罰，這才是生病的根本原因——竟然會相信自己的生命飽受種種威脅，連小小的微生物都能害得我們一病不起。

(V.3:3~4) 不妨深思一下這事對你的影響。除非你生病，否則如何保住你打造的疾病之神？只有罹病的人，才需要這類偶像。

　　世界十分崇拜疾病，因生病適足以證明身體和傷害的真實性，也表示我們確實由上主那兒分裂出去了。疾病不僅給了特殊性的偶像耀武揚威的機會，隨之而來的罪咎、怨恨以及毀滅性後果，也成了必然的結局。正因我們這麼想要把病態的分裂之念弄假成真，才會心甘情願地接納小我瘋狂而病態的思想體系。換句話說，我們之所以生病，只因心靈作出了一個「褻瀆」生命的決定；一旦意識到這是自己的決定，重新選擇就不這麼困難了。

(V.3:5) 因此，褻瀆神聖其實是在毀滅自己，而非毀滅上主。

　　褻瀆，與上主無關！沒有比這更大的福音了！我們若真正了解這句話的深意，世界便無法立足了，因為世界不過是相信了小我「罪咎、義怒以及天譴」那套謊言而形成的防衛機制罷了。我們即使打造出如此浩瀚的物質宇宙，卻心裡有數，唯恐上主遲早會突破防禦而找上門來。那時，我們只能指望祂會看出我們是無辜的受害者，也因此，我們造出了上億萬具身體，充當心內罪咎的投射板，世界由此應運而生。我們自知犯了崇拜偶像之罪，上主必會義憤填膺；而當上主大發義怒而懲罰世人的褻瀆之罪時，但願祂會看到其他比我更加罪孽深重的人，因而放過自己一馬。耶穌在這兒再度重申，這些瘋狂念頭和「按照祂的肖像創造了我們」的上主扯不上關係，但對於否認了真實自性的我們，卻帶來毀滅性的後果，故說，「褻瀆神聖」其實是在毀滅**自己**而非毀滅上主。

(V.3:6~7) 它意味著你為了要生病，寧願不知道自己的真相。這是你的神明向你索取的祭品，由於他是你在神智失常狀態下所打造之物，故他最多不過代表你的一個神智失常之念而已。

　　我們又回到「觀念離不開它的源頭」的原則了。這兒的「神智失常之念」，指的就是我們以為自己可能與上主分庭抗禮的信念。我們之所以甘心在小我偶像前俯伏稱臣，無非是基於這瘋狂一念；我們會投射出一個如此重視你我身體的世界，也是基於這一念。眼前的萬事萬物不僅僅源於這瘋狂一念，同

時還為它推波助瀾。所以才說，瘋狂之念造出瘋狂的世界，疾病生出疾病；而那純粹又堅定的自性，始終默默地隱身在「被罪咎逼瘋」的心靈內（T-13.in.2:2），耐心地等候我們的神智恢復清明。

(V.3:8) 即使他的化身千變萬化，也都跳脫不出一個觀念：否認上主的存在。

何謂疾病？否認上主本身就是疾病，世界則是病態念頭打造出來的病態成品。心靈生病後便陷入了昏睡，深信自己否認了上主，犯下崇拜偶像之罪，事實上，這個罪只存在於夢中。發了瘋的心靈有本事妄想自己真的犯下一椿不可能犯下的罪行；但在實相領域，根本什麼也沒有發生。疾病之神最愛化身為身體，我們虔誠地為它打造神廟或教堂，忠心耿耿地向它膜拜，還招來另外一群身體，與我們一起供奉身體偶像，再利用他們滿足自己特殊性的需求。

最後，我們來總結一下褻瀆的內涵：

(V.12:1~4) 倘若上主知道自己的兒女是全然無罪的，那麼，你視他們罪孽深重便等於褻瀆神聖。倘若上主知道他的孩子是不可能受苦的，而你卻在任何地方看到他們受苦，便是褻瀆神聖。倘若上主知道他的兒女是全然喜悅的，而你卻感到沮喪憂鬱，等於褻瀆神聖。不論你以何種形式褻瀆，全是幻相，它們不過代表了你拒絕接受造化的真相而已。

　　在真理層次，我們是不可能褻瀆上主的；唯有在瘋狂的小我夢境，我們才會相信自己真的罪孽深重。即便如此，我們卻能褻瀆自己，甘心活在夢中，還假造身分，化身為一個特殊的個體。由此可知，我們「究竟作了什麼夢」其實無關緊要，關鍵是我們自甘入夢的這個決定。寧願放棄上主之子的終極身分，這才是我們落入夢境的根本原因。一旦落入充滿罪咎、病苦以及攻擊的噩夢裡，我們隨即轉身控訴他人「褻瀆」了我們，而不願承認其實是我們褻瀆了自己，妄用了心靈的創造能力。了解了這一點，我們便進入本章的第二個重要主題：心靈確實具有否認上主以及遺忘自己是聖子的選擇能力。我們一旦否認了上主，勢必得打造偶像來取代造物主。從此，我們便淪落於罪咎與痛苦的世界，沮喪不已，始終把箭頭指向外在的因素，刻意忘記自己的妄心選擇。

心靈的力量

(I.1:1~2) 你並不知道自己所創造之物的真相，因為只要你的心仍是分裂的，就會跟自己的創造作對；然而，你是不可能攻擊自己的創造的。請記住，上主也同樣不可能攻擊祂的造化。

　　我們既然屬於上主的一部分，怎麼可能自己攻擊自己？上主更不可能傷害我們。然而，自從我們否認了基督的身分，建

立起另外一套妄念體系，用投射取代推恩，自然再也無法憶起
自己的生命真相——原本是創造本體的創造之子。更糟的是，
一旦選擇了投射，我們不僅徹底遺忘自己擁有心靈，還會忘了
自己曾作出這麼瘋狂的選擇。

**(I.4:1) 只要全心全意地渴望，你就會憶起一切真相；只因全心
全意的渴望本身等於創造，因著這一願心便足以擺脫分裂狀
態，讓你的心靈得以回歸造物主與自己的創造所在之處。**

　　選擇聖靈、牽起耶穌的手，以及寬恕，其實是同一個決定
的不同形式，表示我們不再崇拜個體性和疾病的偶像了。雖然
我們的決定絲毫左右不了真理實相，卻直接影響到我們對實相
的體驗。這一切，就看心靈如何行使它的選擇能力了——究竟
要一體還是分裂？要上主還是小我？要創造還是妄造？

**(I.4:2~3) 你一旦知道了兩者的真相，自然不可能繼續貪睡下
去，一心只願快快活活地醒著。夢境便無捲土重來的機會，因
為你一心只要真相，當真相終於成了你一心之所願，它就非你
莫屬了。**

　　何謂「一心只要真相」？即是我們決心修正自己先前拜小
我為師或奉小我為神的錯誤，而滿心歡喜地選擇聖靈為嚮導。
如此，方能從小我的夢境中覺醒，欣然地憶起造物主，以及由
我們的自性延伸出去的一切造化。

(II.1:1~2) 除非你早已認識某物，否則你是無法與它斷絕關係

的。因此你對它的認識必然先存於關係斷絕之前，如此說來，斷絕關係不過代表了你想要遺忘的決心而已。

　　引言裡的「斷絕關係」一語，就是心理學講的「解離」作用（dissociation）——和不願面對的想法切斷連結。連結（association）具有「與某物共存」之意，前面加了一個否定的字首，便成為「切斷連結」。這個字在〈正文〉中，可視為「**分裂**」的同義字，意味著我們的抉擇者作出一個選擇，決心和正念心境以及聖靈對自性的記憶切斷連結。這在本書附錄的「奇蹟課程思想體系圖」中是以一道虛線表示，也就是正心與妄心、聖靈與小我之間的那條分隔線。一旦和聖靈斷絕關係，表示我們決心和小我認同，同時也接受了它那套罪咎與攻擊的思想體系。

　　耶穌在此為我們明白點出，正因為我們非常清楚聖靈在說什麼，才會想方設法與祂切斷關係。沒有錯，我們總不可能矢志要與一個不明之物斷絕關係吧！根據《奇蹟課程》的形上觀點，抉擇者非常清楚小我和聖靈各自代表的立場，但最後仍決意放棄救贖原則。這表示我們在拒絕聖靈之前，一定先下了一個判斷：我不喜歡聖靈的那個選項。由此可知，我們並非聽不見聖靈的天音。

　　選擇小我等於拒絕聖靈，也等於拒絕了永存心靈內的聖愛記憶。日後我們還會不斷回到這一主題：選擇小我意味著抵制救贖，自願與救贖切斷聯繫。可以說，我們一生的精力大都用

在抵制上,然而,愈是抵制某物,它就愈發顯得真實,最後我們乾脆與它一刀兩斷,假裝它不存在。我們究竟在抵制什麼?說到底,就是上主的愛。我們千方百計想證明上主那一套是錯的,或者當它根本不存在;因為我們已把小我奉為神明,把它拱上了上主的寶座。的確,心靈具有這種能力,即使明明知道是真相也能抹殺真相,將它封藏在恨的思想體系下,這就是我們耳熟能詳的「雙重遺忘」的屏蔽機制(W-136.5:2)。第一重,是用「罪咎—恐懼—攻擊」的妄念思想體系來屏蔽救贖原則;第二重,則是用充滿罪咎懼以及攻擊的**世界**來屏蔽妄念體系的存在。

(II.1:3~5) **被你遺忘之物自然會顯得無比可怕,只因斷絕關係無異於對真理的一種侵犯。你會開始害怕,因為你已經遺忘了。你已經用夢中的意識取代了你的真知,只因你真正害怕的是自己所切斷的關係,而不是與你斷絕關係的那個對象。**

這一段話實在太重要了,佛洛伊德和他的門生如果了解這麼單純的真相,不知會省下多少論戰紛爭。我們害怕的不是圖表中小我妄心那個方框裡的東西,我們真正害怕的,是我們相信自己已經與聖靈為敵了。換句話說,我們真正害怕的並不是上主的愛,而是我們自認為攻擊了上主。小我甚至在一旁煽風點火,警告我們厄運難逃,因為我們在造物主前供奉了其他神明,違反第一條誠命,犯下了褻瀆上主之罪。

換句話說,我們怕的不是自己解離的對象,而是解離的這

個決定。再說，我們不只解離一次，而是兩次：先和正念之心解離，然後透過有形的世界，進一步和妄心解離。總之，我們不是害怕自己決裂的**對象**，而是決裂的這個**決定**，因為此舉無異於叛逆上主，而且還不只叛逆一次呢！這是人心根深柢固的咎和懼的源頭。從此，我們不敢回顧這個過去，因為小我警告我們，若膽敢往心內看去，罪咎必然招致懲罰，後果就不堪設想了。然而，我們慈愛的長兄卻以另一番話來安慰我們：「不必害怕心內的陰影，幻覺永遠是幻覺，絲毫影響不了愛的實相的。」

(II.1:6) 當你開始接納斷絕關係之物，它就不會顯得那麼可怕了。

　　愛怎麼可能令人害怕？除非我們與小我認同，上主的愛才會顯得面目猙獰。自從我們把無所不包的愛扭曲得如此可怕之後，只能戰戰兢兢地俯伏在它的腳下。耶穌在第十八章說過這麼一句意味深長的話：「你尚不明白，你真正怕的不是愛，而是被你扭曲的愛。」（T-18.III.3:6）我們感受到天堂之愛的那一刻，小我必定感到在劫難逃，因為小我之神只相信罪與懲罰那套因果報應。雖然這故事極其荒誕，刻意抹殺「我們不是小我」這麼單純的真相，但心靈仍有權利去相信那些虛假甚至徹底瘋狂的事。

(IV.2:1~2) 真相只能示現給拒絕蒙蔽的心靈。它始終都在那兒等你接受，但你必須先想要擁有它，才領受得到它。

　　這一段指涉的正是心靈的選擇能力，它是貫穿奇蹟交響樂的一個主旋律。我們若怨歎自己無法領悟真相，這並非真相存心蒙蔽我們，而是我們故意不想知道自性的真相，才會選擇與小我體系認同；心靈受到了小我的蒙蔽，自然看不清真相了。

(IV.2:3~4) 想要知道「真相是什麼」，你也必須先有評判「什麼不是真相」的意願才行。所謂「視而不見虛無」，就是指你為虛無下了正確的判斷罷了；你需具備真實的判斷能力，才捨棄得了虛無。

　　關鍵就在於「正視」一詞，這又是奇蹟交響樂的另一重要觀念，後文還會有更深的討論。這一段要說的是，我們真的很需要耶穌陪伴我們一起正視小我思想體系，才可能看出自己所崇拜的這個畸形偶像原來什麼也不是。對於不存在之物，只需判斷正確，看穿它的虛幻就夠了；但小我的手法恰恰相反，它不只教你把幻相當真，還讓你認為它可怕無比。我們一旦相信了小我的謊言，必會奮起打造重重防禦措施來抵制真相，以對付這麼可怕的大敵。所幸，**正因**小我的虛無本質，我們只需正視一下，放下它就不是這麼困難的事了。

(IV.2:5~6) 真知無法示現給一顆充滿幻覺的心，因為真相與幻相是無法並存的。真相是全面性的，片面的心靈無從了解真相。

　　究竟是什麼阻礙了我們看清自己原是上主之子？答案無他，是心靈自己不願知道這一真相。幸好，即使聖子選擇了幻相，真相始終耐心地等待我們憶起它來。若想恢復這一記憶，

我們得先學會從每個個體生命身上看到上主之子的圓滿真相；
分裂心靈的分裂信念一旦療癒，心靈便恢復了它本有的圓滿以
及創造能力。

**(IV.3:4) 只要你著眼於其他神明，你的心靈便陷入了分裂，而
這分裂會一發不可收拾，因為它顯示你已將自己這一部分心靈
別除於上主旨意之外了。**

我們相信自己的心靈不只能夠逃離上主，還成功地切斷了
天人之間的連線；心靈從此一分為二：上主與小我。而自知犯
了褻瀆之罪的我們，必然會與小我認同，從此害怕上主的報
復；這就是人始終活在恐懼中的終極原因。

儘管「上主會報復」的信念純屬虛構，但只要我們還相信
小我的思想體系，繼續在心內與上主的旨意分裂，又在行動上
對聖子奧體其他部分發動攻擊或大肆批判，那麼，小我那套虛
構的體系對我們就仍具有相當的殺傷力。我們都很熟悉罪咎之
苦，只要繼續認同分裂和分化的瘋狂體系，那種罪咎感必會愈
演愈烈的。

**(IV.5:3) 這無明亂世並不是你的神明的傑作，是你把這無明亂
世歸咎於他們，再由他們手中接收回來的。**

這兒的「你」當然是指心靈的抉擇者；正是它，妄用了選
擇能力，選擇了小我，放棄了聖靈。這裡所說的「無明」之
境，當然不可能真的存在，因上主豈會創造混沌無明之境？但

我們仍然可能相信分裂所帶來的混亂失序，從而經驗到小我的無明亂世，也就是特殊關係所打造的罪咎與痛苦的世界。

(IV.5:4~6) 這一切其實不曾發生過。唯有上主的天律真正存在，也唯有祂的旨意永遠常存。你是由祂的天律及旨意創造出來的生命，而你的受造模式已將你塑造為一位創造者了。

耶穌在《課程》多次提到：我們在天堂的任務乃是藉著推恩上主之愛而創造；在世上，我們的任務則是透過寬恕而解除自己對小我的信念。回到附錄的圖表，最上面的那條實線下的一切都是不真實的幻境；實線之上則代表天堂境界，也就是永恆不易的真知領域，混亂無序是無法混跡其間的。這又是聖靈的救贖原則另一種表述方式。

(V.5:3~8) 正因你不是自己造出來的，所以什麼都用不著你來操心。你那些神明根本就不存在，因為天父從未創造過他們。你沒有能力打造出任何異於你造物主的創造者的，正如祂也不可能創造出與自己不同的聖子，是同一道理。創造是一種分享，故它無法造出與自身相異之物。它只能分享自己所有的真相。沮喪是一種孤立狀態，因此不可能出自創造。

這番話足以令我們歡欣鼓舞了！我們自以為犯下的大錯，其實一點事也沒有，分裂只可能發生於夢境，特殊性的偶像以及光陸怪離的疾病也只可能在夢中肆虐，真相始終不變。雖然那些偶像和疾病會不時從虛無中竄出頭來，但只要我們寬恕，

它們便重歸虛無。一切的沮喪、焦慮和恐懼原來全是庸人自擾，這可說是救贖給我們的最佳福音了。

(V.6:1) 上主之子，你並沒有犯罪，你只是犯了不少的錯誤。

這一句話說得擲地有聲，一舉剷除了分裂信念的基石，推翻了小我的思維邏輯。我們選擇小我，根本稱不上是罪，不僅沒有褻瀆神明，更毀滅不了上主的愛。我們只不過犯了一個錯誤，選錯了老師而已。這個觀點到了〈正文〉最後還會有更精闢的解說（T-27.VIII.6:2~3）。總之，想與上主分裂，純屬小小的瘋狂一念，不足以構成任何罪名，問題出在我們把這可笑的錯誤定了罪，忘了一笑置之而已。

(V.6:2) 然而，這是可以修正的，上主會幫助你，祂深知你不可能犯下忤逆上主的罪。

整部《聖經》乃是建立在一個前提之下，就是「我們真的犯下了逆天之罪」。不管是《舊約》或《新約》，它們都是為了犯下褻瀆之罪的人類而寫的。我們若是清白無罪，根本就不需要耶穌來為我們贖罪了。再說一次，只有在噩夢中發了狂的夢者才可能相信小我的「罪咎與天譴」這套說法，與真實的上主完全扯不上任何關係，因為上主不只是純粹的愛，祂還和我們共享同一生命呢！

(V.6:3~6) 你之所以否認祂，只因你曾經愛過祂，你知道自己一旦承認愛祂，就再也無法否定祂了。因此，你對祂的否認恰好

影射出你對祂的愛，你也知道祂對你的愛。別忘了，你企圖否認之物必是你一度相識之物。如果你能接受這一「否認」，你必也能接受對它的化解之道的。

　　這一段話我們在前文已經討論過了，第十二章還會有更詳盡的闡釋。耶穌告訴我們，在聖靈的眼裡，攻擊只是恐懼的化身，而恐懼所呼喚的，無非是那份被我們拒絕的愛。我們若有本事拒絕祂的愛，表示我們以前一定愛過祂。小我最害怕的，莫過於聖子開始想要憶起這份愛了，故它必須大力阻撓，因為它知道愛會吸引愛（T-12.VIII），這股吸引力始終存於心靈內，這就是為什麼小我處心積慮，非要把我們打入「失心」狀態不可。我們一旦忘記自己還有心靈，自然無法重新選擇，更談不上放下恨而選擇愛了。反過來說，我們若承認自己的心靈確實有選擇疾病之神或崇拜偶像的自由，這表示我們也一定擁有「不」選擇小我的自由。關鍵是，心靈究竟在忙著否定什麼？說到底，就是想否定「上主不可能恨我們」這個真相，以及不甘承認這套「我們犯下逆天之罪，必遭天譴」的信念有多麼瘋狂和虛妄。

(V.8:3~5) 你既未生病，也不會死亡。但你很可能誤把自己當成生老病死之物。請記住，這種自我觀才是褻瀆神聖，因為那表示你並未以愛來看待上主以及與祂一體不分的造化。

　　耶穌在這兒談的正是「層次混淆」，我們在第一和第二章大致討論過這個問題。這段引文要強調的是，誤信自己只是一

具身體，忘卻我們原是心靈，而靈性才是我們的存在真相。要
知道，對自己的錯誤認知才是「褻瀆神聖」，但我們真正褻瀆
的並不是上主，而是自己的生命。身體只是「分裂與特殊性」
思想體系的產品，我們若與身體認同，等於自甘淪為造化的劣
質贗品。這種「罪」，其實和上主扯不上任何關係，不過是犯
了一個錯誤，誤選了小我，相信了它那套謊言，為自己定罪，
甘受罪咎、疾病以及死亡的懲罰。只要我們願意放下自我批
判，和耶穌一起正視心靈所犯的錯誤，我們的神智便會逐漸恢
復清明，再也不會褻瀆神聖的自己。最終，我們必會領悟出自
己真的是上主唯一聖子這一神聖實相的。

**(V.9:9~11) 你的天父所創造的你是全然無罪、全然無苦、也不
可能受到任何折磨的。你若否認了祂，便等於迎接罪、痛苦及
苦難進入自己心中，這是心靈的天賦本能。你的心靈既然能夠
造出三千大千世界，必也能夠否認自己造出的一切，因為心靈
是自由的。**

　　唯有落入幻境的心靈，才會相信自己有本事篡奪上主的創
造能力，自立為妄造之神，按照自己的肖像（即罪咎懼，以及
死亡這套瘋狂思想體系），打造出自己的世界。不僅如此，這
心靈竟然相信自己的存在乃是犧牲了上主及天堂而換取來的，
它甚至還能打造其他的神明，俯伏於他腳下（傳統宗教相信
的不正是這類神明嗎？），但即便如此，這個心靈也有能力將
基督或自性生命向外推恩的。總之，圖表中那條實線以上的真

相永恆不變，我們不可能錯失「天堂之歌的一個音符」（T-26. V.5:4）。這個觀念又將我們帶回了救贖原則：上主所創造的心靈永恆如是，在永恆的天心內生生不已。這神聖的心靈既是上主天心的一部分，自然具有上主的創造能力。

(V.10:1) 你從不明白你為自己否認了多少東西，深愛你的上主是多麼不忍見你如此。

　　小我一直誘導我們，上主要我們否認自己，而且還對否認祂的這番罪行十分當真。但我們終有一天會識破這套思維的荒謬，甘心捨棄小我，另拜明師的。

(V.10:2~5) 然而，祂不會插手干預，因為祂的聖子若無自由，就稱不上是上主之子了。干涉你的行為等於攻擊上主自身，上主可不至於神智失常到這一地步！當你否認祂時，神智不清的是「你」。你難道想與祂分享自己失常的神智嗎？

　　我們已在第二章讀過類似的觀念了。耶穌曾告訴海倫，不要指望他能為她拿走恐懼，而應請他幫忙清除恐懼的起因。他還提醒海倫，他無法干預心靈（因）與身體（果）之間的因果律（T-2.VI.4; T-2.VII.1），他必須尊重海倫心靈的選擇。同樣的，我們若不尊重心靈具有**反對**上主的自由，便不可能尊重心靈也有**選擇**上主的能力。耶穌已經在第二章表明過自己的立場，這一章則進一步指出，就連上主也必須尊重心靈神聖而不可侵犯的能力。在幻境中，我們好似真有選擇的自由，然而，我們若真心相信上主會干預夢境中的種種（如《聖經》裡的

上主），那個造物主豈不顯得跟我們一樣神智失常，認為我們確實犯下與上主分裂之罪嗎？倘若如此，我們怎麼有得救的可能！說真的，上主和耶穌救不了我們，只有我們心內的抉擇者才救得了自己。我們必須恢復心靈的抉擇能力，它既然能夠選擇和小我的幻覺認同，它也一定有能力化解這個錯誤，重新選擇聖靈的救贖真相。

這也提醒我們，千萬別用「我是為了你好」的理由而越俎代庖，操控他人的決定。即使從世俗的角度來看，自己確實比對方更清楚狀況，但別忘了，我們不是世界之子，他們也不是。不論我認為自己多有智慧，多有愛心，一旦把自己的看法強加在別人頭上，到頭來，一定會適得其反。有時，容許別人犯錯可能是最大的慈悲；或者，在形式層次適時伸出援手，也會有所幫助。我們若真的有心助人，不論是直接涉入或間接容許，任何的愛心或善行必須觸及對方內在的選擇能力，幫助他們看到自己先前的選擇暗含了「拒絕愛」的決定，鼓勵他們重新選擇。換句話說，也就是向對方示範《課程》所說的「不設防」心態（即不認同小我的瘋狂選擇）。這個觀念留待下一章再具體深入。

(V.ll:2~6) **上主之子若拒絕接受天父無始以來為他所造的一切，以及自己因聖父之名所創造的一切，等於自絕於天父的恩賜之外。天堂仍在等候聖子歸來，因為天國是上主為他創造的居所。除此之外，都不是你的家。別再咎由自取了，接受上主為你創造的喜悅吧！上主已賜你化解一切妄造的途徑。**

　　我們憑著自己的決定，離開了天堂，放棄心靈的創造天賦；今日若想回歸，所仰賴的也是同一個選擇能力。當然，從實相的角度來說，並沒有回歸或不回歸的問題，因為我們從未離開過天堂一步。但心靈錯亂以後，認定自己失落了天堂，才有回歸的必要。為此，我們必須先修正上述的妄念，而上主「所賜」的修正方法就是寬恕，它讓我們意識到自己就是心靈，而心靈具有重新選擇的能力——我是可以放下痛苦選擇喜悅，捨棄分裂選擇救贖，拒絕地獄而選擇天堂的。

　　第十章到了最後，仍是以心靈的選擇能力作為總結，繼續苦口婆心地勸我們選擇聖靈的愛，放下小我的傲慢心態：

(V.14:1~2) 傲慢即是否認愛，因為愛是共有共享的，而傲慢則有所保留。只要這兩種可能性對你都有吸引力，選擇的概念便由此而生了，它絕非來自上主。

　　無庸置疑，站在實相的角度，真相與幻相之間根本沒有選擇的必要。但問題是，已經錯亂的心靈，舉目所及皆是罪所呈現的分別相；兩套截然相反的思想體系在心靈裡似乎各佔一席之地，於是「選擇」便成了此生最重要也最有意義的事了。我們究竟要選擇傲慢的小我，相信自己可能與上主分裂，讓聖子奧體與愛絕緣？還是選擇耶穌所給我們的一體大愛，知道那才是我們的存在真相？接著，耶穌筆鋒一轉，要我們把這選擇具體化為時間與永恆之間的選擇。

(V.14:3~9) 這一概念只存於時間領域，不存於永恆之境；為此，只要你心中還有時間的觀念，你就有選擇的餘地。連時間都是出自你的選擇。如果你願憶起永恆，你必須僅僅矚目於永恆。你若容許自己為無常事物操心，你便落入了時空。你的選擇必會受你的價值判斷所操縱。時間與永恆不可能同時存在，因為它們相互牴觸。如果你只接受「超時空」為真實的境界，表示你終於了解了永恆之境，且納為己有了。

隨後幾章開始進入「神聖的一刻」這個主題，它反映出上主之子「超時空」的存在真相。在神聖的一刻，我們選擇了正念之心，能夠透過基督慧見觀看一切。縱然聖子奧體內好似充斥著無盡的差異性，將我們困在錯綜複雜的紅塵，然而所有的聖子始終共享同一顆分裂心靈。由此推之，來到人間的億萬眾生必然也只有同一目標，即是從罪咎懼的小我噩夢中覺醒。當心靈緩緩張開了眼睛，我們便能超越時間的領域而跨入永恆，由充滿選擇的無常世界瞻仰永恆不易的一體之境，到那時，我們自然會領悟自己不曾離開過上主一步。

在此之前，我們必須認清一個事實：心靈具有選擇永恆的能力，但也具有否認心靈的能力。倘若否認這一點，我們是不可能不落入小我的投射陷阱的。「投射」乃是小我最厲害的防衛伎倆，先是否認自己的抉擇者作了錯誤的決定，再將此罪投射於外，於是在周遭看到無處不在的罪。雖然我們不斷說服自己：那是他人的罪，但我們心中有數，自己才是始作俑者。為

此，我必須再引用本章開頭的幾段課文，討論一下「投射」的觀念。

投 射

(In.l:1) 沒有任何大於你之物能使你害怕或讓你更有愛心，因為沒有一物大於你。

這句話等於告訴我們，小我無法令我們恐懼，聖靈也無法讓我們更有愛心；一切都操之於自己的決定，端視我們願意選擇正念之心或是妄念之心，只因沒有一物存在於我們之外——**觀念離不開它的源頭**。

(In.l:2) 時間與永恆都存於你心靈內，兩者勢必會衝突迭起，直到有朝一日你能夠認出時間只是重獲永恆的工具為止。

我們在前文提過，本章一開始所說的正是時間和永恆的對決，到了結尾，我們又回到了「時間與永恆」的主題。奇蹟交響樂這種首尾呼應的佈局，讓我們不得不佩服耶穌高明的藝術手法。

(In.l:3) 只要還相信任何外在因素支配著你的人生經歷，你是不可能認出上述事實的。

小我打造整套思想體系只有一個目的，就是生存！若要生

存，就不能沒有憂患意識，難怪我們老是感到草木皆兵，並且一口咬定，連自己的喜怒哀樂也受制於外境。我們從不懷疑這一點，因為小我要我們相信，自己的身心受制於外在的人事物。也因此，時間便應運而生了。在時間的領域裡，我們有充分的機會增強欲樂，減輕痛苦，而這種投射本能大大強化了失心狀態；既然已經失心，我們哪有機會改變心意，作出不同的選擇呢？從此以往，時間成了妄念之心的「戰友」，同時成為正念之心的「大敵」。除非我們重新選擇，才有可能將時間轉化為自己的忠實盟友，讓它為我們提供發現心靈真相的機會。我們究竟想要流連於夢境，或是覺醒於基督自性？這一抉擇完全操之在己。

(In.l:4) 你必須學會看出，時間完全操縱在你手裡，世上沒有一物撤銷得了你這一責任。

我們深信，人生在世，處處身不由己；在這場世界大夢裡，連我們的誕生都要靠他人精卵的結合。從生到死，我們失心又失憶地走過人間，在自己無法掌控的外力下苟延殘喘。這是奇蹟交響樂的重大主題，以後還會反覆出現。唯有看清「投射」不為人知的內幕，我們才有機會解構小我的防衛系統。但請注意，小我是不會輕易束手就擒的，它為了確保自己的存活，早已將這一陰謀隱藏得神不知鬼不覺。接下來，我們一起細讀本章的第五節：

(V.2:1) 然而，不要忘了，否認上主之後，你只剩下投射一途，

因而相信一切都是別人加諸於你的，而不是你咎由自取。

我們否認了上主之後，必然會設法遺忘此事。然而，小我堅稱，否認上主是滔天大罪，還警告我們萬萬不可回顧這一可怕的罪行。於是，我們只好壓抑這種自我憎恨以及罪咎感，壓不下時，不得不向外投射，嫁禍於人。說到底，整個世界就是建立在壓抑和投射的動力上，而佛洛伊德則是揭露這一內幕的第一人。我們知道自己活得惶惶不可終日，卻認定都是別人害的，不論這個「別人」是一個個體，或是某個族群、國家，其實毫無差別。然而，謊言畢竟否定不了真相，我們之所以感到不安，只有一個原因，就是我們的抉擇者決定不讓平安進入心內；正因為我們始終都在拒絕造物主的愛，所有的恐懼自然勢所難免了。

(V.2:2~3) 你接收到的必是自己送出去的訊息，因為那正是你想要得到的訊息。你也許還會相信，你對弟兄的評判是根據他們傳送給你的訊息，其實，你是根據自己傳給他們的訊息而評判對方的。

關於人類的心理發展，幾乎沒有人會懷疑下面的解釋：我們破碎的自我形象都是來自父母的教養方式，在父母眼中我們一無是處，所以我們也相信了自己真的一無是處，一生都活在非常負面的自我形象中；這種無價值感逼得我們不得不向外博取肯定，來填補這一空虛。的確，活在失心世界中的人，很難自外於壓抑與投射的心理機制；但別忘了，我們並不屬於這

個世界。如果回頭深究〈正文〉這句話，耶穌甚至暗示，我們其實很高興自己有個施虐的父母，因為這麼一來，我們就無需為自己的處境負責了。究竟說來，我們之所以感到自己一無是處，甘心認同於小我打造的卑微假我，只因心靈先行捨棄了神聖自性之故。

明白了這個道理，我們便不難理解自己為何十分想要暴虐或冷漠的父母，甚至可說，自己的抉擇者刻意選擇了他們為父母，**自甘**承受無情的凌虐，讓天下人（包括我的治療師在內）都無法否認，我活得如此悲慘全都不是我的錯！這樣，我們才有充分的理由去指責那些早已被我定罪的人。不管他們的小我有過什麼歪念頭，或是真的幹了什麼事，全都無關緊要，因為我們的小我早已給他們定了罪。

我們判定他人有罪，其實是自我定罪所投射出的倒影，下一章有類似的說法：「如果他向你說的話不是出自基督，表示你向他說的話也不是基督之言。你所聽到的，只是自己的聲音⋯⋯。」（T-11.V.18:6~7）這和奇蹟交響樂另一主題曲「施與受在真理內是同一回事」（W-108），可說是異曲同工，不論我們是投射咎，還是推恩愛，我們投射給對方什麼，自己就會在現實生活中經歷到什麼。

(V.7:1~3) 你的天父從未否認過你。祂也不會報復，只是聲聲喚你回家。當你認為祂沒有答覆你的呼求時，其實是你沒有答覆祂的呼喚。

　　當我們感到上主、聖靈或耶穌對我們的祈求相應不理時，不妨往心內看看，便會發現真正相應不理的原來是自己，是我們將自己的默不吭聲投射到上主身上去了。要知道，祂的愛是不可能緘默不語的，因為祂的天音始終存在於聖靈的記憶內，並且隨著我們一起進入了分裂之夢。是我們自己決定對這天音充耳不聞，故責任全在一己。由於我們對自己的「不答覆」感到罪孽深重，便不自覺地把這個「默不吭聲」投射到聖靈身上，其實祂的天音始終存留在人心內，輕聲呼喚著我們，要我們早日從痛苦及死亡的夢境醒來。

(V.7:4) 本著祂對聖子的大愛，祂會透過聖子奧體的每一部分向你呼喚。

　　上主圓滿一體的存在本質，反映在人間的幻境裡，便是分裂聖子所共有的同一個分裂心靈。聖靈在我們共享的正念之心內，頻頻呼喚我們從小我的夢中覺醒，慶幸這一切原來只是一個夢。祂不可能遺漏任何一人，因為上主的愛不設例外。我們馬上就會進入「無所不包」的主題了，它是寬恕的精魂。在進入這個主題之前，我們得先回頭檢視小我妄造出來的夢境。除非我們能看清自己是怎麼打造出這麼負面的自我形象，才會知道如何從中化解。我要引用幾段有關救贖原則的解說，來補足先前的討論。

救贖原則

(In.1:5~6) **你最多只能幻想自己能夠違抗天律，卻難逃天網恢恢。天律原是為了保護你而設的，和你的永恆保障一樣凜然不可侵犯。**

我們又看到本課程的核心觀念——救贖原則的另一種解說。在夢境裡，即使我們可能相信自己擁有違抗上主天律的自由，但這並不表示我們真的有此能耐，也不表示我們能夠逃離「一體聖愛及永生」的天律。因為，它始終存在於每個人心內；它，就是聖靈。聖靈代表愛的天律留在心靈內的記憶，它隨著我們進入夢中，始終臨在心靈內。這說明了為何小我要煞費周章地防止我們憶起這一天律，以及為何它會打造出這麼瘋狂的思想體系。《課程》稱這瘋狂體系為「個人的私夢」（T-27.VII.11:7），是為了屏蔽救贖而打造出來的罪咎懼之妄念體系。小我為了確保我們永遠意識不到聖靈的臨在，防堵祂修正分裂狀態，特意編了一齣失心大夢，而失心大夢的舞臺就是這個世界，目的在於「掩蓋小我先前為了抵制救贖而作的妄心之夢」。再強調一次，我們相信自己毀滅了愛，但這絕非事實，我們只是埋藏了愛的記憶而已。準此而言，《奇蹟課程》的宗旨正是要協助我們攢破潛意識的重重壓抑，恢復這個記憶，如此，我們方能善用心靈的能力而重新選擇。

(In.2:1~4) **除了你以外，上主從未創造過其他東西；除了你之外，沒有一物存在，因為你是祂的一部分。除了祂以外，還有**

什麼東西能夠存在？在祂之外不可能發生任何事的，因為除了祂以外，沒有一物存在。你的創造如你自身一樣，只會為祂增光添色，卻增添不了任何與祂相異之物，因為一切永恆如是。

這一番話對小我簡直是當頭一棒！可想而知，這段話對仍然執著自我的人會構成多大的威脅。耶穌說得再清楚不過了，我們根本就不存在。分裂的個體生命和完美一體生命豈有並存的可能？除了我們的自性和自性所創造的一切以外，不可能存在任何東西，除非是在夢境裡。然而，夢境畢竟不是真相，而基督也不曾離開過天父。

(In.2:5~7) 只有無常之物才會勾起你的煩惱不安，然而你是上主唯一的造化，祂既將你創造為永恆的生命，無常豈有立足之地？你所經驗到的一切，都是出自你神聖的心靈。至於要如何與眼前萬物互動，完全操之於你，因為你會如何看待它們，完全操之於你心中一念。

這就是救贖原則；而也唯獨救贖原則，堪稱為療癒妄見的偉大治療師。眼前的一切既然毫不真實，怎麼可能引發任何煩惱！外在既然空無一物，那麼我們所見到的一切，僅僅是心靈投射出來的幻影；也只有精神錯亂的心靈才可能投射出罪與罰的噩夢，還對夢中一切深信不疑。終有一天，我們會憶起聖靈的救贖，鼓起勇氣正視過去的選擇，回心轉意，接納耶穌的教誨。那時，我們便會憶起自己在上主天心中的地位，於是，那不曾真正存在過的知見世界自然會被我們淡忘。

(In.3:l~7) 上主從未改變過他對你的初衷，因為他對自己如此肯定。只要是他知道的事，人人均能知曉，因為這一真知不是僅僅為他而設的。他是為了自己的緣故而創造你的，他還賜給你同一創造的能力，使你跟他一樣。為此之故，你的心靈神聖無比。有什麼東西大於上主之愛？又有什麼東西大於你的願力？世上沒有一物撼動得了你分毫，因為你活在上主內，你的生命涵蓋了一切。

上主聖愛才是我們的存在本質，此外無他；天上地下沒有一物改變得了天心與天意，因永恆不易既是上主的，也是我們的存在實相。我們肖似上主，因為我們屬於他，自然也能夠像他那般創造。所以才說，任何心念，若非出於完美的愛，皆不可能真實。〈正文〉的「導言」也曾說過：「無所不容之境是沒有對立的。」（T-in.l:8）這無所不容之境，指的就是上主以及聖子，他們永遠結合於愛的旨意內。一切創造皆出於上主旨意，因為它們離不開上主的源頭。也就是說，救贖原則必然真實，而小我的分裂神話純屬虛構。

(In.3:8~ll) 相信這一點，你才可能領悟到，原來有那麼多事都操控在你自己手中。當你內心的平安開始動搖時，不妨問一下自己：「難道上主會改變他對我的初衷？」然後接受他的決定，同時拒絕改變你對自己的心態，因為他的決定千古不易。上主的旨意不可能跟你作對，否則他就是跟自己過不去。

「難道上主會改變他對我的初衷？」，耶穌要我們把自己

的煩惱帶入這一句真理內。這句話再度反映出救贖原則，正因為奇蹟立足在這一基礎上，奇蹟才具有修正所有妄見或妄念的力量。這是心靈的天賦能力，唯有它能擔起修正的使命。我們能夠與分裂、無常和特殊性的小我體系認同，這是我們的自由；幸好，我們也有能力與永恆不易的自性認同。聖靈的寬恕所要教我們的，正是上主千古不易的聖善旨意。

(I.1:4~7) 所以凡是出自創造之物，必然安全無比，因為它有上主天律也就是上主之愛的保護。你的心靈任何一部分若不知這一事實，等於自絕於真知之外，只因那一部分的你尚未具備真知的條件。除了你自己，誰能將你放逐？你該慶幸自己終於認清了這一真相！只有這一認知才足以讓你明白，你的放逐絕非上主之意，因此不可能真有這一回事的。

這段話含蓄地駁斥了《聖經》「失樂園」的故事——《聖經》裡的上主因著亞當夏娃之罪，一怒之下，將他們逐出伊甸園。雖然大部分的基督徒只把它當成一個神話，但故事的內涵已透露出《聖經》的核心觀念——人因為犯了罪，上主理當大發義怒。但耶穌在此說的恰恰相反：上主根本不可能知曉這麼瘋狂的事，是我們精神錯亂而決心從真理之境自我放逐的。既然我們自己是始作俑者，表示心靈必有能力重新選擇，化解先前的錯誤，這正是我們的救贖喜訊，也是小我企圖掩蓋的佳音。小我為了自身的存活，不只慫恿我們否認自己的選擇能力，還進一步叫我們遺忘自己的心靈，徹底剝奪我們任何改變

的機會。故耶穌再次告訴我們，我們不只擁有心靈，而且是**它**選擇了與罪認同，所以我們不該怪罪任何人或任何事。所幸，心靈過去所選擇的東西根本不存在，故它不難再次發揮選擇的能力，和無所不包的真理認同，捨棄虛無的幻境。

(I.2:1) 你正安居於上主的家園，只是在作一個放逐之夢而已；你隨時可以覺醒於真相的。

我們被天國放逐的故事原來只是一場噩夢，這是多大的真理喜訊！從實相的角度來講，我們始終清醒地活在上主內，從未離開天心的家園；這又將我們帶回了十分熟悉而且令人欣慰的救贖原則了。

(I.2:2) 這豈非只有你才能決定的事？

看，耶穌又在呼籲我們選擇救贖了！唯有選擇救贖，才可能憶起「天人不曾分裂」的真相。耶穌敦促我們早日由幻夢中醒來，回歸真理實相；企望我們遠離痛苦的地獄，欣然返回天堂，因為那裡才是我們真正的家鄉。

(I.2:3~6) 你的經驗顯示出你確實已把夢中一切當真了。你必須等到清醒之刻才會恍然大悟，夢中好似發生的事，根本不曾發生過。當你仍在夢境，縱使夢裡的情景完全違反你醒時世界的運作法則，你絲毫不以為怪。有沒有這種可能，你只是由一個夢轉到另一夢裡，其實你從未真正清醒過？

在夢裡，我們確實感到一切真實無比，直到醒後方知是

夢。到了第十八章，耶穌再度回到夢的主題（T-18.II），而且進一步將我們睡時的夢和醒時的人生大夢作了一個有趣的對照。事實上，我們張著眼所度過的人生，和閉著眼所作的夢，不過是在小我的分裂大夢裡切換場景而已。不論是張眼還是閉眼，終歸都是一場夢。雖然在形式上，它們會帶給我們不同的感知經驗，但在內涵上全都是同樣的虛幻。

在睡夢世界，我們不受世界的時空法則所限制；醒來之後，我們對夢中場景並不會大驚小怪，因為知道那只是作夢而已。當我們從分裂之夢覺醒後，也是如此，就像什麼也未曾發生過似的。寬恕的過程就是幫助我們看清世界如夢似幻的本質，不只是我的私人生活，連整個宇宙都同樣虛幻。這就是為什麼我們需要一位明師不時在旁提醒，我們的所知所見其實全是**妄知妄見**，只為了滿足特殊性的需求而顯現，和一體自性的生命真相其實毫無關係。

(I.3:2~7;II.3:1~2) 你已記不得清醒是怎麼一回事了。當你聽見聖靈時，也許會感到好受一些，因為那一刻會為你重燃愛的希望；只是你仍記不得它本來就是如此。你必須透過這個記憶，才會知道它可能再度如此。你尚未達到那種可能的境界。但過去如此之物，若是永恆的，現在必也如是。只要你能記住這一點，便不難知道，自己所憶起之事既是永恆的，當下此刻必然也是如此。……回憶只是幫你的心靈恢復它的本來狀態而已。你記憶裡的那一切不是你能造出來的，你不過是再度收回自己原先排斥之物而已，它其實始終都在那兒。

　　耶穌這段話讓我們想起柏拉圖的名言:「真正的教育只是幫人恢復記憶(anamnesis)。」同樣的,《奇蹟課程》也只是幫我們回想起始終埋在心靈深處的記憶,也就是對上主以及自性的記憶。「憶起」在《奇蹟課程》中另有深意,即撤下遺忘的面紗。這令人再度想起奇蹟交響樂接近尾聲的詩意描述,它說分裂的瘋狂一念不過是個小小的錯誤,我們把它看得太嚴重了,竟然忘了一笑置之(T-27.VIII.6:2)。所以說,這個「重拾忘掉的記憶」乃是寬恕的靈魂,寬恕即是仰賴這個記憶而撤銷了小我先前與上主脫鉤的決定;小我不僅想和上主的愛一刀兩斷,還教我們將愛徹底遺忘,甚至忘了這是出於自己的選擇。正因如此,我們必須正本清源,看清自己是怎麼一步一步陷於瘋狂的;最終,我們必能幡然領悟:打造一具身體來讓自己徹底失憶的,原來是自己的抉擇者所作的決定。至此,我們才能重新選擇而憶起真相來。《奇蹟課程》的不二法門就是寬恕,藉著每一個寬恕,訓練我們著眼於他人與自己一體不分的生命(W-193.13:7),我們便能跳脫小我的特殊關係,進入聖靈的神聖一刻。這一刻,足以為永恆打開一扇窗,讓我們驚鴻一瞥自己不曾離開過的家園。

(II.5:5~6;III.1:1) *而你的生命真相既是上主的真相,你一旦攻擊自己,自然不可能憶起上主。不是因為祂不見了,而是你決心不想憶起祂之故。⋯⋯你並沒有攻擊上主,你仍是愛祂的。*

　　這段話再度重申了救贖原則:我們不曾毀滅上主,也不可

能把慈愛之神改造為兇狠的報復之神，那純粹是我們作繭自縛的信念而已；這就是耶穌捎來的喜訊。我們剩下的任務，不過是全心抵制特殊性的陰魂罷了，因它不斷慫恿我們重演分裂的選擇、背棄真愛，甚至遺忘了我們是愛的創造這一真相。

往內看

小我的整套分裂思想體系都是自己虛構出來的，明白了這一點，我們才會甘心接納耶穌的指引，透過外在世界紛紜萬象的線索，反觀自己在內心認同了罪咎的那個決定。藉用外境來反照內心的狀況，這個具體途徑適足以勾勒出奇蹟交響樂的「寬恕」主題曲。至於寬恕的豐富內涵要等到下一章才會全面深入。

針對我們「不想憶起上主」這個決定，耶穌給我們下列的提醒：

(II.6:1) 你若明白這一決定如何徹底破壞心靈的平安，你是不可能做出這種神智失常的事的。

雖然我們必須切身感受到心靈決意和生命根源決裂所導致的痛苦結局，但小我卻極力阻撓我們正視心靈的慘痛決定，只容許我們著眼於外在世界或芸芸眾生的痛苦。如果意識不到痛

苦的真正起因，我們當然不會相信這一切全是自己虛構的。只消張眼瞧瞧，哪些痛苦不是源自於外界的？舉凡飛機失事、各種身心病痛，乃至於早上一覺醒來，身體的各種需求全都如此逼真，叫人無法否認這些事實。但耶穌並非要我們否認這些知見和經驗，他只要求我們換個眼光，便會恍然大悟，它們之所以顯得如此真實，純粹因為我們陷入了昏睡，夢裡的世界自然栩栩如生。說到底，白天的人生大夢和夜晚的睡夢其實沒有差別，睡夢裡的我們不也感到一切經驗無比真實，還會隨著夢中情境歡喜若狂或痛苦不堪？

有了耶穌擔任愛的嚮導，我們終於能夠鼓起勇氣面對真相了。從此，不再依賴理性分析，而是學會了反觀內心。但反觀的過程必須先和耶穌一起正視外境，才可能看清其中原委：原來特殊關係所引發的喜怒哀樂，和特殊關係中的人物無關；不論正面或負面的感受，全都不是對方造成的，眼前的人物只是小我的障眼法，目的是誘拐我們將目光由內轉向外界罷了。耶穌在整部課程裡不斷提醒我們，世界確實是一個巨大的煙霧彈或障眼法，目的就是不讓我們往心內看。

(II.6:2~4) 你之所以執迷不悟，純粹是因為你仍寄望它會帶給你其他好處。這透露了，除了心靈平安以外，你還在追求其他的東西，但你從未好好想過自己究竟在追求什麼。這一決定會為你招來什麼後果，是有目共睹的，只要你敢正視一下。

我們相信，唯有和上主切斷關係，方能獲得自己最渴望的

禮物——特殊性的偶像以及個體價值。這是我們存心抵制上主和聖靈，排斥寬恕及本課程的真正原因。為了保住這個特殊的我，縱然這個決定會將我們徹底打入無明狀態，墮入充滿痛苦及死亡的地獄，我們也在所不惜；當然，這場噩夢偶爾也會有一些幸福、快樂、平安等等稍縱即逝的小插曲。既然已經失憶，我們自然無法覺察自己曾作過的選擇；如今，若想重新選擇，我們不只需要正視心靈的錯誤選擇，還得切身感受到我們為此而付出的慘痛代價。如果能隨時把自己的慘狀，和耶穌所許諾的幸福賞報比照一下，任誰都不會舉棋不定，而必然會選擇清明及平安之境的。

(II.6:5~6) 你一旦決心抵制自己的真相，你對上主及其天國也就不能不隨時保持警戒。就是這份戒心，使你害怕憶起上主的。

由於害怕憶起上主，使得我們對上主始終保持一份戒心；聖靈的第三個課程「只為上主及其天國而儆醒」（T-6.V. 三），就是針對這份對上主的「戒心」所開的良藥。害怕憶起上主，不只是保護小我，究竟說來，它是在保護自己的命根子，也就是個體之我。耶穌要我們看清小我是怎麼一步一步讓我們認同失心的身體，最後徹底忘記自己原是心靈的。在夢裡，我們看到一堆人相互攻擊以及自我傷害，這怎能不讓我們膽戰心驚！耶穌曾說：「受驚的人會變得非常凶惡。」（T-3.I.4:2）只不過，有些人善於掩飾罷了。我們全都需要正視自己凶惡的一

面，並且意識到，那是心靈存心遺忘自己真相後的必然結局。但這並非罪惡，也無需懲罰，只是個有待溫柔修正的小小錯誤。至於為何需要和耶穌一起正視小我（不論是自己的或他人的小我）？因為唯有他的「不評判」目光，才化解得了所有恐懼的根源——罪咎。這就是寬恕的作用。

(III.5:1) 心平氣和地正視一下小我思想體系所推衍的結論，評判一下那可是你真心想要的禮物？因那正是小我所要給你之物。

　　小我思想體系究竟給了我們什麼禮物？就是先前引述過的「窮凶惡極卻不堪一擊」的病態之神（T-10.III.4:7）。耶穌反問我們，這豈是值得你崇拜的偶像？他好似告訴我們：「張開眼睛，誠實地告訴我，你真的甘心和這不堪入目的冒牌貨認同嗎？你是有選擇的，你當然可以和這具在生理及心理上永不饜足的身體認同；但要小心，如果你不滿足它的需求，它會為了一己的存活，不惜吞噬所有的一切。請你看清楚，再告訴我，你真的想要用這肉身之我來替換你的基督自性嗎？」不論耶穌說得多麼有道理，我們與特殊之我仍然難捨難分，我們甚至意識不到自己的心靈始終在為無情的小我撐腰，明知它只是企圖取代真實自性的虛幻假我，我們對它還是感到難以割捨的。

(III.5:2~3) 為了這個禮物，你不惜攻擊弟兄的神性，使你也一樣看不清自己的神性。你為了保護心目中可能為你解危的那個偶像，不惜隱藏自己的神性；其實偶像本身才是危機所在，但那只是虛張聲勢而已。

　　小我的思想體系就是建立於「上主一定會因我們所犯的罪
而毀滅我們」這個前提，事實上，這一前提純屬虛構。我們之
所以意識不到罪的虛幻本質，只因我們已和這一具處處在為
小我解危的身體全面認同了，所以無法看破小我充其量也只是
一念，是心靈決心與虛無認同後所冒出來的一個念頭而已。我
們已經說過，選擇「虛無」還是選擇「一切」，這根本稱不上
是一種選擇；然而，我們一旦把「虛無」視為「一切」，又把
「一切」視為「虛無」，便會覺得自己的決定是天經地義的。
為此，耶穌在此點醒我們，我們全搞反了，只要看看那瘋狂決
定所引發的後果，心中自然有數，故耶穌要我們和他好好正視
世界的無情以及自己對他人的嫉恨（縱然我們常裝出很有愛心
的模樣）。我們必須學習以溫柔的眼光來看待充滿罪咎及恐懼
的小我偶像，才能揭開企圖隱藏罪咎懼的特殊性面紗；這襲面
紗的真正目的，其實就是要覆蓋我們的基督神性，令我們意識
不到祂的存在。

**(IV.5:7) 至於你妄造的那一切匹配不上你，你不可能想要它
的⋯⋯**

　　不妨看看，我們是怎麼溺愛這具身心之我的！縱使我們想
盡辦法展現身體的魅力，但這些努力不過是想壓下我們是「邪
魔、黑暗與罪惡的淵藪」（W-93.1:1）這個信念而已。所幸，
我們的內心仍有一處藏著「我是上主的榮耀聖子」這個記憶，
知道自己並非身體，而是純靈生命，一如我們的造物主一樣散

發出愛的光輝。只不過，我們卻選擇了掩藏、攻擊這一神聖
生命，不惜與它切斷關係，為自己另行打造一個最不堪的自我
形象。順便一提，諾斯替派也相信身體不可能是上主創造的，
但耶穌並不像他們那般仇視虛幻的身體。身體既然徹底虛幻，
又有什麼可恨的呢？若是敵視身體，反倒意味著，我們把身體
看成褻瀆之罪的鐵證。為此，耶穌才一再表示，我們的褻瀆只
是一個無謂的錯誤，根本稱不上是罪，他還要我們看清自己多
麼執著於這個有罪之我。至此，我們不難明白，為什麼兩千年
以前世界會扭曲耶穌的教誨，兩千年之後又開始誤解他的《課
程》。耶穌是正念心境之我的象徵，而深受我們崇拜的卑微小
我一旦與正念心境的神聖之我照面，只有銷聲匿跡一途了。

　　耶穌再次強調：

**(IV.5:7) 至於你妄造的那一切匹配不上你，你不可能想要它
的，只要你肯正視一下它的真相。**

　　問題在於，小我不允許我們「正視它的真相」，正因它不
想讓我們看清內在心念的運作，才把我們打入一具身體內，然
後教我們為這具狀況百出的身體，去責怪其他活在身體內的
人。其實，真正出狀況的是心靈，因它起了攻擊上主之念，卻
又為此選擇內疚不已，最後乾脆遺忘此事。耶穌在〈心理治
療〉一文中曾說，活在身體內的我乃是罪咎扭曲出來的畸形產
物，然而在真理境內，它充其量也只是虛無的一道陰影。課文
是這麼說的：「疾病也是罪咎的一道陰影而已，它既然屬於一

種畸形，怎麼可能不顯得怪誕醜陋？你一旦把這個怪物當真，它的陰影怎麼可能不更加畸形？」（P-2.IV.2:6~7）既然什麼事也不曾發生，我們大可不必為這些畸形陰影而內疚不已，但我們若不敢往內看，便沒有機會看到救贖真理之光始終在那兒等著我們領受，如此，我們是不可能意識到其實「什麼事也沒發生」的。

(IV.5:8~10) **你會發現它空無一物。你的慧見便自動超越這些妄造之上，直指你內心與你周遭的一切真相。真相無法突破你故意置於它前面的障礙；直到你自願撤除它們，真相才可能將你全面籠罩在它內。**

真理實相絕不會企圖攻破我們的心理防線，耶穌也無意如此。事實上，他還拜託我們不要攻擊他人的防衛措施，也就是說，切莫用《奇蹟課程》的真理去敲打別人。我們必須學習接納他人的恐懼，因為我們也有類似的恐懼。所有仇恨的言行都是基於這一恐懼，而恐懼又出於「我們犯了叛逆上主之罪」這個錯誤信念。我們若能以仁慈憐憫之心看待他人的錯誤，豈不反映出自己心內始終保有那種仁慈及憐憫？真愛不會「突破你故意置於它前面的障礙」，它只在適當時機把真理反映在我們面前。本課程正是秉持這一精神，教導我們如何放下自己的防衛伎倆，學習以慧見來取代小我的評判。我們不難在這幾句話中聽出耶穌又在呼籲抉擇者了，要我們別害怕面對過去的錯誤，如此才有機會藉由寬恕，越過內心的罪咎而一睹真相了。

　　天堂的一體真相不可能直接呈現於人間,只能透過寬恕而目睹其倒影。不二境界與二元世界在本質上是相互牴觸、無法並存的,然而,活在夢境的我們若能懷著共同福祉的情懷看待他人,便足以反映出一體真相的倒影,從而憶起自己的基督身分:我們不只是同一生命,而且和造物主一體不分。我們的肉眼固然能夠看到一具具不同的形體,內心卻不再重視個體的歧異,而能在歧異的表相下看到我們共同擁有同一個瘋狂小我,也都相信唯一聖子犯下了褻瀆上主及崇拜偶像之罪,每個人都在承受同樣的罪咎之苦,故也同樣需要操練寬恕來化解罪咎。我們必須先在倒影世界中看到這種同一性,才可能進一步悟出我們其實共享同一個神聖的基督自性。在奇蹟交響樂第十樂章結束之前,我要引用幾段有關寬恕如何反映一體生命的章句,進一步解說「沒有例外」的寬恕特質如何反映出「無所不包」的天堂之愛。

寬恕:一體的倒影

(III.2:2~3) 請記住,聖子奧體的哪一部分接納祂,並無關緊要。只要有人接納了祂〔聖靈〕,所有的人必會共蒙上主的恩典;只要你的心靈一接納了上主,你對祂的記憶便足以喚醒整個聖子奧體。

　　耶穌這樣說，正是因為我們擁有同一心靈。耶穌明明白白告訴我們：「心靈原是一體不分的，身體則不然。」（T-18. VI.3:1）身體無法合一，因為它是由分裂之念幻化成形之物，自然不知結合為何物。《奇蹟課程》從不談論身體上的結合，因為我們與他人的關係純粹屬於心靈的層次。確實如此，真正存在的唯有心靈；雖然身體看起來真實無比，但那只是錯覺幻想，企圖遮掩「觀念離不開它的源頭」的真相。根據這個原則，分裂之念始終存在心內，它投射出來的「分別相」，必然是無謂的幻影。

　　雖然《奇蹟課程》常常使用「結合」或「合一」的字眼，但耶穌並不是要我們去跟某一個人結合，他只要我們接納「我們始終一體不分」的真相。「接納」一詞在此十分重要，我們得先接納「我們全都擁有同一個分裂心靈」這個事實；因為不論是在實相或是幻境，上主從來就只有一位聖子。至於我們是否接納了這一真理，就反映在彼此的關係裡。人間的關係當然都是從特殊關係開始的，甚至可以說，世上所有的關係都屬於特殊關係，因為它們都是建立在各自有不同需求的兩個個體之間，即使是志趣相投的人，他們和其他「外人」仍然是壁壘分明的。國際間也莫不如此，各國爭相建立種種聯盟，就是基於特定的共同利益；凡是不符合那些利益的，就成了他們共同的敵人。這種聯盟深獲小我的祝福，看，幾個各懷鬼胎的國家，聯手對付「非我族類」，所上演的，不正是小我最酷愛的分裂劇碼？

　　我們必須先領悟「你我擁有同一個分裂心靈」，才可能在現實生活反映聖子奧體的一體生命。我得承認，你我全活在同一個神智失常的思想體系下，也都相信我們犯了褻瀆上主之罪，註定會受懲罰；幸好，我們內心也有一部分在告訴我們，這一切都不是真的。當我接納了自己與弟兄只有一個共同福祉之際，等於和所有弟兄分享了自己的清明神智，於是，美好的一體記憶得以傳遍聖子心靈的每一角落，我們所有人都會從分歧對立以及特殊性的分裂夢境一起甦醒的。

(III.2:4) 你若想療癒自己的弟兄，只需代他們接受上主。

　　短短一句話便為「療癒」下了定義：療癒，無關乎我跟你這個人是怎麼互動的，而是意味著我替你將上主聖愛迎入心內，這正好是「親自領受救贖」之真義。簡中的原委即是：天人既然不曾分裂，那麼我在你我之間所看到的間隙也不可能存在；這表示我們只有同一需求，共享同一目標，自然沒有什麼一己之利可言。這一認知，便足以撤回我投射在你身上的罪咎與分裂之念，如此，你就療癒了。引文中這個「你」，當然不是經驗層次的你，因為有待療癒的不是你的身體或個性，也不是我們的關係，而是我自己與上主的關係，如今藉聖靈之助終於獲得了療癒。試問，我們究竟罹患了什麼疾病？一言以蔽之，就是自己心內對救贖的抵制，也可說是我們選擇小我而否定真理的那個決定。這個疾病只有寬恕方能療癒；一經療癒，自然會憶起聖子奧體只有一個心靈。只需這一個領悟，便足以

療癒人類根深柢固的分裂信念。

(III.2:5) 你們的心靈不是分裂的，上主只有一個療癒的管道，因為祂只有一個聖子。

　　我們一旦認為有待療癒的是外在的關係，表示我們已經中了小我的計謀，在造物主面前供奉起其他的神明了。只有小我的神明才會去療癒**人與人**的關係，如果上主只有一位聖子，還有什麼別人需要療癒的？不就是相信分裂的那一個心靈嗎？這個妄心一旦療癒，自然會憶起聖子奧體的一體生命。難怪耶穌說，只需一位上主之師便足以拯救世界（M-12.1:1），這唯一心靈始終存在於看似支離破碎的唯一聖子的唯一心靈內。當這心靈不再存心遺忘而憶起了真相，在這神聖的一刻，它必會認出只有一個聖子奧體，如此，它便痊癒了。因此才說，這一認知本身即是療癒。我們若想療癒自己的弟兄，只需示範給他們看，他們也能作出同樣的「合一」選擇；當我們忘記時，他們也會代替我們作此選擇。就這樣，我們不斷相互提醒：心靈確實有能力放下妄念的選擇而選擇正念。最後，必然匯入一心境界，也就是我們的自性。

(III.2:6~7) 上主與祂兒女僅餘的這一條「交流連線」，不只促進了他們的結合，還會進一步與上主合一。只要你意識到這一點，便足以療癒他們，因為你等於悟出了「沒有一個人是分裂的個體，因此也沒有人會生病」的真相。

　　這一核心觀念要等到第二十八章才會深入發揮。此刻，耶穌再次提醒我們不要參與他人的疾病之夢，而要我們牢牢記住，唯一有待療癒的是那個「自認叛逆了上主、褻瀆祂的聖名而且建立其他神壇」的心靈。簡言之。問題不在夢境或夢中的某個人物，而在於夢者本人。我們唯一要做的，就是捨棄小我的分裂及判斷噩夢，選擇聖靈的寬恕及共同福祉的美夢，如此而已。夢者心中這個小小的轉變，可說是從夢境徹底覺醒的「快速通道」。

　　緊接著，我們再度回到《奇蹟課程》的核心理念「一體生命」。我們看到耶穌百般不厭其煩地向他的學生耳提面命「勿忘聖子奧體一體的單純真相」：

(III.10:1~2) 如果上主只有一位聖子，那麼也只有一位上主。你與祂共享同一真相，因為真相是無法分割的。

　　有待寬恕的究竟是什麼？絕對不是外在的分裂假相，因為那樣反而會把分裂弄假成真了。如果我們認為有必要療癒自己和某人之間的裂痕，豈不是承認心外確實存在其他東西了嗎？其實，我們只有一個問題，就是誤以為和上主分裂的那個妄念，或是所謂褻瀆上主的罪名。唯有聽信了小我謊言的心靈才有待療癒，因為它的信念切斷了自己與上主的交流連線。要知道，唯有藉著那個連線，我們才能憶起聖子奧體的不可分割，以及不可能與終極源頭分裂的真相。

(IV.3:1~3) 你也不能認為某部分的聖子奧體是有病的，因為這一認知等於無知。如果聖子奧體只是一個生命，那麼不論從什麼角度去看，它都是一個整體。一體的生命是不可分割的。

世界的存在以及世間的特殊關係都是建立在「一體生命已經分裂」這個信念上，而你我的個體存在則是這個攻擊信念所衍生出來的後果。為此，我們才需要藉著寬恕和奇蹟不斷重申救贖原則：一體既然不可分割，表示它不可能造出任何有待療癒之物。也就是說，人們不可能真正生病，只有同樣神智失常的人才會視他們「有病」。疾病不過代表心靈相信了分裂，療癒也不過是化解這個錯誤信念，如此而已。只要心靈認清這一點，那個幻相對「聖子不可分割的生命真相」就產生不了任何作用了。

(III.7:3) 然而，每位上主之子都有能力否認天國裡的任何幻相，只要他肯全面否認自己心內的幻相。

這類說法已經出現過很多回了，的確如此，若要否認天國裡的幻相或呈現於世間的幻相，必須先否認自己心內的幻相。依此推之，我們若真想為世界帶來和平，首要之務乃是療癒自己的心靈，才能確保我們在世上所作的一切確實出於愛與合一，沒有分化、仇恨或是放任特殊性的企圖。「每位上主之子都有能力否認天國裡的任何幻相，只要他肯全面否認自己心內的幻相」，這個主題曲在奇蹟交響樂中不斷發展出各種形式的變奏，但萬變卻不離其宗，療癒的對象絕對不在外面，因為外

在只是陰影，並非我們療癒的對象；唯一有待治療的，只有那誤信夢中幻影為真的心靈。

(III.7:4) 我有療癒你的能力，因為我知道你的真相。

　　「我知道你和我及整個聖子奧體是一體生命，從未分裂過」，這是耶穌療癒我們的方式。這個慧見本身具有療癒的能力，因為在他眼中，他和聖子奧體無二無別，只有在時空幻境中才顯得有所不同（T-l.II.4:1）。耶穌就是憑著完美的愛、無限的耐心，以及不帶一絲批判的正見，溫柔地化解了鼓吹分裂和歧異的小我思想體系。

(III.7:5~6) 我能代你「知道」你的價值，唯有這個價值能恢復你生命的完整。完整的心靈不可能崇拜任何偶像，它對人間矛盾的運作法則也一無所知。

　　這一表述再次聲明，上主或完整的天心既不可能知道子虛烏有的分裂之念，更不可能知道這一妄念所形成的世界，以及「人間矛盾的運作法則」，祂只知道自己。若是在圓滿一體之外，祂還知道其他東西存在，二元世界便有了立足之地。這才是真的「褻瀆神聖」！所冒犯的，不是上主，而是身為上主唯一聖子的我們；因為這個身分乃是我們的真正價值。

　　總之，療癒意味著我們的心靈終於回到圓滿一體之念（亦即聖靈）。若要安住在這一念內，必須時時記住聖子奧體的一體本質，並且意識到特殊關係不過是這圓滿整體遭到扭曲而成

的破碎倒影罷了。這些特殊性偶像實在不值得崇拜，只需要我們修正。然而，若想修正這些病態念頭，必須先看出這些念頭本身才是問題之所在，於是我們又回到了「往內看」這個課題了。只要我們接受耶穌慈愛的指引，把向外看到的一切拉回自己心內，了知「投射形成知見」的道理，明白自己在世間經驗到的任何衝突對立，不過是我們先把心內的分裂之念當真了，才會在外面看到投影的。這些衝突的幻影，既非真相，自然改變不了完整的心靈，也就是我們的自性。

(III.7:7~8) 我願療癒你，因為我的訊息只有一個，而且真實不虛。只要你信得過我，你對我的訊息所懷的信心能使你的生命重歸完整。

　　《奇蹟課程》對「寬恕罪惡」的看法和《聖經》的解讀截然不同。真實的寬恕和外在事件沒有任何關連，它代表我們能夠正視自己心內的「罪」，明白那只是一個錯誤罷了。但那錯誤非關他人，也不專屬於自己，只因為人間唯有一個錯誤，即是相信聖子奧體內有種種的分別相，有人是加害者，有人是受害者；為此，我們也只需要一個奇蹟便足以解除這個錯誤。「相信耶穌」的真正含意，即是相信寬恕背後的一體原則，相信只有一個錯誤有待寬恕，就是在上主之子之間分別取捨的那個妄見。

　　接下來，我們要引用「疾病的終結」這一節的最後兩段，為本章劃下完美的句點。這兩段特別點出，寬恕的奇蹟之所以

能夠解除疾病的偶像，所仰賴的，就是「涵括每一個人，無一例外」這個原則：

(IV.7:1) 奇蹟就是上主之子放下一切虛假神明之後的結果，也是邀請所有弟兄共襄盛舉的呼喚。

　　奇蹟是如何完成這一目標的？當然是正視小我的虛假神明所化身的特殊關係，同時識破它們的虛幻本質。我先前已經引用過這一段對奇蹟的描述了：「它只是一邊面對人生慘境，一邊提醒人心，它所看到的景象全都虛妄不實。」（W-PII.十三.1:3）究竟來說，奇蹟一無所作，不過顯示出心靈撤換了老師，看出自己在世間所見到的「真實」景象純屬妄見，只是一個悲慘的信念打造出來的慘境；但不論多麼淒慘，畢竟只是一場夢，只是從一個虛無之念投射出來的幻影。一旦領會了這一真理喜訊，無論現實生活或整個世界發生了什麼事，都侵擾不到內心的平安了；這是我們可以為所有人類作出的選擇。人類的作為不論是有害或有益的，都與大腦或形體無關，與外在世界也無關，歸根究柢，它們全都出自內心的一個決定。我們若能在亂世活出一份平安，就等於向其他的心靈傳遞一個信息：你也能像我這樣選擇平安的！

(IV.7:2~4) 它顯示一種信心，因為他已認出自己的弟兄同樣有此能力。他在呼喚自己心內的聖靈，這一呼聲會因著他與弟兄的結合而日益堅定。聽到上主天音的奇蹟志工，只要他不再相信疾病的力量，便能削弱罹病弟兄對疾病的信念，使得天音在

弟兄心中日益清晰。

　　請好好體會這段話的**內涵**。不要從**形式**或行為層次去了解，比方說，可別因為這段話而拒絕陪朋友就醫。請記住，此處所說的「結合」與行為無關，它是指接納「我們的心靈本來就是結合的」那個真相。只要內心拒絕相信小我的分裂思想體系，就等於不再參與小我的疾病之夢，他人對疾病的信念也會因著我們的選擇而逐漸減弱。既然我們擁有同一心靈，必然全都面對同一個選擇，即是選擇疾病之神或療癒之神。我們若選擇了奇蹟，表示自己真的相信耶穌，而非小我，於是我們不論作什麼，對別人都會起示範或鼓舞的作用，一同捨棄瘋狂的神明，一同寬恕那個不曾犯下的錯誤。

(IV.7:5~6) 一個心靈的力量足以光照另一心靈，因為上主所有的燈燭都來自同一火種。它無所不在，永世不滅。

　　我們從下一段話便不難了解這兒所說的「火種」，是指每個人心內都擁有的「光明實相」。請特別留意，這個「光明實相」是指所有人都擁有的基督之光，它無形無相，也超乎一切知見，屬於自性層次，和其他形上學派所說的光明大異其趣。當聖子陷入睡夢那一刻，這一光明火種（也就是救贖原則）隨著我們進入了夢境；不幸的是，我們同時也接納了小我的黑暗火種（如果能夠這麼形容的話）。也就是說，每個人心中都懷著小我的陰暗罪咎，也同樣擁有「光明實相」的火花；這一點「星星之火」足以點亮那分裂信念帶來的漫漫長夜：

(IV.8:1~3) 許多人身上就只剩下這一星星之火了,那「光明寶相」(Great Rays)已被遮蔽了。然而,上主會護守這星星之火,使它常明不熄,那「光明」才不至於完全被人遺忘。只要你一看見這星星之火,表示你已學會著眼於更大的光明;「光明寶相」始終都在這兒,只是無人識得而已。

不消說,護守這星星之火的,當然不勞上主親自出馬。這一段話告訴我們,真理的火花始終存於分裂夢境,也就是三位一體的聖靈所象徵的那個「記憶」。若想目睹這一火花,必須學習在別人身上認出它來,因為在真理之境,只存有一個火種。如果只能在別人身上而無法在自己身上看到,就是特殊的愛;如果只能在自己身上而無法在別人身上看到這一火花,就是特殊的恨。說到底,我們需要學習在你我身上看到同一火花,才表示這火種確實來自一體性的光明寶相。試問,上主的唯一聖愛怎麼可能只給這人而不在那人身上?〈練習手冊〉「除了上主的愛以外,沒有其他的愛存在」這一課中,有這麼一段:

> 其實愛只有一個。它既沒有部分之別,也沒有程度之分,亦無種類或層次,更沒有分歧與差異。它就是自己的樣子,千古不易。不會因人事環境而有所改變。它是上主的心,也是聖子之心。(W-127.1:3~7)

(IV.8:4) 認出星星之火,能帶來療癒之效;但唯有「了知」那一光明,才有能力創造。

這一句話極其重要，它將知見與真知作了一個明確的對比：**知見**屬於幻境，**真知**則屬於真理之境。若要憶起每個人與生俱來的基督之光，必須先在自己和他人身上看到這個小小火種，這就是寬恕的要旨，也是奇蹟的真諦。我們心知肚明，我們全都同等的瘋狂，縱然所呈現的瘋狂與病態形式各不相同，但究竟說來，神智失常沒有程度之分，疾病也沒有輕重之別。只要認出這一光明真相，療癒便發生了，那時我們才會知道自己是「有能力創造」的。

(IV.8:5) 在回歸的途中，你必須先接受這一線微光；因為分裂的過程，說穿了，就是由莊嚴偉大淪為渺小卑微的過程。

耶穌在此懇請我們按部就班地學習，不要奢望一步就想躍進天堂的光明，因為人心的恐懼實在太深了，故我們需要一步一步的療癒；從誠實面對自己的特殊關係開始，直到自己的寬恕能夠普遍套用在所有的弟兄身上，不再分別取捨。〈練習手冊〉曾這樣描述這一過度階段：「只需看清這一點，所學到的就已不可限量了。」（W-161.4:8）若想跳級，我們的恐懼反而會變本加厲。反之，只要真心操練共同福址，這一慧見便能幫我們看到基督「莊嚴偉大」的倒影。到那時，我們自然甘心捨下卑微的信念，輕輕地由小我「渺小卑微」的夢中逐漸甦醒。

(IV.8:6) 但這星星之火與「光明寶相」一樣純粹，因為它是創造僅餘的呼聲。

　　光明一進入渺小卑微的夢境，自然顯得支離破碎，只剩下一點微弱的火花，這給了我們一個幻覺：這點星星之火有待我們寬恕。但事實上，只有一個「光明實相」，沒有「星星之火」這一回事。當我們的分裂信念以及分別的心態獲得療癒，便會明白，那「星星之火」就是光明本身，因為一位弟兄等於所有的弟兄，所有的弟兄都是同一個基督。於是世間每一位看似分裂的聖子，都會聽到上主的召喚，祂在呼喚聖子跟祂一樣地創造下去。

(IV.8:7) 把你所有的信心置於其上吧，上主必會親自答覆你的。

　　耶穌再次反問我們：「究竟要把信心（也就是心靈的選擇能力）投注於小我的疾病之神，還是聖靈的真理之上？」如果寬恕成了我們唯一的選擇，表示我們已經跨出了一小步，願意將瘋狂失常的人際關係帶到耶穌的愛中。到那時，我們必會聽到上主的呼喚，當下領悟出整個世界和個體之我真的只是一場夢而已；如此，我們為自己打造的卑微假相就會自動隱退，真相現前——自己的病態信念不曾改變真實生命分毫。確實如此，我們永恆不易的自性，乃是上主對人間所有的問題給予的唯一答覆。

第十一章

上主或小我

導　言

　　進入本章，我們要再次探討「主權問題」。耶穌在第三章曾說，主權問題是「萬惡之源」（T-3.VI.7:3），言下之意，人間所有的問題都肇始於我們想與上主勢不兩立的這個信念。請參閱「奇蹟課程思想體系圖」，圖表中「小我」那一區塊，注意「戰場—犧牲」那一行下面的警語「**非此即彼—加害或被害**」，短短幾個字，說明了我們把「主權問題」看成攸關生死的大事。耶穌在第三章曾把主權問題的癥結濃縮為這一問：「究竟誰才是真實之我的創作者，是上主？還是我自己？」並以此作為本章開篇的切入點。

　　主權問題，其實是分裂信念的另一種表述。我們相信自己犯下了逆天之罪，不僅與上主決裂，還篡奪了造物主的王位，

自立為創造之神。我們否認自己是上主的造化，聲稱我們是自己打造出來的；而小我在背後煽風點火，又令我們視心靈如蛇蠍，避之猶恐不及，最終決定棄心出走。換句話說，為了讓自己留在失心狀態，我們打造了世界與身體，企圖徹底斷絕自己回心轉意的後路。我們相信自己罪孽深重，認定上主必會向我們索債，故聽從了小我的建議，逃離（上主所在的）心靈，把內心的罪咎投射到外境；從此，守護自己的個體生命以及特殊價值，成了此生的目的。

這一根本的信念潛伏在人間所有主權問題的背後，打從我們與父母、師長的關係開始，一直到此生所遇到的權威人物，無一例外。它所呈現出來的形式，並不限於權威對我們的壓迫而已，當我自己成為某種權威時，便會轉身去壓迫他人。我們會不自覺地（其實有時是存心的）為自己的凌虐找藉口，諉罪於童年所受的虐待。「多年媳婦熬成婆」之後，我們便會「以其道還治其人」。這種因果循環在歷史上屢見不鮮：受盡壓迫的群體一旦革命成功，奪取政權之後，他們的殘酷比先前的統治階層往往有過之而無不及。這種悲劇為何會不斷在人間上演？只因我們意識不到這種對立心態都是自己虛構出來的，它的源頭可以追溯到形上層次的天人之戰。人心一旦精神錯亂至此，形體世界必然上演內心的瘋狂。

只因我們誤信了小我之言，認為上主義憤填膺，不置我們於死地絕不甘休；為此，我們打造出一個藏身之處——世界，

以躲避這恐怖結局。基於「**觀念離不開它的源頭**」這個原則，發生在心靈（即源頭）內的主權問題（即觀念），必會反映於世界層面，人間才會生出種種權威問題。由於主權問題的癥結始終藏在心靈內，不願正視心靈的我們自然無法察覺，當然也不知從何修正。那麼，人間怎麼可能不是烽火連連，永無寧日？面對權威，我們不是痛恨他們或他們的暴行，就是奉他們為偶像，屈從於他們的權威。不消說，就在我們臣服權威之際，內心會悄悄畫下一道無形的紅線，深盼（有時還會故意激怒）那些權威越過那道紅線，辜負我們的信任，好讓我們有怨恨的藉口，甚至有置他們於死地的理由。我說過，人間的權力鬥爭不過是重演我們與上主權威那一場形上鬥爭罷了。既然線性時間純屬虛幻，表示我們無時無刻不在重演原罪的戲碼，卻以為它發生在此時此刻的世間。其實，它只是當初那個選擇在人間的破碎倒影；追根究柢，一切權力鬥爭都是因為我們聽信了神智失常的心靈而投射出來的現實。

主權問題

　　奇蹟交響樂到了第十一樂章，開始從「主權問題」的角度重述天人分裂的故事以及小我思想體系的形成。

(In.1:1~4) 上主或小我，兩者之中必有一個是神智失常的。如果

你能公正地檢驗雙方的證據，就會明白此言不虛。上主與小我各有一套完整的思想體系。雙方都能自成一家之言；只是不論你由哪一個角度去看，兩者的立論恰恰背道而馳；因此你不可能片面忠於一方的。

　　這一段觸及了《奇蹟課程》最核心的「**非此即彼**」之觀念，這一原則同樣適用於正念及妄念兩套體系。要知道，上主或小我，只有一個是真的，沒有中間的灰色地帶。我們一旦加入小我的行列，便會相信它的謊言，而著眼於個體性和特殊性；相反的，如果我們轉向聖靈的陣容，便會立馬看穿小我的那一套純屬虛妄。我們之所以常常感到兩者之間好似有一個「過渡」階段，並非那麼涇渭分明，只因我們的抉擇者在小我和聖靈之間來回跳躍，忽焉小我，忽焉聖靈，切換速度之快，讓大腦無法理解抉擇者瞬息變化的選擇，從而感到上主和小我這兩個選項好似同時存在。但事實上，我們若非選擇了上主，就是選擇了小我，前者代表一體，後者代表分裂之境；兩者**非此即彼**，根本無法並存。

(In.1:5) 也請你記住，這兩種思想體系衍生而出的結果與它們的立論基礎一樣必定截然相反，即使你存心腳踏兩條船，也無法調和它們水火不容的本質。

　　由此可知，為何小我這麼害怕我們選擇救贖，為何它不惜任何代價也要打造一個世界，造出一個讓我們失心的身體。只因它心裡有數，我們一旦發現「選擇小我」乃是天大的錯誤，

決心回歸上主的話，小我的整套分裂機制便徹底垮臺了，這也屬於「非此即彼」的原則。我說過，為了防止我們回心轉意，小我釜底抽薪之計，就是乾脆讓我們忘記自己還有心靈。

(In.l:6) 沒有一個生命沒有父親，因為生命即是創造。

這句話是在告訴我們：普天之下，事出必有因。因果的問題，還要等幾個樂章之後才會深入。但我們不難在「沒有一個生命沒有父親」這句話裡看到耶穌的伏筆。他要說的是，我們若存在，必有創造我們的另一存在主體；換句話說，終極之果必有終極之因。

(In.1:7~8) 因此，你的選擇其實是在答覆「我願尊誰為父」這一問題。而你尊誰為父，就會對誰效忠。

與上主分裂的這個決定，意味著選擇了小我為我們的創作者，並將信心置於這一位父親身上。一旦作出這個決定，我們只可能對小我忠心不二，因為聖靈及救贖已被我們徹底遺忘了。於是，我們的意識裡只可能呈現小我的想法；更不幸的是，我們不只**選擇**了小我之念，還會**成為**小我之念，從此，我們對它所傳授的一切只能言聽計從。只因我們根本意識不到聖靈的存在，故絲毫沒有選擇的餘地。

(In.2:l~4) 對於認定這問題充滿矛盾的人，你該如何回應？小我若真是你打造出來的，那麼小我又怎麼可能造出你來？衝突的唯一肇因其實不外乎主權歸屬的問題，因為小我的形成乃是出

自「上主之子想要成為上主之父」的欲望。為此，小我其實是出自一個妄想出來的思想體系，你藉此妄想而造出了自己的父親。

這段話令我想起小時候那首「證明」自己可以變成自己祖父的兒歌（*I'm my own Grandpa*）。既然小我是靠我們的抉擇者才能存在，表示我們大於小我，我們才是自己的父親。但我們這位父親卻神智不清，編造出一套思想體系，說我們是小我打造出來的。其實，只要我們不相信這個瘋狂邏輯，小我便頓失立足之地，我們那自視大於上主的瘋狂信念也會隨之銷聲匿跡，因為那個上主全是我們根據自己的個體與特殊性的扭曲形象所捏造出來的。

(In.2:5~6) 切莫對這一思想體系掉以輕心。唯有如此追根究柢，掀出它的底牌，你才會看出這類妄想是何等神智不清；問題是小我從來不願坦誠正視自己的所作所為。

若要正視心靈，唯有和耶穌一起觀看，方能看穿小我的陰謀。難怪小我千方百計阻撓，深恐洩露自己瘋狂的底細。現在，讓我們再度回到「正視小我」這個核心觀念：

(In.2:7~8) 小我的前提確實瘋狂無比，但它會小心翼翼地藏身於這體系黑暗的一角。除非你營造出來的小我真是你的父親，否則它整個思想體系便無立足之地。

我們怎麼可能既是小我之子又是小我之父？小我絕不允許

我們追究這麼荒謬的悖論，否則它的存在騙局便會被徹底揭穿。小我思想體系無疑是徹頭徹尾的彌天大謊，目的就是要屏蔽「上主才是我們的天父」這個真相。一旦與真理之念照面，小我只可能黯然隱退。故為了保全自己的個體生命，我們不能不設法埋藏這一聖念，繼續相信自己是小我的子孫。總之，是我們的心靈自甘與小我認同的，而這個秘密始終隱藏在小我罪咎思想體系的陰暗角落。

究竟說來，小我的存活端賴抉擇者相信了它；我們一旦忘卻這一事實，小我便立即喬裝成我們的創作者了。故小我精心策畫一套防禦機制，極力隱瞞「上主才是我們存在真相的創作者」這一事實，令我們遺忘上主才是我們的天父，也是永遠不可能與我們分割的生命源頭。小我那一套說詞在這終極真相前根本沒有立足之地。然而：

(I.5:3) 如果你相信自己能夠遠離上主，必會相信祂也遠離了你。

這是典型的投射作用。自從我們決心與上主分裂，相信自己離開了上主，必會找尋藉口，聲稱自己並沒有背離上主，而是上主遺棄了我們。這就解釋了，當父母遺棄了我們，或自己信賴的朋友、伴侶乃至兒女背叛我們時，小我會暗自歡喜，因為遭人遺棄，至少證明了一事：有罪的是他們，而不是自己。但不論我們怎麼投射，在自己的「私夢」裡（T-27.VII.11:7）的罪咎感，冥冥中會在我們耳邊竊竊私語：「**你才是背棄上主**

的罪人，**你必會受到上天的懲罰。」**

(I.5:4~6) 缺少了你，「無限」的觀念便失去了意義；沒有上主，你也變得毫無意義。上主與聖子的生命無窮無盡，因為我們即是宇宙。上主不可能殘缺不全，也不會無兒無女。

　　這段話點出了救贖之念——既然分裂根本不曾發生，也就沒有所謂的主權問題了。不幸的是，小我不斷灌輸我們，自己和造物主處於勢不兩立的交戰狀態。它還警告我們，只要留在心靈內，我們永無勝算；若想打贏這場戰爭，唯有躲到世界裡，再打造一位可受我們操弄的神明，才有打敗上主的可能。《聖經》裡的神明不正是如此？人們為《聖經》裡的上主賦予了種種人性特質，這又是主權問題的另一種形式。耶穌在後文會解釋，我們強迫上主接受我們的看法，說我們犯了罪理當受罰；而上主果真如此相信，無異於跟我們一起發瘋了（T-23.II.5~8）。在小我精心設計的主權問題下，瘋狂的心靈將自己的罪咎投射到上主身上，用自己心目中的神明取代上主，讓祂變成了一個與我們同樣有罪而且瘋狂的死敵，而我們就是這樣打敗上主的。當然，真正的造物主絕非如此，祂所創造的生命永遠純潔無瑕，完美地結合於祂以及自性內。這麼完美無限的一體境界**乃是**我們的宇宙，渾然一體，而且不可分割；相形之下，小我的世界顯然是一個荒謬的謊言。

　　接下來，我們把焦點從上主移向聖靈：

(I.8:9~9:4) 每當聖靈告訴你的事顯得有些強人所難時，其實那是因為你尚未認清自己的意願之故。因著小我的投射，上主旨意才會看似一種外力干預，而非出自你的意願。你一旦如此詮釋，上主旨意與你的意願便產生了矛盾。上主似在索求一樣你還沒準備給出之物，這好似強行奪取你之所愛。上主怎麼可能做出這種事？祂要的只是你的一點願心而已。

這一段引文其實是當初耶穌特別對海倫說的，因為她認為耶穌要她做的並不是她真心想做的事。海倫有一天向我透露，她知道她聽到的聲音是耶穌的，因為「那聲音」要她做一些違反自己意願的事。請看，海倫好似在為我們現身說法，認定上主的旨意和自己的意願是兩回事。說穿了，人間的權力鬥爭，以及我們對權威的對立心態，就是這種信念的延伸。我們只需誠實地回想一下，內心是否不時冒出一種念頭，自己壯志難伸，都是父母之過。姑且不論誰對誰錯，在我們心目中，父母的意願和自己的意願總是互相扞格。如今我們終於明白了，這種信念並非人間關係所造成的，而是原本就根植在人心之內。自從我們與上主分裂之後，上主和我們好似不共戴天；而上主的旨意是我們永遠都是祂的一部分，但我們卻執意爭取自由獨立。追根究柢，人間所有的主權衝突都源自於這一瘋狂心態，因為我們各有私心，追逐不同的私利。

(I.10:1) 除非做自己真心所願之事，否則你不會快樂的，你無法改變這天經地義的事。

〈正文〉的第一章曾說：「真正的『快感』乃是來自承行上主的旨意。」（T-1.VII.1:4）所謂「上主的旨意」，其實就是我們本有的意願。不幸的是，我們認為這兩者截然相反，如此一來，衝突自然勢所難免。這個矛盾**便是**「萬惡之源」，我們所經驗的世界即源自於此。這就是為什麼世上每一個人都活在衝突矛盾中，每一次的具體衝突都在重申天人分裂的原始信念。幸好，這不是真相，我們和上主共享同一個旨意或意願，沒有任何人改變得了這個「一體性」。真相的「無法改變性」成了救贖原則的基礎。

(I.10:2~3) 這道理所憑藉的，正是上主與你的旨意；否則，祂的旨意就無法向外推恩了。你害怕知道上主的旨意，因為你認定那絕不可能也是你的意願。

可以說，小我整套系統都是建立在「上主的旨意不是我的意願」這個信念上。我們設法推翻上主的旨意，拒絕與祂一體，也不想成為聖愛的延伸。「你無法改變這天經地義的事」，這一句話既非出於耶穌的一廂情願，亦非上天的敕令。耶穌真正要說的是，只要我們還想追求一個獨特的個體生命，上主就會成為我們心目中的死對頭。不僅如此，我們還會把耶穌、《奇蹟課程》，或是任何試圖從小我夢境中喚醒我們的靈修學說，都當成一種威脅，避之猶恐不及。幸好，我們一旦從這個個體生命的夢魘清醒，虛妄的自我將不復存在，到那時，人間虛構出來的權威問題對我們便產生不了任何威脅了。

(I.10:4~6) 這個信念成了你所有疾病與恐懼的溫床。疾病及恐懼的一切徵候都由此而生，因為就是這個信念使你根本不想知道真相。你若如此，等於否認自己的內在光明而隱沒於黑暗中了。

我們是如何「否認自己的內在光明」的？有兩種伎倆，就是我們先前說過的「雙重遺忘」（W-136.5）：先在自己的夢裡用罪咎懼打造一個極其黑暗的**妄念**之境；不僅如此，為了保住個體之我，我們不惜將自己關入一具更黑暗的**身體**，為罪咎懼在人間打造出第二個棲身之所。從此，我們的心靈陷入無明暗夜，再也意識不到自己的問題不過是作了一個錯誤的選擇而已，這等於斷絕了重新選擇的機會，如此，我們還能領悟出自己與上主共享的同一旨意嗎？

接下來，我們進入了整部課程中相當重要的一節「小我的『運作模式』」，我們將從這一角度深入探討主權的問題。

(V.4:1) 為此，當我們正視小我時，所面對的並非什麼「運作模式」，而是一堆錯覺妄想而已。

第五節的標題刻意把「運作模式」四字加上引號，意味著小我「似乎有」呼風喚雨的能耐，但其實它什麼也不是。耶穌在此邀請我們與他一起正視小我，方能意識到小我那一套實在瘋狂得離譜，屬於典型的精神官能症。整個世界不過是一個巨大的妄想症形成的錯覺幻想而已，而「權威問題」只是其中之

一。唯有和耶穌一起正視，沒有恐懼作祟，我們才會看出其中
的蹊蹺。

**(V.4:2) 面對自己妄想出來的思想體系，自然沒什麼好怕的，它
的起因既不真實，對你便產生不了任何作用。**

　　這套錯覺妄想的體系究竟是怎麼形成的？不就是出於天人
分裂的信念，相信我才是自己存在現實的創作者而來的。由這
種信念衍生出來的一切，不可能不虛妄，因為**瘋狂之念離不開
它的瘋狂源頭**。

**(V.4:3) 你若認清小我目標的荒誕無稽，不論你如何為它賣命，
必然徒勞無功，那麼你自然沒有害怕它的道理。**

　　看，整個物質宇宙被耶穌的一句話而打入了幻境，更別說
我們一生的努力以及切身經歷了。我們為小我的獨立所投注的
精力「必然徒勞無功」，因為我們想要了解的那個自我根本就
不存在，純粹是小我企圖推翻上主、否定基督自性而虛構出來
的。既然我們「連天堂的一個音符都不曾錯過」，表示我們和
上主旨意之間既不曾分裂，亦無間隙存在，那麼我們在幻境中
的努力不僅無關緊要，而且也毫無意義了。

(V.4:4) 小我的目標不外乎爭取自主權而已。

　　小我要我們在上主的旨意之外另謀出路，但這個野心永遠
不可能得逞的，只因上主的旨意包涵了一切；既然它是一個無
所不包的整體，豈有任何一物能置身其外？唯有精神錯亂的小

我才會致力於這種不可能達成的任務；同時這也正好意味著，小我本身根本屬於不可能存在之物。由此推之，沒有比相信小我，乃至為它爭取自主權更荒誕無稽了。

(VII.3:7~8) 你曾為了鞏固個人的獨立自主，企圖以異於天父的方式創造，並相信自己能夠造出與祂不同之物。然而，只要是真實的，必然肖似於祂。

這一段話說明了聖靈的救贖原則是如何運作的。自從心靈被罪咎逼瘋了以後，我們堅信自己已經完成了一樁不可能的任務，不僅和上主一刀兩斷，還盜取了祂的創造能力。幸好，我們並沒有把妄想虛構之物弄假成真的本領；畢竟，唯有聖子的一體生命才是真實的，那不是幻覺，而是終極事實。

(V.4:5~6) 它從一開始就懷有分裂的企圖，要求自立自足，不接受外力的干涉。為此之故，小我本身成了分裂的象徵。

小我最深的隱憂，莫過於它既無「自立自足」的能力，又得處處受制於「外力」，連它的存在，都得依賴心靈的選擇。小我為了爭取我們的信任，保持自主的地位，它必須把當初打造它的心靈能力據為己有，然後全面封殺心靈，讓我們活得不知不覺。一旦心靈被廢了功，小我便可一意孤行，大展鴻圖了。由此可知，為什麼小我必須為我們打造出一個世界，以及一具受大腦支配的身體；我們也明白了為什麼人類會想方設法把不可能與世界並存的上主拉入世界。唯有讓上主具體參與人間事務，世界才能證明自己的存在果然真實不虛。對此，《奇

蹟課程》這種「絕對一體論」之說，獨排眾議，不斷重申「不
是上主，就是小我；沒有中間地帶」這一真理，凸顯出毫無妥
協的餘地。

**(V.5:1~2) 每個觀念都有一個目的，它的目的通常都是根據它的
本質引申出來的必然結論。凡是出自小我的，自然也是由它的
基本信念引申的結果；若要化解那些結果，只需認清它們的前
提違反了自然法則即可，只因它與你的真實天性不符。**

　　顯然的，人間所有的問題，最後都可回溯到這一信念，
亦即相信小我有獨立自主的生命，我們在世上的一切所作所
為也都是為了鞏固這個信念。然而，一旦看清了小我的目的，
我們便不難重新選擇，以「真實天性」來取代「違反自然的
法則」，以愛取代恐懼，如此，小我便再也無法逞能了。基於
「觀念離不開它的源頭」這個原則，如果我們真心想要化解分
裂之念在世間衍生出來的種種苦難、失落以及死亡，就不能不
回溯到抉擇者所在的心靈源頭，這才表示我們確實改變了此生
的目的，從分裂轉向了救贖，如此，心靈終會恢復上主之子的
「真實天性」。

**(V.5:3~6) 我曾說過，與上主旨意相反之意願只是一廂情願的想
法，稱不上是真正的意願。祂的旨意只有「一個」，因為由祂
的旨意推恩而成之物，不可能與它本身相異。你心裡感受到的
衝突，其實只是小我的無謂願望和你與生俱來的上主旨意之間
的矛盾而已。這豈能算是真正的衝突？**

　　將小我的願望和上主的旨意作一對比，也是《奇蹟課程》經常出現的「次主題」。《課程》一貫把「意願」（wish）一詞用在小我或分裂妄心，屬於知見世界中的二元經驗；而**旨意**（Will）則留給上主，屬於真知的一體境界。這一段藉著「意願」和「旨意」之間的強烈反差，來呈現「虛妄」與「真實」之間無法比擬的差距。耶穌要我們深思一下，兩者之間怎麼可能產生矛盾？然而，我們卻堅信，這類矛盾確實存在（眼前的世界分明就是由種種矛盾中誕生的）。因著這種信念，人間充滿矛盾衝突也是意料中的事。請看看，我們在自己身上以及族群之間所經歷的衝突，可有消停的一天？它們同出一源，就是來自於上主與我們勢不兩立的這個信念。除非我們鼓起勇氣回到心內（也就是和耶穌一起正視小我的內幕），方能認出這種信念的荒謬及瘋狂，也就能一笑置之了。

(V.6:1) 你所有的一切都具有造化的獨立性，卻沒有自主權。

　　小我騙我們說，若想獨立自主，唯有逃離天堂一途；其實，真正的自由只存在於我們與上主的一體生命內。對小我而言，身為上主的一部分，意味著自己得受上主的專制統治；然而，愛怎麼可能囚禁任何人？愛，從不設限，它怎會阻撓自己將生命推恩於我們，成為我們的自性？

(V.6:2~4) 你整個創造能力都是建立在「你的生命完全依賴上主」這一基礎，是上主將祂的能力分享給你的。因著祂的分享之願，祂變得像你依賴祂一般地依賴你。祂不願離開你而獨

立，切勿將小我的傲慢套在祂頭上。

　　這兒所說的「依賴」，絕非二元世界那種依存關係。在天堂裡，我們的存在確實有賴於上主，因為我們是祂的一部分。這段話又進一步告訴我們，上主也像我們依賴祂那般依賴著我們。這一說法完全不合乎世界的邏輯，因為世上所有依存關係都是建立在兩個各有所求的不同個體之間。請留意，這類的描述只是一種象徵說法而已，因為人間的語言根本無法表達天堂完美的一體境界；既然是一體，就沒有造物主和受造物，上主和基督，天父和聖子的分野。耶穌在他處曾說過：「你絕對找不到天父的盡頭以及聖子獨立出去的那一點。」（W-132.12:4）究竟而言，活在肉體內的人永遠無法了解獨立、自主和自由的真諦，因為它們僅僅存於一體不二之境；一旦落入二元世界，它們的本質註定遭受扭曲。

（V.6:5~7）**祂讓你參與祂的自主權。離開了祂，你豈會相信那自主權還有任何意義？正因你相信小我有自主權，害得你再也看不出自己與上主的依存關係，而那關係才是你真正的自由所在。**

　　只要我們仍然重視自己的個體價值，必然會把自己與上主的關係視為一種屈從或奴役的關係，因而設法伸張主權，鞏固自我，不斷改造創新，視之為成長或成熟。然而，在天堂境內，一切是一，它的創造性與擴張勢力毫無關係，也無需爭取自由來解放自己。套句聖保羅的話，我們是「萬有的萬有」

（〈哥林多前書〉15:28）。

(V.6:8~9) 小我把所有的依存性都視為一種威脅，它還會把你對上主的渴望扭曲為壯大自我的手段。不要被它對你內心衝突所作的詮釋所蒙蔽了。

　　舉例來說，不少人透露自己對上主的渴望，十分嚮往天人合一的境界，其實他們真正渴望的很可能是與上主建立一種特殊關係。諸多宗教都不乏這類人士。只有相信自己早已和上主分裂的人，才會迫切追求上主，渴望再度與祂合一。殊不知，這麼一來，自己原本想要解除的分裂感受，反而被這個渴望加深了。我們真的無需努力與上主合一，唯有接受「自己始終與祂一體不分」這一事實，才是正辦。我們真正應該渴望的是，早日跳脫小我的牢獄，並徹底理解，如此與小我繼續廝混下去，終究死路一條。一言以蔽之，我們若一味渴望回歸生命的源頭，反而容易落入特殊性的陷阱，逃避內心深藏的「主權問題」，令自己的處境雪上加霜而已。

(V.10:1) 你若認清了，使你與上主分裂的原來就是這一恐懼，不論它化身為何種形式，也不論它偽裝成任何其他的感受；這一認知會對小我構成極大的威脅。

　　是什麼讓我們感到自己已經和上主天人永隔了？原來就是「恐懼」！即使它純屬虛構，卻是小我失心大計的秘密武器，令我們在重新選擇時欲振乏力。故面對恐懼之際，我們特別需

要耶穌的陪伴，才可能看透小我究竟在「防」什麼，唯有耶穌的愛在前引路，才足以看破小我的障眼法，重返真愛的家園。無庸置疑，這種認知必然直接威脅到小我的存活，成了它的心頭大患。

(V.10:2~3) 這一「覺」，足以瓦解小我追逐獨立自主的夢境。即使你還能容忍那些虛妄的獨立之念，一旦認出你必須承受那麼多的恐懼作為代價，你就不會接受它了。

　　為此，小我必會無所不用其極地隱瞞自己真正的動機。唯有對「認同小我思想體系」所付出的代價有著切身之痛，才會對它徹底死心。一旦看清了罪咎懼的神話（包括主權問題在內）都是虛構，純屬幻覺，自然不再信它那一套了。由此可知，小我才那麼害怕我們揭穿它那套既荒謬又瘋狂的計謀，因此必會使出渾身解數來阻止我們看清心內的真相──正因為小我的存在與能力都是仰仗「心靈」的。

　　接下來，我們繼續深入「自主權」的觀念。

(V.12:1) 上主對你的依賴，一如你對他的依賴，因為他的自主權涵括了你的自主權，你一旦失去了自主權，上主的自主權也不再圓滿無缺。

　　無庸置疑，上主是不可能「不再圓滿無缺」的。因為「**分裂不曾發生**」，故上面這一句話其實是象徵性地反襯出上主不可能不圓滿的事實，沒有任何力量侵犯得了上主的自主權，而

聖子又是上主的一部分。又因為**觀念離不開它的源頭**，故不論在天堂或人間，身為上主之子的我永遠與上主同在。至此，我們明白了，所謂主權問題，全是小我捏造的神話故事，根本不足為訓，對於這種錯覺或幻想，我們只需一笑置之。

(V.12:2) **唯有與上主認同，你才可能恢復自主權，並完成你永存於真理內的任務。**

即使和「自我」這個偶像認同，也無法重建什麼自主權，何況這個自我在我們心目中還是一個受害者。若要恢復真正的自主權，唯有認同我們與上主的一體生命。在天堂，我們的任務是將上主的愛延伸為自己的創造；回到人間，我們的特殊任務即是用寬恕來反映上主之愛（T-25.VI）。

(V.12:3~4) **小我相信唯有完成它的目標，才有幸福可言。但上主卻要你知道，你具有祂所有的能力，離開了你們的聯合願力，幸福也不復存在。**

我們在前面引用過「真正的『快感』乃是來自承行上主的旨意」（T-1.VII.1:4），究竟何謂「上主的旨意」？請看，〈練習手冊〉一連三課反覆提醒我們：「上主的旨意只願我們活得圓滿幸福。」（W-101,102,103）但對小我而言，幸福即是與上主脫鉤，擺脫那專制又暴虐的主人，因為上主老是要我們活得像祂一樣，不容我們活成另一個自己，剝奪了我們自我表達的權利。在世界上，為自由奮鬥是天經地義的事，但切莫忘記，

我們是心靈而非身體，並不屬於世界。試問，在天堂裡的生命需要奮鬥、努力地活出自己嗎？天堂無它，只有「一」，也就是我們的自性，沒有人限制得了我們的創造力，因為上主及聖子共有的創造力永遠自由；也沒有一物左右得了它，因為天堂根本沒有其他的「一物」。這一事實才堪稱為真正的自由以及真正的獨立自主，這是救贖原則針對小我主權問題所給予的唯一答覆。

　　為此，我們不妨反省一下自己一輩子的生活，看看我們是怎麼追逐所謂個人理想的。從世俗的角度來講，努力奮鬥絕非壞事，但身為奇蹟學員，我們不能把任何世間的成就當真。我們心中必須了了分明，不論在人間完成了什麼目標，最終畢竟是一場空。

　　現在，我們可以進入「救贖」的主題了。小我為了保全個體身分，伸張自我的主權，製造衝突，令人疲於奔命；對此，聖靈給出一個令人安心的答覆，即救贖原則。

救贖原則：聖靈針對主權問題的答覆

(I.2) 獨自生存，表示你已由無限之境分裂出去了，但這怎麼可能？無限之境是沒有止境的。沒有人能活在無限之外，因為凡是無限的，必然無所不在。上主之內也是無始無終的，祂的宇

宙就是祂的本體。你豈能將自己排除於宇宙或上主之外？祂就
是你的宇宙。我與天父是一個生命，故也包括你在內，只因為
你是我們的一部分。你豈會相信上主可能失去自己某一部分的
生命？

　　不消說，我們全都相信「上主可能失去自己某一部分的生
命」，只要看看身邊層出不窮的天災人禍，這個世界怎麼可能
不是真的？事實上，發生於世間的一切，不過是那最原始的悲
劇所留下的一抹陰影，因為我們相信自己已經破壞了天堂的一
體本質，銷毀了上主的聖愛，釘死了祂的聖子，而且在神聖造
化之外打造出自己的王國。更糟的是，基於投射的心理反應，
我們深信不疑，上自老天，下至凡夫都在對我們圖謀不軌。人
間所有的衝突，不論發生在人與人之間或國與國之間，都在重
演遠古那子虛烏有的天人之戰。話說回來，既然無限和有限，
永恆與無常，上主和小我是不可能並存的，兩者之間又怎麼可
能有任何瓜葛或冤仇可言？真正存在的，只有那「唯一」的
生命。

(I.3:1~4) 你如果不是上主的一部分，祂的旨意就稱不上合一無
間了。這簡直是無法想像的事！祂的天心豈會包含虛無？如果
只有你才能填補你在天心的席位（而那填補之物其實就是你的
創造），那麼，缺了你，天心不就出現了破洞？

　　耶穌繼續描述人類根深柢固的信念——我不受上主旨意的
管轄。整個世界，以及我們在世上的所有作為，全都受這個分

裂前提支配。正因我們相信上主的旨意可能分化出種種不同的意願，這個信念便為紛紜萬象提供了存在的基礎。縱然我們的理性明知這是不可能的事，同時，我們也知道永不饜足的世界所建立的特殊關係其實和耶穌的教誨南轅北轍；因此，我們的首要之務乃是誠實地自問：「為何上述那一番話對自己的現實生活產生不了任何作用？」說到底，原因只有一個，即世上發生的種種問題，原本就是為了幫我們鞏固個體身分而打造出來的。不論我們屬於哪個國家、民族、宗教、社群或家庭，都會不遺餘力地堅守自己的身分認同，而不自覺地否定上主的唯一旨意。

　　世界存在的目的，就是企圖撒下我們在天心內的一席之地，不論何人或何物擋了我的路，他就是我的死對頭。世上每個人都處於交戰狀態，只因我們的妄心始終與上主處於對立狀態。就算我們不覺得自己和他人正在明爭暗鬥，不妨看看我們與身體的關係吧！在生老病死的自然律下，身體無時無刻不在背叛我們。耶穌要我們誠實面對現實生活的緊張，因為它是一場無止盡的戰爭。

(I.3:5~7) 沒有人阻止得了推恩的洪流，它內也沒有虛無存在。不論你如何否認它，它照常運轉。你若否定那一真相，最多也只能把它困在時間的領域，而非永恆之境。

　　在幻境中，我們可以相信任何事情，就是無法將它弄假成真；同理，我們也沒有能耐制止推恩（或創造）的洪流，扭曲

真理實相。這就是聖靈的救贖原則。

(I.3:8) 為此之故，你的創造仍會繼續推恩下去，也為此之故，數不盡的恩賜正在等著你的歸來。

　　究竟說來，並沒有什麼東西在等候我們的歸來，因為這是一趟「當下即至的旅程」（T-8.VI.9:7），我們既不曾離開過天父的家園，我們的愛也不曾停止推恩或創造。耶穌之所以採用比喻性的說法，只因我們自甘打造地獄來取代天堂，又自知罪孽深重，認命地活在這一具可悲又可恨的身體內。我們因著罪咎的作祟，又深受匱乏及空虛之苦，一定會認為再也不可能恢復自己所拋棄的純潔本性了。耶穌為了化解人心瘋狂至此的信念，才會如此安慰我們：你並沒有失落圓滿真相或基督自性，它正耐心地「等著你的歸來」呢！

(I.5:10~11) 愛的宇宙不會因你視若無睹而停止運轉，你也不會因為閉起眼睛而失去視力。瞻仰祂造化的光輝吧！你才可能學會看出上主代你保存了多少寶物。

　　這一段話顯然是叮嚀我們，要著眼於弟兄與自己的一體真相，只因我們全都活在「分裂妄心」的同一條船上，既有小我，也有聖靈，還有同一個抉擇者。「不會因為閉起眼睛而失去視力」這句話可說是救贖原則的一張速寫，指涉著心靈本具聆聽聖靈的能力；我們看不到聖靈的臨在，並不表示祂不在，也不表示我們失去看見祂的能力。無庸贅言，這兒說的「看」，絕非肉眼之見，而是心靈之見；它既有選擇小我的能

力，自然也有抵制小我的能力。小我就是為了撤銷心靈這個天賦能力才編出一整套的失心策略，令心靈欲振乏力。一旦陷於世界以及身體，與心靈切斷了聯繫，我們的失心狀態更加顯得回天乏術，自然無法選擇耶穌的慧見，而與真相絕緣了。

(I.9:5~11) 你之所願其實就是祂賜你的生命。即使在時間領域中，你也無法離祂而活。睡得不省人事並不等於死亡。祂所創造的生命可能昏睡一陣，卻不可能死亡的。永恆不朽是上主對聖子的旨意，也是上主之子的心願。既然天父就是生命，而聖子又與天父一樣，故他也不可能生出死亡之願的。創造才是你的意願，因為那是祂的旨意。

　　不論我們編織的分裂和死亡之夢多麼可怕，它永遠改變不了自己是聖愛的造化這一事實。因為我們是按照造物主的肖像創造出來的生命。即使陷入了重重噩夢，也不可能徹底忘記永恆不朽的上主旨意的。總有一天，我們會由夢中醒來，張開眼睛，看到自己永恆真實的自性。耶穌始終寧靜地守護在旁，等著我們回心轉意，決心憶起自己遺忘的真相。順便在此補充幾句：上主的創造是不可能真的昏睡不醒的，否則，豈不又把分裂之念弄假成真了？耶穌這一段話真正要傳給我們的信息是，縱然你自認為陷入了死亡夢境，但那個瘋狂信念絲毫影響不到你這永恆聖子的真相。耶穌在第十九章就引用了一句《薄伽梵歌》的名言：「不朽的生命怎麼可能死亡？」（T-19.II.3:6）

(II.5:1~8) 聖靈不可能向不歡迎祂的主人說任何話的，因為說

了也是徒然。然而，這位來自永恆之客也不會輕言離去，只是祂的聲音在這陌生夥伴心裡會微弱得不復可聞。祂需要你的保護，你對祂的關注乃是你想要祂的標誌。你的心念只要貼近祂的聖念一點兒，那星星之火就會化為燦爛光明，充滿你的心靈，使祂成為你唯一的貴賓。你一邀請小我進入，祂受歡迎的程度就會相對降低。祂仍會為你留下的，只是你會不斷地跟祂唱反調而已。不論你選擇哪一種旅程，祂都會與你同行，並等著你回心轉意。祂的耐心，你大可放心，因祂不可能遺棄上主任何一部分的。

　　如同聖靈，我們也不可能「遺棄上主任何一部分的」，這是耶穌不斷耳提面命的救贖佳音。無論我們做了什麼，他都不會撤回自己的愛，只會靜靜等候我們歸來。他在〈練習手冊〉也曾借用《舊約・詩篇》的一段呼籲：「還要多久，上主之子啊！還要多久？」（W-PII.四.5:8）為此之故，耶穌鼓勵我們盡量著眼於自己以及弟兄身上的「星星之火」，不再漠視與內心「永恆之客」的分離之痛。耶穌這一番話大大鼓舞了我們，縱然我們陷入慘痛的死亡之夢，他的愛仍寸步不離，為我們護守著「星星之火」，直到我們能夠認出自己的本有光明為止。我們真該慶幸，不論我們心內對自己以及他人發出什麼批判之念，絲毫改變不了救贖的聖念。僅憑那一念，便足以化解小我，但由於「在救恩道上，你仍算是新手上路」（T-17.V.9:1），那個聖念有待寬恕的滋養才會茁壯。接著，耶穌繼續為我們打氣：

(III.1:1~5) 當你感到力不從心時,表示你已經傷害了自己。唯有你的「護慰者」會幫你休養生息,你自己是無能為力的。因為你不知其法,你若知道的話,就不致如此欲振乏力了,除非你存心傷害自己,否則你是不可能受苦的,因為受苦並非上主對聖子的旨意。痛苦與上主無關,因為上主對攻擊一無所知,祂始終默默地以平安環抱著你。

　　這段話告訴我們,我們有選擇痛苦、無助、失落與死亡夢境的自由,但那「護慰之神」始終陪伴在旁,溫柔地呼喚我們從噩夢中甦醒。這個呼喚的內涵即是寬恕,因為唯有寬恕化解得了分裂與攻擊的小我思想體系,而小我的思想體系正是一切痛苦之源。聖靈在此提醒我們,受苦絕非上主的旨意,故也不可能是我們自己的意願,除非我們自甘放棄正念之心,而與小我的瘋狂思維為伍。

(III.2) 上主之子確實需要支援與安慰,因他不知道自己究竟在做什麼,甚至相信自己的意願並非自己想要的。天國原是他的家鄉,他卻淪為無家可歸的浪子。他身在上主的家中,卻感到孤獨萬分;他有這麼多的弟兄作伴,卻苦於舉目無親。上主豈會讓此事成真?連祂自己都不願獨自生存。你的意願若真是上主的旨意,那孤獨就絕不可能是你的真相,因為那不是祂的真相。

　　這樣的救贖信息,誠然是耶穌在本課程所給的安心法門:上主和聖子之間沒有發生任何問題,連聖子和聖子之間也不曾

存在任何間隙，我們與生命源頭以及唯一自性始終是一個完整的生命。分裂只可能發生於夢中，因為我們不曾離開過天父的家園一步。祂的天國永恆安住於一體之境；而在人間，這種平安只可能臨於清明的心靈，為此之故，聖靈才為我們捎來寬恕的信息。

耶穌在本章的最後一節「問題與答覆」，言簡意賅地為救贖作了一個總結：

(VIII.9:4) 基督，就是與天父一體不分的上主之子，祂的每一念都如天父聖念一般充滿了愛，而祂正是由那仁慈聖念創造出來的。

即便在小我分裂和攻擊的噩夢中，真理之光也永不熄滅。它的光輝好似提醒我們：愛的造化千古不變，小我的罪咎懼打造出的陰森幻影不曾傷它分毫。

小我深恐聖子的心靈選擇救贖的光明而獲得療癒，接下來，我簡要地說明一下，小我是如何利用身體將我們囚禁於它的陰暗世界裡的。

小我對救贖的恐懼

(In.3:5) 你愈接近小我思想體系的根基，一路愈顯得晦暗陰森。

　　當我們愈來愈認同聖靈的論點而矢志寬恕之際，便愈會感受到恐懼的反撲，因為小我一定會提高它的音調：「切莫忘記，你若繼續向光明邁進，遲早會消融其中而失去自我！」這樣的恫嚇必會令我們驚慌失措。要知道，當我們起意轉向聖靈那一刻，小我絕不會袖手旁觀的，它會不斷威脅恐嚇，令我們六神無主。一旦屈服於它，我們便會立即掉回小我最愛的黑暗世界，禁錮在罪咎所打造的身體裡，四周全是仇敵。小我之所以打造這種世界，目的就是要把救贖光明埋到心靈深處，令我們渾然不覺。

　　小我在它陰森晦暗的世界裡，還隱藏了另外一個陰魂，就是時間：

(I.4:1~2) 只有在時間裡才需要等待，然而，時間本身是毫無意義的存在。你已耽擱了自己不少時間，你只需認出，「永恆的那一位」從未創造過開始或終結，也從未在自己的造化（也就是祂的創造同工）之上設限，你便當下由時間中解脫了。

　　雖然上主不曾創造過時間，而我們也不可能淪為被時間束縛的生命，但活在肉體的我們，卻堅信自己是時間的產物。難怪我們一聽到「永恆」的信息便敬而遠之；凡是能幫我們憶起上主之物，我們都會不自覺地退避三舍。然而，「超越時間」其實意味著我們原是心靈；既然是心靈，我們必然擁有選擇的自由，有能力選擇那位來自永恆無罪之境的聖師，而捨棄這個傳佈罪咎懼的小我。要知道，我們身體所在的世界，以及過

去、現在、未來的線性時間，都是從心靈認同小我的那一念中冒出來的。

我們只要細讀耶穌在下面這幾段愛的信息，便不難體會到自己對《課程》的教誨避之猶恐不及的隱衷了，我們甚至以命相搏，就是不讓這麼單純的真理進入心內：

(III.3:1~5) 唉，我的孩子，如果你知道上主對你的旨意，你的喜悅便早就圓滿無缺了。而祂所願之事，必然早已實現，因為上主之願永遠真實不虛。當光明來到時，你只要說「上主的旨意就是我的旨意」，就會見到祂的美妙莊嚴，而你也知道那不是你自己所能打造的境界。你會懷著喜悅之情，以祂的聖名繼續創造莊嚴世界，因你的喜悅會隨著祂的喜悅向外推恩。這卑微而無情的世界便會回歸原有的虛無；而你的心靈則會喜不自勝地向天堂飛奔，融入上主之境。

這段話點出了小我的心頭大患，等我們進入第十三章，還會有更詳盡的描述。耶穌說，「這卑微而無情的世界」終將歸於虛無，但問題是，這是**屬於我們的**世界，是我們唯一可以大展身手的舞臺，倘若它歸於虛無，怎麼可能是好消息？小我深知其中的嚴重性，因為它的存在端賴心靈相信了它；如果我們讓聖靈進入心中，很可能聽信祂的天音，因為祂所說的遠比小我更為合情合理。我們一旦看清了世界的虛幻及其恐怖真相，有誰還會留戀此地，不向天堂飛奔而去？為此，小我必須清除心靈所有的記憶，切斷我們與心靈每一條連線，將我們禁錮在

分裂思想體系內，插翅難飛。

　　要知道，這無情的世界是我們唯一熟悉的寄身之處，即使知道它「*有如荒漠的人間，……已到了饑渴交迫、奄奄一息的地步*」（W-PII.十三.5:1），內心仍藏有一線希望，幻想這個世界終有一天會讓我們美夢成真。於是我們鍥而不捨地改造世界，甚至還相信政客的宣傳：「只要選我，我保證隨後四年（或八年）經濟成長、中東和平、終結種族歧視、消滅貧窮……。」其實，我們內心有一部分並「不傻」，知道世界已經無藥可救；就好比我們追求特殊關係時，多少也心裡有數，感到這個關係絕對滿足不了內心的渴望。沒錯，特殊關係從一開始就註定失敗，即使我們追到手的那一刻，會覺得飄飄欲仙，內心深處卻總會浮出「好景不長」的凶兆。但這點自知之明仍阻擋不了我們繼續追求下去，因為除此之外，我們不知自己還有什麼選擇，只因唯一能夠扭轉乾坤的抉擇之心，早已被小我搞得一片茫然而且欲振乏力，縱然我們有心轉變，也不知從何下手。

(III.3:6~7) *我無法向你描述那一情景，因為你的心尚未準備妥當。但我能告訴你，而且還得反覆叮嚀：凡上主所願之事，也為你「願」了；祂為你所「願」的，才是你一心想要的真正意願。*

　　換句話說，我們之所以聽不到天音，純粹來自於我們對真相的恐懼，為此，耶穌屢次提醒我們要「慢慢來」，否則可能

適得其反，「對你可能是創傷而非福分」（T-1.VII.5:8）。他喚醒我們的方式，並不是直接否定小我「罪、咎、懼、罰」的神話，而是跟我們講述另一套慈愛上主的故事，溫柔地用寬恕鋪路，將我們領上覺醒之路。套用奇蹟的術語，就是用正念心境的「奇蹟」，修正妄念心境的「判斷」，最後將我們領向創造之初的一心境界。我們慈愛的老師會在現實生活中「反覆叮嚀」，指點我們如何善用每一個關係去體現上主旨意的一體心境；他的方法即是學習寬恕，不再定罪，著眼於共同福祉，而非一己私利。

(III.4:6~10) 步上你的光明之路吧，不要去看那群陰森的夥伴，它們不配與上主之子結伴而行，因為上主之子是光明的造化，永存於光明之境。那偉大的光明始終環繞著你，且透過你照耀四方。在這樣偉大的光明中，你怎麼可能繼續著眼於那群陰森的夥伴？當你看到它們的蹤影時，表示你已否定了光明。反過身來否認它們吧，因為光明已經來到，你的前程暢通無阻。

小我非常清楚，我們一旦踏上光明之路，自然不會再跟特殊性、痛苦、犧牲、死亡這類陰險夥伴攜手同行，為此，它勢必設法誘導我們遠離光明。由於光明只可能存在心靈內，因此，小我會慫恿我們從黑暗的世界中尋找光明，或是寄望於自己的偶像，依賴某種宗教儀式，甚至把《奇蹟課程》奉若神明。小我深恐我們的心靈一旦選擇了光明，它的黑暗便無處容身了，故小我必會不斷威逼利誘，讓我們死心塌地與身體認同，躲進罪咎和恐懼所打造的避風港內。

(III.6) 光明之子不可能活在黑暗之中，只因為他們之內沒有黑暗。切勿被那群陰森的「護慰者」所欺，也莫讓他們進入聖子的心中，因為他們不配立足於上主的聖殿。當你禁不住想要否認祂時，請記住，沒有其他神明能立於上主前面的，因此，平平安安地接受祂對你的旨意吧！你心裡若不平安，是不可能接受祂的旨意的。

凡是陷於衝突的心靈是不可能領受上主旨意的，甚至可能誤信「上主的旨意」要我們向他人或鄰國開戰，假借「天國」之名，消滅異端（這種事情在人類歷史屢見不鮮）。如此，人間豈有太平可言！我們若想擁有真正的平安，唯有一途，就是只著眼於芸芸眾生的一體本質，任何衝突、派別或勝敗輸贏之見在這整體內是沒有立足之地的。這個整體涵容了**所有**人種，**一切**萬物，而且**永遠**如此；若非如此，就表示我們仍在崇拜偶像，聽從假神的旨意，根本不可能代表上主的旨意。順道一提，這一段的「請記住，沒有其他神明能立於上主前面的」，再次指涉了十誡的第一誡，和第十章相呼應。

「光明之子不可能活在黑暗之中」，沒有什麼比這句話更令小我膽戰心驚了。為此，小我必須說服我們相信，自己確實是「罪咎之子」。何以見得？最有力的佐證當然就是身體了。在世界這場罪咎大夢裡，身體是英雄，為了掩護自知罪孽深重而陷於無意識的心靈，夢中的主角把罪咎投射到別人身上來證明罪咎真實不虛。追根究柢，人間所有問題都脫離不了最原

始的「主權問題」——相信自己和上主不共戴天。小我不容許
我們解決這個問題，故將這一隱痛深埋心底，在心靈之外建立
一個非心的世界，令我們無暇反觀心內的玄虛。因小我知道，
我們一旦進入心靈的密室，只會看到救贖的光輝，而非它所說
的黑暗。小我企圖屏蔽光明的陰謀一被拆穿，那個密室以及週
邊的防禦機制便徹底坍塌，消失了蹤影。光明一旦來臨，小我
再也掩飾不住自己的虛無本質。這就是耶穌在第五節所揭發的
「小我的運作模式」：

(V.3:1,3~7) 在「小我的運作模式」這一課之始，讓我們先看看
這個詞本身的荒謬。……「運作模式」一詞好似暗示了它具有
某種作用或能力；而相信小我確有成就某些事情的能力，正是
整個分裂妄念的基石。你一旦相信它有此能力，小我對你必顯
得可怕無比。真理其實非常簡單：

　　所有的能力都屬於上主。
　　凡不屬於上主的，便沒有能力成就任何事情。

　　我們再度看到了那個老想冒充**我們**的小我為何如此害怕這
部《課程》了，正因為《課程》看穿了小我只是一隻虛張聲勢
的紙老虎而已。小我的存在，端賴心靈相信它的幻相。故我們
對自己、對他人以及對整個世界所懷的恐懼心態，其實只是為
了遮掩這一事實：我們害怕的其實是一個**子虛烏有**之物。故說
「所有的能力都屬於上主」，在祂之外，沒有任何能力可言。
《奇蹟課程》的宗旨就是幫我們看清小我的真面目，而這一章

說得不能更清晰了：「正視小我」的目的只是為了看清「小我若憑自己，根本一無所能」。

《奇蹟課程》

下面幾段是針對海倫和比爾而說的，尤其是海倫，她不時向耶穌抱怨，這部課程不僅太沒道理，還寫得如此晦澀艱深。但我們知道事實並非如此，海倫非常清楚這部課程在說什麼，她只是不喜歡自己聽到的**那套說法**而已，於是她故態復萌，不斷埋怨耶穌。下面這幾段是耶穌給海倫的答覆，其實也是給我們所有人的答覆：

(VI.3:1~3) 本課程已經講得不能再清楚了。如果你還無法了解其中道理，只有一種可能，你正以自己的詮釋抵制它，才會感到難以相信。你的所知所見受制於你的信念，而你的知見又不足以認出其中的意義，你對它自然難以置信。

耶穌在此明言：讀不下《奇蹟課程》，並不是因為他說得不夠清楚。老實說，不只海倫愛發這種牢騷，許多奇蹟學員也老是抱怨書中常有語焉不詳之處。我並不否認，書中的代名詞有時顯得模稜兩可；句法又不乏雙重甚至三重的否定，令讀者看得腦筋打結；課文遣詞用字又依照抑揚格詩體的節拍，對於不懂英詩的讀者更顯得莫測高深。然而，整體來講，全書的主

旨真的是「講得不能再清楚了」，除非我們存心不想去懂它，否則沒有人會讀不出這部課程在說什麼的。耶穌在此點明，正是因為我們害怕這套教誨的內容，才故意看不懂的。難怪不少奇蹟學員都會忍不住把《奇蹟課程》和世間的學說混合著修持，企圖把它的絕對不二論淡化為半吊子的不二論，甚至掉入純二元論。縱然如此，我們冥冥中還是知道，自己的詮釋並非耶穌教誨的原意。這也難怪，書中三番五次告訴我們「你並非真的活在這個世界裡」，理由是上主根本不可能「知道」（或認可）如此虛幻而且瘋狂的生命。說真的，有多少人受得了這種學說！

「本課程已經講得不能再清楚了」，耶穌愈是這樣說，我們聽得愈加膽戰心驚。究竟來說，《奇蹟課程》給我們最大的挑戰不在於它的語文風格，而是它的形上真理──它最終的目的是要我們接受「世界和身體全是夢幻泡影」這一真相。正因如此，我們冥冥中知道，每回請耶穌幫我們換一次眼光，等於在自己個體生命的棺木上多敲進了一根釘子。這種選擇實在太過嚇人，於是我們開始篡改課程，以保護個人的存在價值，同時還拼命強化自己的特殊性。

(VIII.1:1~3) 本課程十分簡單。也許你會覺得自己並不需要這一課程，因它最終不過告訴你「只有真相才是真的」。問題是，你真的相信這一點嗎？

《奇蹟課程》不斷告訴我們「只有真相才是真的」，小

我那一套純屬幻覺；凡是分裂出來的生命（比方說，個體之我），不可能真的存在。想想看，這種說法怎能不令小我抓狂？事實上，我們很需要這一部課程，以及懂得安撫人心的良師耶穌，我們才有希望接受那千古不易的上主。

　　下面這一段話當初也是針對海倫說的，因為她又忍不住向耶穌抱怨了：

(VIII.5:1~3) 也許你會抱怨這課程不夠具體，不易了解，也不實用。這很可能是你沒有按照它具體的建議去做之故。本課程不玩觀念遊戲，它著重實用性。

　　〈詞彙解析〉開門見山的第一句話即是「這不是訓練哲學思考的課程」（C-in.1:1）。我們非常清楚，若不了解《奇蹟課程》的形上理念，是不可能讀懂這部課程的。但《奇蹟課程》的宗旨並非要把我們培訓為形上哲學家，而是教導我們如何寬恕；它不希望我們僅僅從理性了解世界是個幻覺，而是切身領悟這一真相，因為唯有時時刻刻活出寬恕的真諦，我們才算得到耶穌教誨的真傳。

(VIII.5:4~6) 它說「只要你求，就會得到」，還有比這更具體的指示嗎？只要你認為自己的問題十分具體，聖靈自會給你具體的答覆。你若相信單一就是多元，祂的答覆便會顯得單一又多元。

　　大家必須特別留意這段話，因為很多學員斷章取義，把這

幾句話視為「向聖靈祈求具體指引」的根據。《奇蹟課程》出版後約莫一年的光景，海倫就收到〈頌禱〉一文的訊息了，它顯然是耶穌針對學員對祈禱的誤解所給的提示。所謂「向聖靈求助」，它真正意義是：幫助我們化解小我思想體系，而不是幫我們找停車位、治療癌症或促進世界和平。雖然聖靈只可能給出「一個」愛的答覆，但我們感受到的卻可能相當具體，只因我們活在十分具體的二元世界裡，相信「一就是多」，為此，耶穌才會語重心長地說出上述那一段話。

借用〈頌禱〉的比喻，當我們在「祈禱的階梯」拾級而上，自己的信念體系逐漸鬆動或轉化，最終明白，我們真的只有一個需求，聖靈也只有一個答覆，「一個問題，一種解決（辦法）」（W-80.1:5）。但切莫忘記，這部課程是寫給活在二元世界的我們，故它只能使用我們所能了解的語言（T-25.I.7:4）。為此，實在不應將上面這一段話理解成耶穌鼓勵我們祈求具體的事物。話說回來，只要我們仍然認為自己活在一具肉體內，當然得從「具體要求」起步，這也是人之常情，但耶穌並不希望我們止步於這種心理狀態。原因很簡單，如果我們只滿足於這些「具體要求」，便不會真心求教於耶穌，學習如何改變自己的眼光。如此一來，我們豈不是和真寬恕漸行漸遠了！因為真寬恕所仰賴的，就是**心靈**發揮它重新選擇的力量。奇蹟學員應有這番認知：《課程》最終的目的是要幫助我們提昇至階梯的頂端，即從小我的失心狀態，昇至耶穌的清明覺知，最後進入真實世界。這部課程絕不樂見我們在階梯底層安

逸度日。所謂「在階梯的底層」，就是把自己看成一具身體，努力和另一名叫耶穌或另一位叫聖靈的神明搭上關係，這反而會讓我們陷於天人分裂之境，永遠自外於天堂的一體聖愛。

(VIII.5:7~10) 你很可能害怕祂答覆的具體性，因你害怕那答覆附帶的代價。其實，只要你求，遲早會明白：凡是來自上主的，對你都一無所求。上主只知給予，從不奪取。你若拒絕開口要求，表示你依舊相信「要求就是奪取，而非分享」。

我們若相信上主的旨意和我的意願是兩回事，萬一祂的聖靈要求我去做某件事，那我豈不是虧大了！我們先前討論過，只要認定自己是活在具體世界的具體人物，必會擔心聖靈很可能會對我提出具體的要求。耶穌在第十八章又進一步勸導我們：凡是自視為一具身體又活在具體世界的人，他們所信的神明也會變得十分具體。既然我們否定了心靈的「非具體性」（心靈其實只是一個觀念），那麼我們感覺到這位聖靈會和血肉之軀的我互動，也就不足為奇了。

> 當你看到自己活在身體裡頭，怎麼可能知道你原本只是一個「理念」？世上每一樣東西，都得靠外在形狀才能指認出來。若沒有身體或是你熟悉的形式，你連上主是什麼模樣都想像不出。（T-18.VIII.1:5~7）

我們既是由罪咎中孕育出來的，必會將心靈感受到的咎投射給身體。自知有罪的我們，下意識地等待報應懲罰，自然會相信心靈導師也不會平白放過我們，祂必會要求我們做些具體

的犧牲,例如放棄身心的欲樂,或是某個特殊關係,甚至要我
們割捨自己珍愛之物。

因此,當我們與耶穌同行時,一開始難免會跟他做些具體
的交換,慢慢地,罪咎和犧牲的思想體系會顯得愈來愈難自圓
其說,因為我們明白了,愛不可能佔有,只能分享,故我們既
無法盜取愛,也不可能失去愛。縱然我們提出的祈求可能非常
具體,但得到的答覆始終來自正念之心,讓我們看清,除了罪
咎,自己是不可能失落任何東西的。當「不是一起……就根本
沒有」的一體之愛,取代了「非此即彼」的犧牲觀念,我們還
會擔心失落任何東西嗎?當我們明白了「上主是愛,因此,我
也是愛」(W-171~180),我們還會畏懼上主嗎?

(VIII.6) 凡是聖靈給你的,必是本來就屬於你的東西,因此祂
不可能要求任何的回報。因為那一切本來就是你的,是你與上
主共用的。那才是一切的真相。一心只願恢復你的本來狀態的
聖靈,怎麼可能誤解了你為得到祂的答覆而必須提出的問題?
你已經聽到答覆了,只是你誤解了問題之所在。你還以為請求
聖靈指引,無異於任人宰割。

如果我們內心認定上主的旨意和自己的意願是兩回事,那
麼當我們向聖靈求助時,必會感到自己既然有求於祂,只好任
祂宰割了。其實,「祈求聖靈」的真正含義,無非是請祂幫助
我們化解小我思想體系罷了。因為整個世界、形形色色的人
物,以及層出不窮的問題都是從這兒冒出來的,因此,我們必

須把問題帶回心靈的層次，而聖靈也只會從那兒答覆我們。請記得，我們真正的問題並不是癌症、愛滋病或是愈來愈少的銀行存款，而是我們自認為和生命根源已經天人永隔了。我們始終誤解了問題，我們真正該問自己的是：「我究竟是要問題，還是要答覆？」如果看清了這一點，結論自然不言而喻，因為只有「救贖」才答覆得了我們的問題——救贖原則告訴我們，上主的聖愛從不向我們索取代價。事實上，我們既「有」這個聖愛，也「是」這個聖愛，除此之外，我們一無所有，也一無所是，這才是終極真相。耶穌向我們保證，這部課程能答覆我們的問題，但我們必須按照他的指示去做，才能心安無愧地接受他的援助，在靈修的路上，逐漸從孩童期步向成人階段，最後安返家園。

孩童的比喻

接下來，我們要探討一下「靈性孩童」的觀念。《奇蹟課程》一直設法讓我們意識到自己的**無知**，承認自己只是一個幼稚的小孩。不過，課程所說的小孩，並非世人所美化的天真無邪，而是指他們需要成人的指點才可能看清世界的真相。我在第八章已經提過，整部課程經常將我們比擬為小孩、幼童，甚至是嬰兒（T-4.II.5:2~3;T-22.I.6:3~7），言下之意，在靈性的道路上，我們簡直就是剛剛誕生的小貝比，從來就算不上是成人

（T-19.IV. 三 .9:3;10:4）。

(VIII.2:1~3) 福音要你變得像個孩子一樣。因小孩會承認自己不懂所看到的事物而願意向大人請教。切莫誤以為你了解自己眼前的事物，它的意義對你其實早已失落了。

我們非常傲慢，認為自己知道世界是怎麼一回事，還知道它們的前因後果，耶穌才會如此點出我們的無知。最明顯的傲慢無知，莫過於我們如此信任自己的感官在面對外界時所產生的知見。事實上，我們一切的所知所見，充其量只是心靈根據身體的感知所作的詮釋而已（M-17.4）。這就是「投射形成知見」的道理，一切都取決於心靈，端視它聽信了哪位老師而定。我們若非追隨聖靈，就是聽從小我的指引，其結果，不是慧見就是判斷，不是寬恕便是攻擊，若非共同福祉便是個別利益。問題出在我們根本意識不到心靈的存在，所以根本談不上發揮它的抉擇能力，這樣的我們，怎麼可能了解眼前世界的真相！讓我們在此插入第六節有關知見的一段解說，然後再回到第八節的討論。

(VI.2:5~6) 人們常混清了知見的意義，因為「知見」可以理解為覺知，也可理解為你對覺知的詮釋。沒有詮釋，你無法意識到它，你所察覺得到的其實只是你的詮釋。

這一段有關「知見」的論述原是針對心理學而發的。我們已經說過，自己的所知所見並非感官回報的第一手資料，而是內心對此信息的詮釋。比方說，我們的肉眼若看到一個舉起

的拳頭，或聽到憤怒的聲音，乃至於聽說有人開槍或投彈，我
們的腦神經立馬將它們詮釋成攻擊行為，出自邪惡或是有罪的
心念，理當加以制裁或懲罰。但真相是，仍有另一種角度來詮
釋這些行為，例如聖靈會把這些攻擊詮釋為恐懼的反射動作，
因它感到有人剝奪了它應得到的愛（第十二章還會深入這一主
題）。總之，人間的知見不可能是「客觀」的，我們的所知所
見永遠受制於詮釋，而詮釋若非來自小我，就是聖靈。我們如
何選擇詮釋系統，便左右了自己的反應方式，這跟外在世界究
竟發生了什麼事，其實沒有任何關係。

　　為此之故，耶穌才會說我們全是不懂事的孩子。但我們又
不是一般意義上的小孩，因為在生理上，我們已經是成人了，
傲慢地認為自己知道世界是怎麼一回事，面對攻擊，我們理應
以眼還眼，以牙還牙。正因如此，我們才需要這部課程以及明
師的帶領，幫助我們鍛鍊出另一種看待事物的眼光。現在，我
們回到先前討論的第八節第二段：

**(VIII.2:4~5) 幸好聖靈為你保存了它的意義，只要你接受他的
詮釋，他就能把你先前拋棄的再度奉還給你。但你若認為自己
明白其中深意，自然不覺得有請教他的必要了。**

　　耶穌雖然沒有明講，但他顯然在勸告我們承認自己的無
知。就以人際關係為例，我們根本說不清究竟哪裡出了狀況，
可是小我卻會振振有詞，認為自己知道原因。希臘德爾菲的神
諭曾推崇蘇格拉底是希臘最有智慧的人；而蘇格拉底接受這一

榮譽的理由竟然是：他知道自己的無知。相較之下，世間推崇的智者常常自以為知道，其實根本一無所知。承認自己的認知能力有限，我們才可能轉向真正「知道」的那一位請益；這麼一轉，人心內根深柢固的「主權問題」也就迎刃而解了。否則，我們面對權威時必會堅持自己的想法是對的，總覺得那些權威存心阻撓我們去做自己想做的事，讓我們活不出理想中的自己。真正的「明白人」在面對衝突時，則能看出雙方都同等神智不清，同樣需要協助。如果我們足夠謙虛，首先會自我負責，正視**自己**神智不清的一面，願意放下所有的判斷，祈求指引，這樣，衝突便無以為繼了。若真能如此，我們曾幾何時自甘放棄的純潔自性，便會再度返回聖子的心中了。

(VIII.3:1~3) **你並不知道自己所見事物的意義。你的想法沒有一個是徹底真實的。承認這一點，表示你已安穩地踏出了第一步。**

對大多數人而言，沒有比這說法更侮辱人了。耶穌在這兒直截了當地告訴我們，我們的想法沒有一個是真實的，因為我們對世間萬事萬物的看法都離不開小我的成分。《奇蹟課程》呼籲我們，徹底扭轉自己對世界的看法，然而除非我們真的有心改變，還願誠心求助，否則我們是轉不過來的。若非切身感受到自己的人生觀以及生活方式全盤錯誤，我們也不可能下定決心扭轉眼光。因為在小我的眼裡，世界是為了滿足自己的特殊需求而存在的，這讓所有其他的人都成了一己特殊需求的潛

在敵人，遲早會對我們下重手的。究竟說來，肉眼之見之所以
絕對不可能正確，其原因無非是：每個東西在我們眼中都成了
外在的客體，掩蓋了「世界乃是自心的投射」這一事實。所有
的知見只可能始於心靈，也終於心靈，因為**觀念離不開它的源
頭**。認出這一真相，我們才算踏上了歸鄉之途。

(VIII.3:4) 你並沒有被誰誤導，因你從不接受任何指導。

　　言下之意，小我其實說不上是誤導我們，因它自己都瘋狂
到這種地步，怎麼有資格指導我們？它到底能給出什麼樣的指
引，無非是指點我們如何找出別人的錯，怪罪他們，卻從不要
求我們為自己的感覺和反應負起責任，更不容許我們看清這一
切原來都始於自己的抉擇者之決定。真正的指引只可能來自聖
靈，祂用奇蹟將我們引回心內，讓我們有機會重新選擇。

**(VIII.3:5~8) 你最需要的就是學習如何去看事情，因為你真的
什麼都不懂。認清這一點，但不必接受它為事實，因為「了
解」原是你的天賦能力。知見都是後天學來的，而那位「聖
師」從來沒在你生命中缺席過。你向祂學習的願心有多大，就
看你有意質問自己後天所學的那一套的意願有多強；已經陷入
學習偏差的你，不能再師心自用了。**

　　耶穌再次叮嚀我們，承認自己的無知是如此的重要。他在
其他地方也說過，我們自以為是的那一套，全是基於過去的經
驗，而那些經驗又是透過小我**非此即彼**的濾鏡。在這個前
提下，世界不可能不變成戰場，世間萬物永遠陷於衝突對立，

永遠只有一個贏家。我們若對自己的知見如此執迷不悟，怎麼可能向耶穌請益？故我們真的需要學習質疑心內的每個想法。可以說，這一段話是在為第二十四章這一句話鋪路：「要學習本課程，你必須自願反問內心所珍惜的每一個價值觀。」（T-24.in.2:1~2）

耶穌希望我們虛心一點，承認自己需要明師的指引，不要再傲慢逞能了，因為我們就是認自己為師，才淪落到目前這麼不堪的處境。唯有徹底扭轉這種傲慢心態，才可能把小我「**非此即彼**」的價值觀轉成聖靈的「**不是一起……就根本沒有**」的慧見，這種慧見純粹著眼於聖子普遍共享的同一性。也就是說，所有聖子既擁有同一小我，也有同一聖靈，而且在這兩套思想體系之間，擁有同一自由選擇的能力。

(VIII.4) 只有你能隱瞞自己的真相。上主絕不會拒絕答覆你的問題。現在就向祂要回你與生俱來的權利吧，那可不是你打造得出來的，切莫為了保護自己而故意抵制真相。上主早已答覆了你自己造出的問題。因此，你只需簡單地反問自己：

我究竟是要問題，還是要答覆？

你若選擇答覆，就必會獲得答覆的；你不只會看清它的真相，還會認出原來自己早已擁有它了。

值得再三重申：我們最大的問題，就是自認為知道自己的問題何在。耶穌有次跟海倫說，當她請求耶穌幫忙解決某個問

題時，那個問題本身的具體性已經限制了耶穌的答覆。因為海倫一旦界定了問題的屬性，就等於限制了耶穌的愛，將他的答覆限縮在海倫能夠應付的範圍內。不管我們自認為有多少問題，但真正的問題只有一個，即堅信自己和他人是兩個不同的個體，而耶穌的答覆根本不是針對個體說的。切莫忘記這一真相：只有一個問題（即分裂），也只有一個解決辦法（即救贖）。

我們之所以把目光盯在有形的問題，其實是企圖掩飾真正問題之所在，亦即心靈選擇了小我的那個錯誤決定。呈現於外在的問題，不過是那個決定所遺留的破碎陰影而已。故我們需要耶穌的指點，將我們領回心靈作出選擇的那個關鍵點上。唯有進入這一深度，我們才會意識到，自己的所知所見、所作所為，原來都在為小我的陰謀推波助瀾，故意讓問題得不到解決。一旦把問題投射到世界，我們便不可能不受知見的誤導而把它們當真。如今，我們終於懂得如何祈求耶穌「真正答覆」我們的「真正問題」了，耶穌的答覆就是寬恕，但那個寬恕並非個人所有，而是在每個人心內。

(VIII.13:1~3) 當孩子以為自己看到了恐怖的鬼魂、怪獸或恐龍時，當然會嚇得半死。如果他們能向自己信任的大人請教這些東西的意義，而且願意放下自己的看法而接受真相的話，他們的恐懼立刻化為烏有。只要有人幫這孩子解釋一下：他看到的「鬼魂」原是窗簾，「怪獸」原是陰影，「恐龍」不過是夢中魅

影，他就不再害怕了，甚至開心地嘲笑自己膽小。

　　就像孩童一樣，我們也時常感到四周充斥著妖魔鬼怪，群龍飛舞，只是我們會給它們安上更花俏的名稱而已。比如說，國家元首會把敵人稱為邪惡的撒旦，一般百姓把企圖傷害自己的人稱為惡貫滿盈的壞人；這些牛鬼蛇神似乎每天圍繞在我們身邊。如今，儘管這些恐怖見證仍歷歷在目，自己內心總算明白了，外在所見之物不過是內在恐懼的投影而已。它的源頭可以追溯至心內根深柢固的信念：我們和上主結了不共戴天之仇，因為我們篡奪了祂的無上權威。幸好，這種想法純屬虛構，我們在外界看到的怪獸其實並不可怕，連心內浮現的罪咎魅影也不足為懼；無論是身體或心靈層面的妄見或幻影，全是我們為了懲罰自己而編造出來的故事。

　　耶穌在此安慰我們：「我要幫你看清，你之所以打造出這個鬼影幢幢的世界，只因你深信自己的個體身分是從上主那兒硬搶過來的。」結果這個獨特的我並未如願地帶給自己幸福或平安，因為我們認為，別人也一定會以其道還治其人，奪走我們由上主那兒盜取來的寶貝。耶穌很希望我們這群不懂事的弟妹跟著他往心內看去，逐漸看清外在一切不過是「投射形成知見」所形成的幻影罷了。他好似對我們說：「我是你的長兄，如此深愛著你，我願教你看出世上每一個人和你都困在同一條破船上，苦海求生。讓我教你用另一種眼光看待世界，寬恕世界；讓我教你如何一笑置之，來化解你所有的恐懼煩惱吧！」

如何去看

　　在進入「看」的老話題之前，讓我們重溫一遍先前引用過的「導言」，它再三叮嚀，「重新去看」外在黑暗時，關鍵在於看出那只是陰暗內心的投影。唯有在耶穌慈愛的光照下，我們才會恍然大悟，漆黑的夜幕下並沒有一個虎視眈眈的怪獸。我們以前自認為看到的一切，根本稱不上是「看」，充其量不過是瘋狂心靈產生的錯覺妄想罷了。事實上，那兒真的沒什麼可看的，更不值得我們的回應或投射。

(In.3:5~7) 你愈接近小我思想體系的根基，一路愈顯得晦暗陰森。然而，你心中那一點星星之火，足以驅除它的黑暗。為此，一無所懼地與光明同行吧！勇敢地舉起光明火炬，照亮小我思想體系的巢穴。

　　顯然的，《奇蹟課程》就是要教導我們憶起那一點星星之火，它象徵著上主聖愛的記憶、基督的慧見或聖靈的臨在，這一點亮光顯示我們終於願意向自己的正念之心求助了。《奇蹟課程》要我們透過祂們的慧眼去看世界，目的是要我們明白，眼前這個世界之所以顯得如此真實，只因我們如此較真地與它互動；它其實只是心靈那個決定所投射的倒影而已。第二十一章說得更言簡意賅：「它是……描述你內心狀態的外在表相。」（T-21.in.1:5）我們一旦把注意的焦點由外界轉向內心，開始正視小我的思想體系，便會恍然大悟，原來那純粹是一個

錯覺，確實沒什麼好怕的。但捨棄小我並非一朝一夕的事，因為人心有一層更深的隱憂：我們若真的改變了舊有知見，心目中那個「我」豈不失去立足之地？為此，耶穌才會一邊鼓勵一邊安撫我們：「往內看時，眼光放溫柔一點，切莫自我評判。」〈練習手冊〉也說：「寬恕是寧靜的，默默地一無所作。……它只是觀看、等待、不評判。」（W-PII.一.4:1,3）

(In.3:8~10) 你必須心甘情願地對小我作出徹底誠實的評判。揭開它恐怖的老巢，將它帶入光明之中。唯有如此，你才會看清它荒謬無稽的底細，你一直害怕的那一切原來只是子虛烏有。

「對小我作出徹底誠實的評判」，與「和耶穌一起正視」是同一意思；唯有如此，我們才不會以過去的經驗評判自己，因而受制於自己的特殊渴望。小我虛構出來的主權問題，可說是一切判斷的源頭，我們若能意識到主權問題純粹是無中生有，目的只是為了逃避上主的義怒才決定從心靈撤退而藏身於世界的。一旦了解箇中原委，我們便不難明白，為什麼人類窮盡畢生之力，想在世上尋得平安幸福，讓自己舒舒服服地廝混下去了，原來是小我要我們替它完成這保命計畫，令我們將一生的注意力全放在身體與世界，永久失心下去。

(In.4) 我的弟兄，你是上主的一部分，也是我的一部分。當你有朝一日不再畏縮，敢於正視小我的老巢時，你也會看到我們立足的根基。我從天父那兒來到你這裡，再次將所有一切送還給你。不要為了掩飾小我的陰暗基地而拒絕我的禮物，小我沒

有保護或拯救你的能耐。我為你點亮了明燈，且伴你同行。你再也不會踽踽獨行於人生旅途了。我會把你領到真正的天父那裡，祂如我一樣需要你。你豈能不載欣載奔地答覆愛的呼喚？

為何會「載欣載奔地答覆愛的呼喚」？因為我們欣然領悟，這充滿攻擊及失落的人間噩夢看起來如此真實，竟然只是自己作的一場噩夢而已。關鍵在於「不要為了掩飾小我的陰暗基地而拒絕我的禮物」。我們不敢面對問題，等於拒絕接受耶穌的禮物。世界存在的目的本來就是要把罪咎埋藏在心靈深處，假裝它不存在了。凡是不敢正視心內罪咎的人，會本能地將它投射到他人身上。耶穌為了抵消這個投射，送給我們他的慧見光明，幫我們越過身體的特殊性，直搗心內的罪咎，從而看清罪咎的背後就是愛。愛，始終在那兒等著領我們回家。

接下來，我們再度進入「小我的運作模式」這一節。針對「如何和耶穌一起正視小我的黑暗」，整部課程裡沒有比這一節的前兩段說得更透徹的了。我們若想活得喜悅、幸福、平安，正視小我的黑暗乃是必經的階段。

(V.1:1) 不願正視幻相的人，必然受制於幻相；因為「不願面對」本身即是對幻相的一種保護。

因著投射的作用，外在的世界顯得真實無比；一旦把世界當真，分裂幻境、罪咎懼以及與上主的主權之爭，全都被埋到心靈的底層，再也意識不到它們的存在。從此，我們更加相信自己的所知所見，不再追究自己心內究竟發生了什麼事情。也

就是說，幻覺一旦弄假成真，我們便受困其中而感到插翅難飛了，因為我們無從識破它們的虛幻，甚至記不得自己當初是怎麼把它們弄假成真的。

(V.1:2~3) 你無需逃避幻相，因它傷害不了你。我們一起深入探討小我思想體系的時刻到了，只要我們同心協力，這盞明燈便足以驅散小我的陰影；你既已明白，小我並非你之所願，表示你已準備妥當了。

小我的噩夢其實並不可怕，因為它沒有左右我們的能力；真正可怕的，是我們對這些幻相深信不疑。小我的黑暗，本質上如此虛無，因此，我們無需費心地與它周旋，但我們必須如實看待自己對黑暗的信念。要知道，僅憑自己，是解除不了小我的黑暗幻相的，故《奇蹟課程》教我們「和耶穌一起去看」，意思就是將小我的黑暗帶進耶穌的光明；黑暗一跟溫柔的真理之光照面，只能遁形而去。

(V.1:4~6) 讓我們平心靜氣、誠誠實實地正視一下真相。我們會在「小我的運作模式」這一課深入一段時間，只因你已將它弄假成真了，若想超越過去，不能不先正視它的存在。讓我們靜靜地一起化解這一錯誤，方能越過錯誤而一睹真相。

耶穌在此特別向我們說明，雖然小我只是子虛烏有，他仍有必要多談一下小我。特別是有些學員曾發出抗議：「過度關注小我，豈不是又把小我弄假成真了嗎？」殊不知，正因**他們**對小我的恐懼，不敢直視小我，反倒把小我弄假成真了。為

此，耶穌才會把小我說成某樣東西似的，要我們和他好好地檢
視一番。唯有把小我看得透透徹徹，才可能發現它背後隱藏的
光明。當救贖之光照亮了妄念之心的黑暗，黑暗便消失於無形
了。說真的，我們若故意對黑暗視若無睹，是不可能看到它背
後的真理之光的。這是必經的過程，萬萬不可省略，因為問題
恰恰就出在我們對黑暗的信念。我們若不敢去看，這個信念便
會隱身幕後，肆無忌憚地運作下去，令我們不自覺地認同失心
的身體，從此再也看不清真正的問題不在於小我，而在於我們
對小我的信念。

　　為此，我們可以說《奇蹟課程》是一部揭發小我的課程，
它不要我們否定小我的存在，也不希望我們替小我披上神聖的
外衣。但我們必須先對黑暗的世界感到痛心疾首，徹底失望，
才會真心說出：「一定還有另一條出路才對！」這另一條出路
就是和耶穌一起正視小我的內幕。必須提醒一下，缺少了耶穌
的陪伴，我們是無法正視小我的，因為與耶穌的愛結合，這個
合一經驗本身便足以化解小我的分裂信念。不要忘了，小我要
你相信自己和愛已經徹底決裂，這成了人間所有恐懼和仇恨的
禍源。

(V.2:1~2) 療癒之道無他，只需清除擋在真知之前的種種障礙。
除非你能直接面對幻相，不再袒護，你才驅除得了它們。

　　看！耶穌說得再清楚不過了！「驅除幻覺」可說是所有靈
修的核心，唯一的途徑就是誠實面對；但這個「面對」並非要

你著眼於小我投射出來的倒影世界，而是直探幻相的源頭，也就是心靈刻意要把幻覺弄假成真的那個決定。唯有如此，才有驅除幻覺的可能。換句話說，真理不需要你證實，也不待你尋找，小我也不勞你煩心；無論是小我或聖靈，都不是問題之所在，也不是答案之所在。問題及答案全繫於心靈的抉擇者，是它決定相信小我，才讓我們一睡不醒，無法從夢中醒來。故只要撤換內在導師，所有問題便迎刃而解，這才是療癒的真諦。

(V.2:3,8~9) **即使你一眼看到恐懼之源，也切莫害怕，因你已明白，那恐懼其實虛幻無比。……因此，不要害怕正視恐懼，因為你不會真正看到它的。所謂「明朗化」，顧名思義，就是解除混淆而已；只要你能透過光明去看，你便已驅逐了黑暗。**

「和耶穌一起正視小我」，這個觀念足以概括整部的《奇蹟課程》。隨後幾章，耶穌還會繼續揭發人心深處所埋藏的險惡及醜陋，然而，他最終的目的是要我們意識到這一切的虛幻性。至此，耶穌尚未推出他的壓軸大戲——特殊關係呢！（那可說是小我防衛機制的大本營），他在此預先給我們一張寬恕的藍圖，即是和他一起正視黑暗。唯有如此，救贖的光明才驅除得了小我的罪咎懼，以及靠攻擊而打造出來的世界。

寬恕能在人間反映出天堂的一體境界，這是本章為我們提供的重要信息。在深入寬恕的內涵之前，讓我們先好好領會生命的一體本質。

一體生命

(I.11:8) **上主的旨意就是：聖子只有一個生命，而且與上主生命一體不分。**

「合一與一體的觀念」（T-25.I.7:1）超乎我們的理解，因為那種境界超越了人類的認知範疇；畢竟，二元世界是無法理解一體境界的。幸好，我們能從它的**倒影**一窺其妙。耶穌是這麼說的：

(II.1:3~6) **上主之子同時擁有天父與聖子，因為他本身就是天父與聖子。將你之「所有」與你之「所是」合而為一，就等於將你的意願與上主旨意合而為一，因為你原是祂之所願。祂也是你之所願，等到你徹底了解祂，自然知道只有一個旨意存在。你若攻擊上主及天國的任何一部分，表示你對此真相的了解不足，因而失落了自己真心所願之物。**

我們說過，「我有」與「我是」是同一回事。我們**擁有**上主的愛，因為我們**就是**上主的愛，只因上主本體境界是沒有分裂或差異的。一體的本質就是**一**：一個上主，一個聖子，一個旨意。但是在幻境中，要如何看出這一真相的倒影呢？這就是耶穌教誨的本意，讓我們從紛紜的**眾生相**中看出聖子共有的**同一內涵**。天堂的一體境界就如此反映在聖子的同一生命內涵上（同一個小我或妄心，同一個聖靈或正心，以及同一個抉擇者）。至此，我們不難明白，為何小我一直慫恿我們判斷或攻

擊了，因為唯有如此才能凸顯出你我之別，以及自己的特殊性，並將聖子與生俱來的同一性打入暗無天日的地牢裡。

(V.12:1~4) **上主對你的依賴，一如你對祂的依賴，因為祂的自主權涵括了你的自主權，你一旦失去了自主權，上主的自主權也不再圓滿無缺。唯有與上主認同，你才可能恢復自主權，並完成你永存於真理內的任務。小我相信唯有完成它的目標，才有幸福可言。但上主卻要你知道，你具有祂所有的能力，離開了你們的聯合願力，幸福也不復存在。**

只有在二元的世界中，上主才會顯得「不再圓滿」。請注意，所謂的「不再圓滿」，不過是耶穌為了遷就我們二元世界的認知限度，又一次採取的權宜之說，其內涵仍遙指那一體不二的真理之境。他真正要說的是，小我的自主權必然是個幻覺，否則上主便稱不上圓滿了。究竟說來，唯有在上主的圓滿一體之境，才有真實的「自主權」可言，因為天堂的唯一旨意必然包含了聖子；也只有從這個角度，我們才能說，上主和聖子存有某種「依存」的關係。事實上，祂們根本**不分彼此**，唯有在這「聯合願力」中，才有幸福喜悅可言。當然，那種永恆的喜悅，和人間的幸福不可同日而語。

(V.13:1) **小我善於分析；聖靈只是接納。**

分析是小我的拿手本領，它企圖搞清世界是怎麼一回事，目的是要把分裂的幻相弄假成真。聖靈則恰好相反，祂只承認聖子的一體真相，同時教我們接受這一事實。請注意，「和耶

穌一同正視小我」，並不是要我們打垮小我，而是教導我們在
看清小我的目的之後，不再對它言聽計從；這就表示我們已經
選擇了救贖。

　　「小我善於分析，聖靈只是接納」，這句震聲發聵的話完
全可以套用在我們虛幻的人生上，因為我們不只自恃了解世界
是怎麼一回事，還認為有能力分辨出事情的輕重緩急。聖靈則
不然，祂教導我們接受自己所寫的人生劇本，一邊去活，一邊
意識到每天發生什麼事並不重要，關鍵在於我們應付那些事件
的心態。我們不是選擇判斷就是選擇慧見，不是選擇攻擊就是
選擇寬恕，不是選擇肉體的生老病死就是選擇心靈的療癒。換
句話說，小我醉心於分析，這必然助長了個體性的氣焰，令我
們在世界愈陷愈深；聖靈則抱持接受的心態，將我們領回心靈
打造出世界的那個原點，讓我們得以重新選擇，不再把世事看
得那麼嚴重；如此，對於相信自己可能從終極源頭獨立出去的
那個無稽之念，我們便能一笑置之了（T-27.VIII.6）。

(V.13:2~3) **唯有接納的心方能欣賞圓滿之美，而分析卻意味著
支解或分裂。想用支解的方式來了解整體，充分道出了小我那
種「適得其反」的典型解決方案。**

　　解析每一部分是不足以了解整體的。唯有毫不保留地寬恕
聖子奧體的每一部分，我們才可能認出那一整體的不可分割
性。我們若想讓寬恕充分發揮療癒的大能，這個寬恕必須包含
聖子奧體**所有**的部分才行。我們不可能透過聖子奧體的某一份

子的某種特質來了解聖子的生命真相的（這就是小我那種「適得其反」的手法），聖靈則不然，祂教導我們如何在狀似互不相干的每一個個體身上，認出聖子奧體的一體本質，認出我們與生俱來的同一心靈——這個知見可說是我們從破碎邁向圓滿、從分裂邁向完整的一塊墊腳石。

(V.13:4~6) **小我相信分裂能夠給人力量、理解及真相，為了鞏固這一信念，它必須發動攻擊。小我毫不自覺這種信念是難以自圓其說的，它死心塌地相信分裂就是救恩，而它的攻擊手段就是把自己所見到的一切都支解為互不相干、沒有連結的碎片，自然顯不出任何的意義。以混亂無序來取代存在意義，是小我的一貫伎倆，然則，分裂若是救恩，和諧就成了威脅。**

這一段話將我們領入了寬恕之門。小我是不甘接受聖子奧體的完整性的，它酷愛解析判斷，然後分別取捨。我們的判斷尺度每天、每週、每月、每年都有所不同，甚至轉眼就變，端視對方有沒有滿足我的特殊需求。唯有聖靈知道如何修正這一錯誤，因祂只著眼於整體的真相；祂教導我們接受聖子奧體不可分割性的本質，也就是接受「分裂不曾發生過」的事實。在聖靈的薰陶下，我們逐漸明白，只有神智失常的人才會相信，人們在生命內涵上有所謂的優劣高低，某些生命更值得我們禮遇或愛慕，而某些生命則理當懲罰或痛恨。我們常把世界分為「我方」以及「對方」，哪些人是我們的利益共同體，哪些則不是。在小我「**非此即彼**」的原則下，我們相信自己若想活得

幸福平安或安然無虞，其他人需要為此付出代價才行。於是分裂勢力在世上大行其道，一體之境只好退下，耐心等候著心靈作出寬恕的決定。

寬　恕

(III.7:8) 那群陰森夥伴若還在你身邊打轉，你是不可能進入上主之境的；但是，你也不可能獨自進入那裡。

　　我們先前說過，所謂的「那群陰森夥伴」，就是小我思想體系裡的罪咎、判斷和怨恨等陰魂，只要它們「還在身邊打轉」，我們是不可能回到上主那兒的。唯有和弟兄同行（尤其是我們的陰森夥伴想要除之而後快的那群弟兄），我們才可能「一起消失於隱身在面紗之後的神聖『臨在』中」（T-19. IV. 四.19:1）。切莫忘記，「目的」才是一切問題的核心，我們之所以情不自禁地批判和攻擊，最終目的不過是為了守住自己的分裂夢境，不讓愛進入心內罷了。

(III.7:9~10) 所有的弟兄必須與你一起進入才行；在你接納他們以前，你仍不得其門而入。你必須先恢復完整，才可能了解那圓滿之境；而知道自己的圓滿天父之人，是不可能排斥任何一位聖子的。

　　這類說法我們早已耳熟能詳了，它是〈正文〉交響曲最常出現的一個主旋律：只要內心還企圖把任何一人剔除於一體生命之外，我們是不可能認出自己的聖子身分的。相形之下，瘋狂世界另有一套截然不同的運作模式，它建立在「**非此即彼**」的原則上，堅稱我們若想活得平安幸福，必須有人為此付出代價。在世人眼裡，這是平安必備的先決條件。為此，我們的當務之急，乃是誠實地反觀自己在日常生活如何演出這類特殊性戲碼的；畢竟，我們心中有數，自己確實沒有把每個人都視之如己。要知道，耶穌並非要我們在行為層次隨時隨地跟所有人稱兄道弟，他只是教我們培養不排擠、不評斷的心態，不定罪任何一位弟兄；也唯有這種寬恕，才可能欣然反映出上主之子完整無缺的生命真相。

　　說到這裡，我們又回到了「目的」這一主題了。小我深恐我們回歸圓滿的上主，故設法讓我們死抓著分裂及差異的觀念不放。這是另一種形式的特殊性；只要驅逐一位弟兄，我這個體生命便與一體之境絕緣，小我便高枕無憂了。請看，這就是我們建立特殊關係的目的——鞏固特殊的我，以逃避圓滿天堂的無形威脅。

　　接下來這幾段奇蹟引言，精闢地點出了《奇蹟課程》寬恕法門的精魂：

(IV.3:1) 你的平安依恃的正是願力的無限本質。

　　「無限」乃是平安的本質，故聖子奧體內不可能只有一部分享有平安，而另一部分卻活得不平安。世界所有的戰爭，不論發生於過去、現在或未來，都是建立在「平安是有代價的」這個錯誤前提；這個前提之所以錯誤，是因為任何衝突的結局必然有輸贏勝負。確實，小我的世界就是從輸贏勝負的較勁中誕生的，它的存在證明自己打敗了那「決心懲罰罪孽深重的聖子」之天父。上主和聖子的無限聖愛便被這瘋狂的分裂信念扭曲成一種有限的愛，活生生地映現於世間所有的人際關係。

(IV.3:2) 你一旦限制自己所給的平安，你的自性就會變得晦暗不明。

　　我們的自性既然是從上主的平安一體之境創生出來的，便沒有任何力量足以將它支解為碎片。平安永遠是圓滿的「一」，和基督一般圓滿。我要再次點出這句話所指涉的「目的」論。我們之所以放縱自己耽溺於有形有相又有條件的人際關係，不正是為了避免自己憶起無限的自性？這可說是小我最高明的防禦戰術了。

(IV.3:3~4) 每一座上主祭壇都是你生命的一部分，因為祂創造的光明與祂自己是同一生命。你豈能將弟兄由自己的光明中剔出？

　　不幸的是，我們都在幹這檔子事，然後為自己的攻擊找尋藉口，證明自己無辜，甚至為自己所遭受的不公待遇而暗自竊喜；這樣一來，我們便能理直氣壯地將那一群人剔除於「自己

的光明」之外，並且聲稱他們咎由自取，因為是他們先發動攻擊，自絕於光明之境的。耶穌在此卻提醒我們，這種判斷之念不只驅逐了弟兄，還會把自己驅逐於天國之外，所有人也都將一併落入個體性與分裂性的地獄裡。

(IV.3:5) 你絕不會如此的，因你明白，那只會蒙蔽了你的心靈。

　　沒有任何人活在我們心靈之外；只要有一人被剔除在基督光明之外，表示我們自己也與光明無緣了，因為**投射形成知見**。我們在外面看到的究竟是黑暗或是光明，便反映出自己在心內到底看到了黑暗或是光明。耶穌要我們誠實地觀照自己，若是心內起了一個判斷之念，不論多麼微不足道，仍要盡快打住，並且反問自己：「我會為這種事情而定自己的罪嗎？」（W-134.9:3）這位長兄好似在說，只因我們害怕失落那屬於自己的黑暗陰府，所以一心把自己踢出光明之外，於是費盡心思尋找代罪羔羊來替自己付出代價。正因如此，我們當初才會打造出一個善惡對立、誰有罪誰無罪的世界。善的一方當然是特殊之我，應獲獎勵；惡的一方肯定是特殊的敵人，理當受罰。他們既不配活在自由光明內，也沒資格擁有真正的信仰，或是其他我們尊崇的價值。而我們分別判斷的知見，則為此提供了天衣無縫的偽證，將那一批「惡人」排除於自己信仰的天國之外，徹底忘卻這是自己的心靈所作的選擇，使得聖靈的修正或寬恕無緣進入我們的心中。

(IV.3:6~7) 當你領他回家之際，你也一起回家了。這就是上主

為了保護聖子生命的完整而訂的天律。

　　當所有的弟兄都能經由我這個管道而同霑共同福祉的奇蹟恩典時，自己的心靈必然也隨之療癒了，如此，我們便能再度攜手同返家園。上主一體之愛的天律，便會在寬恕與平安打造的幸福美夢裡默默地運作。

(IV.4:1) 只有你才剝削得了自己。

　　這類觀念反覆出現於奇蹟交響樂中，僅憑這一句真理之言，便足以解除心靈所有的投射。沒有人剝奪得了上主的平安；除非我的心靈作出錯誤的選擇，自甘與小我認同。直到這錯誤的知見接受了修正，罪咎的問題落回心靈層次，真正的寬恕便開始了。

(IV.4:2~3) 不要抵制這句話的深意，因為它確是光明來臨前的一線曙光。你只需記得，小我會以千奇百怪的方式抵制這一單純事實，你必須學習辨認它的伎倆，而且抵制到底，絕不讓步。

　　這段話又將我們帶回「正視小我」的主題。**只有我們剝削得了自己**，沒有比這更一針見血的救恩真理了。我們不妨好好正視自己暗地裡是怎麼否認這一真理的，比方說，我們會設法將某一群人剔除於聖子奧體之外，否認他們也屬於光明的一部分，然後責怪他們害得自己也感受不到光明。我們必須把小我這種防禦機制看個透徹，若不去面對，等於縱容小我坐大。這

也解釋了為什麼我們常會陷於特殊關係而難以脫身，因為那是讓我們意識不到心靈決定的最好藉口。除此之外，我們還需特別儆醒，自己在操練課程時，是否不自覺地迴避某類特殊性念頭。至此，我們終於明白為何耶穌如此看重「沒有例外」這個原則——它是寬恕交響曲絕對不可或缺的一個重要元素。

(IV.4:4~6) 這是你覺悟最關鍵的一步。這一逆轉過程，在入門階段通常會苦不堪言，因為當指責的箭頭自外收回時，極容易向內轉為自責。乍看之下，還真不易看穿兩者原是同一回事，不論向內自責或對外指責，其實毫無差別。

當我們逐漸明白了，敵人確實不在外面，真正有罪的不是他們。這時，我們一定會十分驚恐，頓失所據。〈練習手冊〉曾發出預警：「看清真相的這一刻也許很可怕。」（W-170.8:1）我們不只看清自己原來是為了逃避啃噬心靈的罪咎感才打造出這麼一個草木皆兵的世界，進而意識到他人也不是罪魁禍首，真正害得我們寢食難安且痛苦萬分的元兇竟是自己。總而言之，外面沒有敵人，一切都是自作自受。到了這一地步，我們很可能回頭投靠「罪、咎、懼、怨恨以及死亡」那一群「陰森的夥伴」，尋求慰藉。說到究竟，心內與心外是同一回事，「對外指責」或「向內自責」其實也毫無差別。海倫有一首詩開篇第一句話：「平安籠罩著你，沒有內外之分。」（《天恩詩集》／暫譯 P.73）我們也能如此說：罪咎籠罩著我，沒有內外之分；因為不論我們在心內看到的是咎或是愛，也必

會在外面經驗到咎或是愛的。這又回到「投射形成知見」的基本原理了。

(IV.5:1) 你的弟兄既是你的一部分，你若指責他們剝削了你，無異於指責自己。

　　言下之意，外面沒有別人！我們再度體會出，若不真正了解奇蹟的形上原理，是不可能讀懂這部課程的。世界以及自己的悲慘處境，全是自己一手打造出來的，目的就是要把心內的邪惡之輩推到外面。小我要我們相信，這些惡棍才是「邪魔、黑暗與罪惡的淵藪」（W-93.1:1），絕對不是我。然而基於「觀念離不開它的源頭」，不論我們投射出多少分裂的聖子，也不論我們多麼想跟他們劃清界線，他們始終存在我們心內。為此，我們對他人的控訴其實是另一種形式的自我控訴。如果我們認同小我所說的「觀念**能夠**離開它的源頭」，那麼，人間的控訴習性便永無化解之日了。

(IV.5:2~3) 你也不可能只指責自己而不同時指責他人的。這就是為什麼你必須先根除指責的習性，不論何處都不再著眼於此。

　　唯有將自己的罪咎帶回心內，誠實地面對，我們才可能撤除自我指責；我們終於看清問題不在外邊，自然不會再口誅筆伐或趕盡殺絕了。無論人們表面上做了什麼，邪惡之輩絕不是他們，而是自己。之所以這麼說，因為活在這人間的正是我們自己，也只有自認為犯下滔天大罪的人才可能投胎到這

個世界。難怪世間的人無所不用其極地否認內心的罪惡感,戴上純潔無罪的面具,證明自己才是正義之士,以此反襯出世上所有人對我都構成了威脅。可還記得海倫的詩句「沒有內外之分」?所以我們只能在別人身上寬恕**自己**所做的(卻投射到別人身上)的罪行。唯有撤除自己對他人的指責,我們才解除得了內在的自我控訴。

(IV.5:4~6) 指責的箭頭一旦轉向自己,你便無法得知自己的真相了,因為歸咎他人正是小我的看家本領。因此自責也成了小我的獨門絕活,它與歸咎一樣,都屬於小我的防衛措施。只要你一向上主之子發動攻擊,便再也難以進入上主之境了。

只對別人說「我放**你**一馬」,還不夠,我們得同時放**自己**一馬才行。當我們撤回對外的指責箭頭時,很可能把箭頭轉向內而傷到自己;除非我們切身體會到,所有的罪咎不論向外和向內,都是同樣無憑無據,無法成立。一旦看清這一真相,小我與世界的猙獰面目便昭然若揭了,它利用罪咎懼與懲罰來證明分裂已經發生的這套思想體系,也終於攤在陽光下了。

說實話,我們一點也不想進入上主的臨在,因為在那兒,「我」無法立足;唯有攻擊別人,才能顯示我的存在。「只要你一向上主之子發動攻擊,便再也難以進入上主之境了」,這句話指的就是我們曾因主權問題而向上主發動了攻擊,然後諉罪他人,並向造物主告狀:「罪不在我,他們才是你該毀滅或是打入十八層地獄的罪人!」想一想,世上哪個人的心目中沒

有一串該受上天報應的名單？

(IV.5:7~8) **聖子唯有在高聲頌揚造物主之際，才可能聽見那代天父發言的天音。問題是，你不可能只頌揚造物主而不頌揚聖子，因為他們共用同一榮耀，故理當一併接受你的頌揚。**

　　我們又回到了「只有**一個**聖子」的主題了。聖子是一個不可分割的完整生命，天堂的榮耀永遠歸於上主和基督一體不分的生命；只要我們生出攻擊他人或批評自己之念，天堂的圓滿之境便與我們無緣了。

(IV.6:1~2) **基督就在上主祭壇等著歡迎聖子的來臨。但你必須全面做到不再定任何人的罪才行，否則你就會相信天門已上了鎖。**

　　「你必須全面做到不再定任何人的罪才行」，《奇蹟課程》難修之處就在於「全面」這個詞。我們的寬恕也同樣不設例外。由此可見，拜託聖靈找停車位或療癒身體的祈求有多麼荒謬！我們真正需要聖靈協助的，是如何讓**心靈**徹底擺脫定罪的習性。人生的各種問題或生理疾病並不會讓我們失落天國，真正令我們與天國絕緣的，是心靈的判斷及定罪習性。

　　再說一次，「基督就在上主祭壇等著歡迎聖子的來臨。但你必須全面做到不再定任何人的罪才行，否則你就會相信天門已上了鎖。」毋寧說，讀懂這句話才終於明白，我們情不自禁地定人之罪，為的是把攻擊之罪投射到別人身上，如此方能確

保天門關閉，然後悻悻地說：「我進不了天國，不是我的錯，都是被那一群罪人誣陷才讓上主關閉天門的！」雖然上主的聖子必會被小我劃分為「有罪」與「無罪」兩類，但這一妄見絲毫改變不了聖子和造物主永遠一體不分的實相。也就是說，我們不曾離開天鄉一步，基督始終都在等候我們從「無程之旅」回歸心中。

(IV.6:3~7) 天門從不上鎖，你也不可能不得其門而入，因為那是上主願你永世長存之處。試以基督之愛愛你自己吧，因為天父已然如此愛了你。你能夠拒絕進入，卻無法封閉基督為你敞開的大門。到我這裡來吧，我會為你保持天門敞開，只要我活著一天，這道門就不可能關閉，而我永遠活著。上主是我的生命，也是你的生命，祂絕不會否定聖子任何權利的。

這段動人的描述，反而讓我們意識到自己為何對這位兄長避之唯恐不及了，因為他代表了臨在我們心靈深處的基督聖愛，不會排除任何一人；我們若真心愛他，想和他攜手同返家園，便不能不邀請所有弟兄同行。耶穌就站在敞開的天門旁，呼喚我們與他一起進入，天堂是不可能將我們鎖在天門之外的；然而，我們只要判斷一位弟兄，便會不得其門而入。耶穌就這麼徹底瓦解了小我，一舉推翻了它那鼓吹特殊性與仇恨的思想體系。

(V.17:1~2) 你願憶起天父嗎？只要接納聖子，你就會憶起天父的。

　　我們若想憶起上主和自性，絕對不能把聖子奧體分割為善惡兩類，因為我們永遠不可能了解他人以及心內隱藏的動機。我們只能接受聖子的生命真相，知道他和我們同樣瘋狂，也同樣神聖，不論在天上或人間，我們都是同一聖子。

(V.17:3~4) 世上沒有一物能夠證實聖子的微不足道，因為沒有一物能證明謊言的真實性。你若透過小我的眼光來看上主之子，等於證明聖子不存在；然而，只要聖子所在之處，天父必在。

　　小我的思想體系必然虛妄不實，原因就在於此：聖子絕不可能與天父分離，天上地下也沒有一物能夠離間祂們——這個救贖原則一舉推翻了小我的辯詞。我們其實根本無需和小我爭辯，只需將它引入心內，和心靈的真相照個面，它的虛妄本質便會原形畢露，只能在救贖的神聖光明中悄然隱退。

(V.17:5~8) 接受上主從不否認之物吧！它就會為你顯示真相的。上主的見證立於祂的光明中，請你好好瞻仰祂的造化。他們如此的寂靜，表示他們已瞻仰到了上主之子；面對基督之境，他們無需證實什麼，因為基督會親自告訴他們有關自己與天父的真相。他們寂靜無聲，因為基督在向他們說話，而他們也只可能說出基督的話語。

　　「真相就是真的」，只需領悟這一點，便足以揭穿小我的整套謊言了。面對幻相或幻覺，我們何需做任何事，只要認出它的虛無本質就成了。可還記得這一句話：「寬恕是寧

靜的，默默地一無所作。……它只是觀看、等待、不評判。」
（W-PII.一.4:1,3）唯有寧靜的心才息止得了小我的叫囂，只要
不再認同小我充滿分裂與攻擊的知見，便表示我們開始接納一
體真相了：承認在實相中，我們屬於同一天心，在幻境中，我
們也屬於同一個分裂妄心。從此，我們口中說出的每一句話都
發自寧靜而慈悲的基督聖愛，溫柔地向自己以及他人傳遞愛的
信息；因為上主之子是一個生命。

**(V.18:1~3) 你所遇見的每位弟兄，不是為基督作證，就是為小
我作證，全憑你如何看他而定。你想把他們看成什麼，你就會
相信他們是什麼；你決心為哪一種國度而儆醒，它對你就成了
真的。你願把哪一個思想體系當真，你所見到的每一事物都會
為它作證。**

　　我們又回到了「投射形成知見」的道理了。我們在他人身
上所看到的一切，不過是反映自己內心作出的決定罷了——不
是選擇了小我的分裂，就是選擇聖靈的一體。自己會受天譴
還是得救，全繫於一念之間，故也只可能發生於心內，而非外
在。不論我們在外面看到什麼，都無法把心外之物變成客觀事
件，唯有把心內的分裂念頭投射出去，世界才會變成「分裂、
失落及死亡」幻相的見證。但我們也可能意識到還有另一條出
路，這時，我們的知見立即轉向為基督作證了，於是，弟兄的
所作所為在我們心目中若非「愛的流露」便是「愛的求助」。

(V.18:4) 只要你真想恢復自由，每位弟兄都有釋放你的能力。

不消說，這句話與他人的作為無關。「每位弟兄都有釋放你的能力」，指的是**我自己**決定怎麼去看這件事。那麼，我們如何得知自己心內究竟選擇了小我還是聖靈？只需看看我們是否真心寬恕了特殊的愛以及特殊的恨。也就是說，我們究竟著眼於弟兄身上的陰暗罪咎，還是著眼於罪咎背後的光明？如果著眼於黑暗，我們便被彼此囚禁；如果著眼於光明，所有的人都會重獲自由。

(V.18:5~7) 除非你先提出假見證來控訴他，否則你不可能接受他的假見證。如果他向你說的話不是出自基督，表示你向他所說的也不是基督之言。你所聽到的，只是自己的聲音；如果基督透過你而發言，你怎麼可能聽不見祂？

如果我們指責某人，說他沒有像基督那般慈愛或諒解地對待自己，那是因為自己沒有像基督那般對待他，內心藏有不慈之念。不論他人懷有多深的敵意，只要我們**感受到**，就表示這種敵意早已存於自己心內，否則我們不會作出這種判斷的。知見等於詮釋，但並不代表客觀事實。這句話無論重複多少次都不為過，因為在幻境中，根本沒有客觀事實可言。不論別人做了什麼，當我們指責他說「不像基督」，只因我們也是一丘之貉，縱然我們不會表現在行為上，其實內心有數，自知缺乏愛心，而這種罪咎感會逼著我們投射，為心內所犯的罪行而控訴他人。除非我們開始改拜聖靈為師，否則世界不可能不殘酷無情的。唯有聖靈的慧眼才能幫助我們看清，世間的種種，若非

「愛的流露」，就是在表達內心的恐懼（呼求愛）。我們之所見，究竟屬於正見或妄見，全繫於心靈的一個決定。這又將我們帶回「投射形成知見」的原理了。

這正是《奇蹟課程》最難修的地方：寬恕必須一體適用，沒有例外。我們若真心接納這個救恩喜訊，人心的衝突以及世上的戰爭便中止了；我們將會看到，一切衝突全都起源於最原始的主權問題。總歸一句，我們必須學習為自己的知見和行為負起全面的責任；因為**投射形成知見**。

耶穌繼續反問我們：

(VIII.8) **上主可愛的孩子，你所要求的不過是我答應要給你的東西。你難道認為我會欺騙你？天國就在你心裡。相信真理就在我內吧，因我知道它也在你內。上主兒女擁有之物都是人人共用的。你若探問任何一位聖子的真相，等於在叩求我的真相。我們每一個人心中都擁有聖子的答案，足以答覆任何一位想要知道他真相的人。**

既然上主只有一個聖子，所有的心靈又全歸於一心，我們擁有的，自然所有人都享有，這就是救贖原則，它不斷提醒我們：你不只**擁有**天國，你**就是**天國。這一真理之光始終在人心內照耀著，不論是耶穌，你我或任何人，毫無差別；故我們只要在某一人身上看到這一光明，等於在所有人身上看到了光明。寬恕就是靠這一原則而治癒了分裂之境，成了我們悟入基督一體生命的契機。

(VIII.9:1~3) 不論你想要知道上主之子哪一方面的真相，天父都會替他作答，因為基督在天父內不受蒙蔽，天父在基督內也不受蒙蔽。那麼，也不要在你弟兄身上受到蒙蔽，只把他的仁心善念視為他的真相；你一旦否認他心靈的分裂，你自己的心靈便痊癒了。如他的天父一般地接納他吧，將他療癒到基督內，因為只有基督才是他與你所需的療癒。

這段話再度重述了前文所言：當我們在他人身上看到基督時，表示我們也能在自己身上看到基督；於是，「個別利益」的妄念便不藥而癒了。同一個生命怎麼可能相異？一體生命怎麼可能分裂？然而，我們卻可能對天堂的一體真相心懷戒懼，因為它會徹底瓦解「我」的特殊存在。縱然如此，我們仍然能夠一步一步地向這真理挪近，只需記住，既然上主不會被小我捏造的分裂假相所蒙蔽，那麼，我們也不必相信小我那一套了。耶穌如此不厭其煩地為我們述說聖子奧體的一體本質，可見他多麼重視這個觀念：

(VIII.11) 不要接受你弟兄對他自己反覆無常的看法，否則，你的心也會跟著他的心靈一起分裂；他若沒有療癒，你是不可能療癒的。因為你們共用一個真實世界，正如你們共用天堂一樣，他的療癒即是你的療癒。愛自己其實就是療癒自己，你無法一邊視自己某一部分有病，一邊還能完成自己的目標。弟兄，我們一起生活，一起相愛，也會一起療癒的。不要被上主之子的表相蒙蔽了，因為他不只與自己一體，也與天父一體。

愛他吧，他是天父的愛子，唯有如此，你才體驗得到天父對你的愛。

　　反觀傳統宗教所宣揚的寬恕與療癒，不只本末顛倒，還用錯了地方，實在令人感嘆！〈頌禱〉一文中有這麼一段：「在上天所賜的禮物中，沒有一樣比寬恕受到更大的誤解了。它幾乎淪為一種懲罰，原以祝福為初衷的寬恕竟轉為一種詛咒，它冒充上主的神聖平安，無情地嘲弄了天恩。」（S-2.I.1:1~2）寬恕以及療癒若無法涵括**所有的人**，或設下任何的例外，必定會助長小我的分裂與失心大計，造成人心分裂。也因此，我們需要學習這麼去看：不論你我的身形樣貌或外在表現有多大的差別，真相是，我們擁有同一個心靈——既有小我，也有聖靈，還有同一抉擇者。唯有認同這個慧見，我們才可能隨著耶穌的目光，越過分歧的表相而看到一體心靈，那才是真正的自己。這一慧見乃是進入真實世界的必備條件。有關真實世界的課題，留待本章最後再討論。

　　唯有鍥而不捨地寬恕下去，我們才可能從噩夢中緩緩甦醒。小我之夢始於「我們攻擊了上主」這一信念，再由此衍生出「上主必會報復」的另一信念，最後打造出轟轟烈烈的世界劇場。活在劇場裡的人必然相信，那個伺機報復的上主不可能藏在自己心內，於是祂搖身一變，成了外在的神明，不斷向人類及萬物追討罪債。直到有一天，我們恍然大悟，那發動攻擊的原來竟是**自己**，更奇妙的是，那個攻擊罪行在實相領域是不

可能發生的事——剎那間，我們的眼睛張開了，看到了真相。
這種全面覺醒的過程，《奇蹟課程》稱之為「**復活**」。

復　活

　　首先，我們要釐清一下，《奇蹟課程》的**復活觀念**和《聖
經》所描述的耶穌肉身復活完全是兩回事。從《課程》的角
度來說，所謂的「肉身復活」是無法成立的，身體既然徹底虛
無，豈有生死可言？本課程所說的**復活**乃是指心靈由死亡之夢
覺醒，那才是耶穌復活的真義，也是所有人的必然歸宿。此
外，至今也沒有人聽聞過耶穌的身體流落何方，因為福音並非
準確的歷史記錄，它的證詞非常不可靠。每部福音書都是根據
作者的詮釋而記錄下來的，他們的詮釋自然離不開當時「視身
體為罪惡的載體」那種傳統信念。面對藝術作品時，個人的詮
釋有它的參考價值，但不宜視為歷史事實；倘若從神學的角度
來講，「肉身復活」更是難以自圓其說。現在讓我們來讀一下
耶穌是怎麼描述自己的復活的：

(VI.4:1~5) 我是你的復活，也是你的生命。你活在我內，因為
你活在上主內。所有的人都活在你內，你也活在所有人內。那
麼，你若輕視某位弟兄，怎麼可能不輕視自己？你若如此看待
自己，你豈能不如此看待上主？

〈約翰福音〉說：「復活在我，生命也在我。」（〈約翰福音〉11:25）耶穌在此卻說：「我是**你**的復活，也是**你**的生命。」他把焦點從自己轉移到我們身上，暗示他和我們天生的同一性。他已經從死亡的夢境覺醒，證明了夢境根本不存在，我們只需要接納這一事實就夠了。其實，我們在某一層次已經領受到這一禮物了，因為他業已療癒的心靈和我們的心靈是同一個心靈。話雖如此，我們若想親自體驗心靈的療癒，仍然得回到那個原則，即是「不能將任何人剔除於自己的寬恕之外」。耶穌曾要求我們對他以及對自己誠實一點（T-4.III.8:1~2），意思是要我們誠實面對自己的「不寬恕」背後隱藏的動機，只因我們暗地裡老想將自己剔除於天國之外，如此才能和昏睡的小我繼續作夢下去。

(VI.4:6~9) 相信復活吧，它不只完成了，而且是在你內完成的。不只現在如此，永遠都是如此，因為復活原是上主的旨意，它是不受時間限制的，也絕無任何例外。只要你自己不再製造例外，否則你就無法認出祂為你完成的救恩。我們會一起昇到天父那裡，起初如是，今日亦然，直到永遠，因這正是天父所創造的聖子的天性使然。

在《奇蹟課程》裡，耶穌的十字架和復活不屬於時空事件，兩者不過指涉著心靈究竟是選擇了小我還是聖靈而已。耶穌這號人物也只是象徵了抉擇者終於接受了救贖。這個決定本身也是超乎時空的，在「他」接受救贖的那一刻，聖子奧體內

所有的人都收到這份禮物，因為我們和他是同一生命；為此，他復活時，我們也和他一起復活了（C-6.5:5）；我們全都復活時，表示夢境結束了。故耶穌特別提醒我們，別再把任何人剔除於這療癒的心靈之外，否則等於再度把他和自己，甚至整個聖子奧體一併驅除於自己的心靈之外。我們必須「**一起**」昇向不曾離開過的上主那兒，否則沒有一個人回得去。天堂的一體天律就反映在人間這個救贖原則上。

緊接著，耶穌再次強調心靈的選擇能力，要我們在他和小我之間作一選擇：

(VI.5:1~3) **不要低估了上主之子的信仰力量，以及他所崇拜的神明對他的影響。不論那是他自己打造的神明，還是創造他的真神，他都會俯伏於他們的祭壇前。為此之故，他的奴役與自由都是全面性的，因他不能不服從自己膜拜的神明。**

耶穌在整首奇蹟交響樂中不斷回到這最重要的主旋律，反覆叮嚀：「切莫低估了心靈的選擇能力！」我們的命運，究竟是天譴還是得救？是囚禁還是自由？全繫於這個能力。我們選擇相信哪一位神明，便會虔誠供奉，遵從它的指令。後文還會不斷回到這個副主題。

(VI.5:4~8) **十字架之神會把人釘在十字架上，他的信徒只會唯命是從。他們還會假借神旨將自己釘死，相信犧牲與受苦能為聖子帶來權能。復活之神則一無所求，祂不會奪取信徒任何一物。祂甚至不要求他的服從，因為服從意味著屈服。祂只願有**

朝一日你終能認出自己的意願，且能自由而歡喜地乘願而行，
內心毫無犧牲與屈服之感。

　　小我之神必然十分嚴厲，需索無度，它擅於懲罰，吝於寬
恕；十字架的苦難是它為所有聖子安排的結局，罪咎及恐懼則
是它的手段。反之，復活之神，聖靈，永遠慈愛溫柔，祂對
我們的要求，只有一個小小的願心。我們選擇祂，不是出於屈
從，而是因為我們不再相信殘酷而選擇了仁慈。慈愛的上主只
會以愛來吸引我們，而十字架所代表的怪異神明，則是用罪來
逼我們就範，用壓迫與毀滅來證明自己的能力。耶穌的復活之
主，透過無所不容的大愛來展現自己的仁慈，一舉終結了分裂
之境，瓦解了「唯有犧牲受苦才能得救」的錯誤信念。

(VI.6:1~4) 復活必會讓你喜不自勝地歸順於它，因為它本身即
是喜樂的象徵。它之所以能夠讓你如此情不自禁，只因它道出
了你心底的願望。除了上主賜你的恩典以外，還有什麼力量能
讓你自動自發地拋棄所有傷害你、貶低你，並且不斷恐嚇你的
那些東西？你是靠祂的恩典才獲此自由的，因上主永遠恩待自
己的聖子，毫不保留地接納了他，甚而視如己出。

　　上主的恩典就是「……上主聖愛的一面，極其近似那洋
溢著一體的真理之境」（W-169.1:1），它也是正念之心安止之
處。天恩有如燈塔一般，點亮充滿罪咎與恐懼的心靈暗夜，溫
柔地引導浪子平安返鄉。但是我們必須不再聽信小我的導航，
才可能認出愛的幸福家鄉，歡欣地駛向安全的港灣。同樣的，

當我們意識到上主只會施恩，從不報復時，自然也樂於接納祂
的恩典，決心張開眼睛，矚目於自己的復活真相，也就是上主
的神聖自性。

**(VI.6:5~7) 那麼誰才是你真正的親人呢？天父將自己所有的一
切都賜給了你，祂把自己連同屬於祂的人也一併賜給了你。你
應將他們守護於復活之境，否則，你就無法覺於上主，祂賜你
的那些人也無法安然常存你身邊了。**

　　在幻境中，**我們的親人**就是自己的弟兄，我們期盼與他們
一起覺醒，不讓任何一位淪落於所謂的「救贖之圓」外（T-14.
V）。確實如此，除非我們內心隨時與他們同行，否則我們是
無法覺醒的。在天堂之境，**我們的親人**則是我們的創造，那些
創造永遠以愛守護著我們；因我們全都是從這個愛中創造出來
的。說到究竟，只有一個造化，只有一個自性。

**(VI.7:1) 除非你拔除聖子手心的釘子，摘掉他額頭最後一根荊
棘，否則你無法尋回心靈的平安。**

　　在《聖經》的記載中，釘子和荊棘象徵著耶穌在十字架上
所受的慘烈之苦；但在《課程》，十字架則代表小我的思想體
系，它要求的犧牲、攻擊與死亡，象徵我們為自己以及彼此所
帶來的種種苦難。耶穌一直設法讓我們意識到，除非我們撤回
投射在自己與弟兄身上的攻擊之念，否則我們是不可能活得平
安的。因為任何攻擊之念都會加深人心的罪咎，而這才是所有
痛苦的源頭。

(VI.7:2) 上主之愛始終環抱著被十字架之神定罪的聖子。

耶穌在第十章提到「疾病之神」，它和「十字架之神」，可說如出一轍，兩者展現的都是小我心頭之恨。然而，我們永遠都在造物主的聖愛呵護下，這些仇恨之神又能奈我何？上主聖愛無所不包的特質，保證了一體境界永遠不被分裂之念所傷，真正的平安也不受仇恨的侵擾。

(VI.7:3~4) 請勿向人宣揚我無謂的死亡。而應教他們看出我並沒有死，我正活在你內。

但耶穌告訴我們：「你若真心想成為我的門徒，請把我當成你學習的榜樣，向世人示範我給你的復活訊息；但這並非透過你說什麼或做什麼，而是直接活出愛的臨在。唯有愛，才能證明我活在你內，使得復活成為一個不容置疑的事實——上主之子確實已從死亡之夢醒來了。」這是耶穌的一貫教誨，只要我們選擇了神聖的一刻，等於是向世人示範，每個人都能作出同一選擇，因為我們做到了。

耶穌其實在提醒我們：「無需說你有多麼愛我，但你必須和我『愛的思想體系』認同，才能**證明**你對我的愛是真的。把你暗中想要將人定罪的念頭，以及想把他人釘在十字架上的鐵釘，一併交到我這兒來吧！和我一起好好正視，我會幫你看清背後的隱衷，你便會明白那一切原是你自我定罪之後所投射出來的幻影；但在實相的層次，那一切從未發生。我的孩子，死

亡之夢已經結束了，你的眼睛已經重獲光明，你終於得以欣然
瞻仰終極的真相了。」

(VI.7:5~7) 所謂救贖大業，即是為上主之子解除十字架的詛
咒；每個人在救贖大業中扮演了同等重要的角色。上主不會審
判祂清白無罪的聖子的。祂連自己都賜給了聖子，祂怎麼可能
對他不仁？

　　我們又回到了「一體與同一」的主題了，這個觀念是了解
復活的關鍵。覺醒或救贖不只是耶穌經歷的過程，我們全都負
有同等的任務。由此可見，上主是不可能審判自己的兒女的；
分裂既不存在，自然無罪可言。上主之子永遠只是一個，因為
（上主之子的）觀念也離不開祂的源頭。

(VI.8:1~3) 其實，是你把自己釘上十字架，且將荊棘冠冕套在
自己頭上的。然而，你無法釘死上主之子，因為上主的旨意永
遠不死。聖子早已由自己的十字架獲救了，因為上主賦予永生
之人，你是不可能判他死刑的。

　　上主之子被釘死在十字架上，這種斷不可能的事情只可能
發生於瘋狂的夢境，《聖經》反倒把這類瘋狂念頭寫成活靈活
現的神話故事。然而，夢中情景既改變不了真相，更不可能變
成真相；上主創造的永恆不易生命必然永遠永恆不易。只要真
正領悟了這麼簡單的救贖真理，我們就得救了。唯有愛和一體
才是存在的實相，十字架和分裂全是幻相。

(VI.8:4~8) 十字架的夢魘仍然沉重地壓在你的眼瞼上，但你在夢中所見的一切並非真的。只要你還會看到上主之子被釘在十字架，表示你仍陷於夢中。只要你仍相信自己能把他釘在十字架，表示你還在作噩夢。即將甦醒的你，對於夢境仍可能記憶猶新，難以釋懷。唯有其他弟兄也甦醒過來，與你一起分享救恩，你才可能遺忘所有的夢魘而覺於基督。

夢境可分為兩類，一是小我的十字架噩夢，夢中人必須遵守小我「非此即彼」的生存信念，唯有犧牲他人，自己才能存活；另一則是聖靈的復活美夢，夢中人接受「不是一起陷入瘋狂，就是一起進入天堂」的原則，我們便會從攻擊與死亡的夢中欣然甦醒。慧眼一旦開啟，我們便會看到只有一位上主之子踏上了歸鄉之路；噩夢中所有的經歷終於可以拋諸腦後了。

(VI.9) 覺醒的呼喚只可能出於你內，你會聽到自己的召喚而甦醒過來的。只要我活在你內，你就甦醒了。但你必須看見我透過你所作的事工，否則你無法認出我為你所作的一切。不論你相信我會透過你完成什麼大事，切勿為此設限，否則你就領受不到我能為你作的大事。那一切其實早已完成了，然而，除非你將自己領受到的全部給出，否則你就不會知道你的救主活得好好的，而且與你一起覺醒了。你必須透過分享才能認出這個救贖。

心靈只要選擇了正念，便會領悟出，耶穌的愛正是上主應我們求助之聲所給予的答覆。最終，我們會恍然大悟，他的愛

其實就是我自己的愛，因為上主只有一位聖子。然而，只要我們仍然相信自己是一個孤立的個體，就需要請耶穌擔當小我之外的另一個生命，他得透過我們方能將寬恕推恩給所有聖子。我們心中了了分明，那就是「他的」愛，因為那個愛無所不包，永無止盡，也從未離開過我們的心靈源頭。「知道你的救主活得好好的」，這句話轉用了《舊約・約伯記》的經文：「我知道我的救贖主活著，末了必站立在地上。」（〈約伯記〉19:25）。韓德爾曾在神曲《彌賽亞》裡，讓女高音唱出這句名垂千古的詠嘆調。

(VI.10:1~2) **上主之子已得救了。只要將這一覺識帶給聖子奧體，你在救贖大業中便扮起了與我同樣重要的角色。**

我們並不是藉著外在的言行，而是打從心底領受救贖原則，才能把「上主之子已得救了」這一喜訊帶給整個聖子奧體。我們不是從幻相中解脫的，而是從心靈對幻相的信念中救拔出來的，因為只有罪咎之念有待救贖。我們的救贖任務就是寬恕世界並「沒有」對我們做的事情，也就是撤回了自己投射於他人的罪咎。我的任務和耶穌的救贖任務一樣重要，因為上主只有一位聖子。既然幻相沒有程度之分，那麼耶穌和我的救贖任務也沒有難易之別。

(VI.10:3~9) **你既是由我這兒學來的，你的任務必然和我的一樣。你若相信自己的任務是有限的，等於限制了我的任務。奇蹟沒有難易之分，因為上主兒女具有同等價值，他們的平等性**

即是他們的一體性。上主的每一部分都擁有祂全部的能力；事
無大小，都不可能與祂的旨意相違。凡是不存在之物就沒有大
小程度之別。對上主而言，沒有做不到的事情。至於基督，祂
與天父全然相似。

　　奇蹟沒有難易之分，言下之意，所有的問題都是同一回
事，因為所有的問題也都同樣的虛幻。同樣的，既然聖子奧體
是不可分割的整體，故聖子之間也無高下之分。耶穌不可能和
我們不同，他的心靈也不可能比我們的心靈更有力量。他不過
先我們一步決定致力於正念心境而已，故他知道如何幫助我們
作出同樣的選擇。終有一天，當我們跟他一樣決心由夢中覺
醒，親自領受救贖時，我們會幡然醒悟「天人分裂原來只是一
個幻覺」，我們便已踏入了真實世界那無限的思想體系，距離
徹底的醒悟僅有一步之遙了。

真實世界

　　在《奇蹟課程》裡，真實世界的觀念一直到本章的第七節
才正式登場。耶穌在此特別將真實世界和物質世界作個對比，
前者代表已然完成寬恕功課的心靈境界，後者則是為了攻擊上
主而存在的現實世界（W-PII.三.2:1）。耶穌還說，雖然「真實
世界」是一個自相矛盾的名詞，因為世界不可能是「真實」的

（T-26.III.3），但它仍然可以反映出天堂的實相。同樣的，人間的關係也擔不起「神聖」之名（只有上主堪稱神聖），然而當我們願意寬恕彼此的對立，這個「神聖關係」也能反映出天堂的神聖性以及聖子的一體性。為此，真實世界雖仍屬於幻相領域，卻又是幻相的終結者，因為心靈至此終於了悟，世界的紛紜萬象不過是一場夢幻泡影，是為抵制天堂的一體真相而打造成的。**其實，我們始終活在夢境之外。**當我們抵達這蒙福的「真實世界」的恩典之境時，上主便會即時伸出手來，將我們提昇到祂那兒去（T-11.VIII.15:5;T-17.II.4:4~5）；當然，這也只是一個比擬的說法。

(VII.1:1~2) 你所見到的世界，不可能是天父所造的，因為世界絕非你眼中的模樣。上主只可能創造永恆，然而，你所見的一切卻是可朽之物。

凡是肉眼所見的一切，都是「可朽之物」，因為那是萬物的本質。「上主只可能創造永恆」，這一句話又足以證明「上主和世界毫無瓜葛」。請記住，耶穌不只是說我們眼前的世界徹底虛妄，他是針對整個有形有相的知見世界而說的。

(VII.1:3~6) 因此，必然還有另一個你看不見的世界存在。聖經提到「新天新地」，你可別拘泥於字面的意思，因為永恆之物是無法重新創造的。你看到的「新」，不過表示你再次認出它的真相而已，這影射出以前活在時間領域中的你壓根兒不曾認出它的真相。那麼，等著你去看、去知、去覺的，到底是一個

什麼樣的世界？

　　請記得，耶穌口中的「真實世界」，就和「復活」一樣，皆屬於心靈層次，和任何的外在形相毫無關係。當我們能夠超越自己的所知所見，表示人生旅途已抵達一個臨界點，因為我們已經領悟這一切**確實**是一場夢——歷歷在目的知見世界純粹是小我妄心編造的分裂之夢。當妄念心境接受了正念之心的修正，兩者都會功成身退，因為寬恕純粹是為了修正小我而存在的。最後連抉擇者亦隨之隱退，因為它已沒有什麼可選的了。最後還剩下什麼？真實世界！

　　耶穌在世時便已證入真實世界，為此，就算他最後一段人生經歷真如福音所記載那般慘烈，也撼動不了他的正見，因為他知道什麼也未曾發生，真正的他根本不在那裡，他只是觀看有個名叫耶穌的夢中角色正在經歷十字架而已，但他並不是十字架上的「那個人」。唯有如此，他才能教導我們如何療癒自己夢中的所知所見，進而抵達他的境界；而也唯獨這個正見，足以將我們帶到真實世界的門口。

(VII.2:1~2) 上主之子所起的每個仁心善念都是永恆的。他的心靈在世上所認出的仁心善念才是世界唯一的真相。

　　所謂的「仁心善念」，即是能夠越過一切的特殊性而著眼於整個聖子奧體的念頭，其中自然包括了寬恕、平安、療癒等所有足以反映出上主完美聖愛之念。

(VII.2:3~6) 這些善念仍屬於知見的領域，因為聖子依舊相信自己是分裂的個體。然而，善念卻是永恆的，因為其中有愛。因為有愛，故與天父肖似，且永遠不死。人是可能親眼看到真實世界的。

真實世界不是天堂，它是抵達旅程終點之前的最後一站。它仍屬於知見領域，因為我們仍會看到夢中一切，只是心內了然明白這**僅僅是**一場夢而已。為此之故，我們才說：真實世界所反映的乃是上主和所有造化永恆一體的自性境界。活在人間的我們，唯有日復一日操練寬恕，方能將我們推向真實世界，最後超越這個象徵而抵達終極實相。（T-30.III）

(VII.2:7~8) 只有一個條件，就是決心不去看其他東西。你若同時看見善與惡，表示你同時接納了虛妄與真實，也影射出你已將兩者混為一談了。

真實世界是沒有正邪或善惡之分的，因為心靈本身一旦療癒，萬物在它眼中再也沒有好壞之別，全是一抹**幻影**而已。真實世界裡不再有分別判斷，故它可說是我們徹底覺醒之前，最貼近天堂不二之境的心靈境界了。

(VIII.10) 在真實世界，由於沒有分裂與隔閡，故疾病是無法存在的。那兒只認得仁心善念；由於每個人都會受你之助，上主之助必然隨時隨地與你同在。當你終於想要天助而開口求助時，你不會不給出天助的，只因你真想得到它。你的療癒能力所向無敵，因為只要你求，必會獲允。上主的答覆一旦來臨，

沒有問題不迎刃而解的。為此，祈求自己能夠認出弟兄的真相吧，你便會在他身上看到真相，同時也會看見他的真相中反映出你的一切美善。

真實世界既是天堂一體之境的倒影，就不可能含有與真理相反的念頭；既然屬「非二元」之境，分裂或罪咎之念自然無法滋生，投射也就沒有必要了，那麼，疾病或憤怒又能在何處落腳呢？最後，真實世界還能剩下些什麼？不就是慈愛的救贖之念！如果我們真想早日臻至這一恩典境界，切莫忘記隨時向耶穌求助，請他幫助我們透過他的眼光看待身邊的每一個人。那麼，聖子奧體的每一份子在我們眼中亦無好壞高低之別了，他們若不是在傳達愛就是在呼求愛。於是，我們的所知所見全都融為「一味」，而你的回應也只可能是一味的愛，分裂的醜陋幻影只好消融於真實世界的妙境；上主之子就在這「一味」中憶起了自己的一體真相。

(VII.3:7~9) 你曾為了鞏固個人的獨立自主，企圖以異於天父的方式創造，並相信自己能夠造出與祂不同之物。然而，只要是真實的，必然肖似於祂。你若只著眼於真實世界，遲早會將你領向真實的天堂，只因你已具備了了解天堂的條件。

我們是不可能了解小我的，因為那等於是小我想要了解小我。試問，分裂之相怎麼可能了解分裂之幻？昏睡的心靈怎麼可能理解清醒是怎麼一回事？然而，心靈一旦張開了眼睛，看清夢的本質，一切便會豁然開朗，上主的造化只可能肖似上

主，凡是與祂不同之物根本沒有存在的餘地。真實世界是覺醒的前兆，也是了悟上主造化真相的先決條件，它表示我們已能看穿幻相的虛妄。下面這段話再度提醒我們，釐清幻相和真相之分是何其重要：

(VII.4:4~9) 你在自己與造物主之間塞滿了妄造出來的觀念，而這些信念正打造了你所見到的世界。真相並未因而消失，它只會變得模糊不清。你既不知道自己的妄造與上主的創造之間的區別，自然不會知道你營造之物與你創造之物有何不同。你若相信自己能夠認出真實世界，自然也相信你是可能知道自己真相的。你也可能知道上主的真相，因為祂「願」你知道。所謂真實世界，其實就是聖靈從你自己打造的世界裡救出的那一部分真相；即或只著眼於這一部分，你便已得救了；因為得救不過是認清了「只有真相才是真的」而已。

　　自從與小我的妄造體系認同以後，我們再也無法創造真實之物，只可能營造幻相；沉迷於幻相的我們自然會認小我為父，徹底誤解了自己的真實身分。不僅如此，我們還會認為，任何來自自己的東西，比如兒女子嗣、各種觀點、發明，以及藝術作品，所有權全都歸屬自己，反而把真正屬於我們的創造忘得一乾二淨。如果追問自己何以錯得如此離譜？追根究柢，只因我們早已把正念的救贖原則拋諸腦後，腦子裡只留下小我的妄念。幸好，聖靈始終臨在於我們的正念之內，祂有能力清除我們的分裂妄念，讓聖子奧體逐漸恢復共同福祉的慧見，並

盡其所能地在人間反映出天堂的一體真相。至此,正見便會瞬間融入真知之境了。我們繼續讀下去:

(VIII.1:5~9) 於是,這唯一真實的新知見當下便轉譯為真知了,你會在瞬間了悟:唯有這個才是真的。於是,你自己打造的一切,不論好壞,不論真假,方能一併拋諸腦後。因為在天堂與人間合而為一之際,連真實世界都會由你眼前消逝。世界末日並非灰飛煙滅,而是被轉譯為天堂了。重新詮釋世界,就是把一切知見提昇到真知之境。

這一段話說得非常清楚,在知見轉換為真知(或是由人間幻境提昇至天堂實相)的過程中,真實世界居於何種的關鍵地位。我們無需和小我奮戰,或非置它於死地不可。我們只需透過真理的慧眼,二元世界的幻影便會在一體不二的光芒中煙消雲散;那時,我們便會油然憶起,自己確實是上主所創造與祂一體不分的生命。

(VIII.15:1) 如果只要你求就能得到,你豈會不想看清真相來取代恐懼?

此刻,我們又得捫心自問了:「究竟有多少人想看清真相?」恐懼能為我們鞏固分裂之境,難怪人們趨之若鶩!當恐懼心生起,總得有個具體的東西讓人害怕才行,於是二元世界便出現了;二元對立的「我」隨之顯得真實無比。然而,真理之境是沒有是非好壞、男女性別,或生死對立的,它必然超越

二元境界。請記住,真實的境界中**空無一物**,個體之我根本沒有立足之地——我們都知道,這正是小我最深的恐懼。

(VIII.15:2) 既然上主不可能被你蒙蔽,那麼,你只可能蒙蔽自己。

換句話說,上主跟小我所打造的一切毫無瓜葛,因此祂不會被幻境蒙蔽,更不會為此生氣或忘卻祂對我們的愛。我們與上主的主權之爭,以及由此生出的「罪咎、犧牲、欺瞞和死亡」之瘋狂思想體系,原來只是噩夢一場,對真理實相產生不了任何影響。

(VIII.15:3) 然而,你能由聖靈那裡學到自己的真相的,祂教你明白:身為上主一部分的你,是不可能被蒙蔽的。

想要療癒,第一步就是收回我們投射在上主或任何權威的情緒;不論他們的外在表相如何,我們終於明白他們並沒有對我們發動攻擊,因為攻擊不可能來自心外(這又回到了「觀念離不開它的源頭」的基本觀念)。任何攻擊只可能出於自己的妄念之心,亦即充滿罪惡、欺騙以及背叛上主等等那套不可思議的小我思想體系。

(VIII.15:4) 當你看待自己的眼光不受任何蒙蔽時,表示你已準備好接受那個真實世界,取代你自己原先打造的虛妄世界。

當內心的「咎」一旦消失了蹤影,心內以及身外再也不會看到「罪」的陰影,這才表示我們「看待自己的眼光不受任何

蒙蔽」。至此，本章一開始所提出的主權問題便結束了。心靈若非活在上主內就是活在小我內；但這個二分法並不是小我所說的「若不痛下殺手就得坐以待斃」那個狀態，而是因為只有上主真的存在。我們一旦意識到沒有一個人可能攻擊任何人，罪咎便頓失立足之地，小我思想體系便徹底瓦解了，因為攻擊與罪咎乃是小我為了不讓心靈重新選擇而打造出來的防衛機制。再說一次，當我們由夢中覺醒，立於夢境之外，反觀自己所有的經歷，知道這個世界從未存在過，真實世界便會當下現前。然而，我們只會在如此神聖的境地停留片刻：

(VIII.15:5) 於是，你的天父便會俯身向你，為你踏出最後一步，把你接到祂那裡去。

　　上主的「最後一步」，象徵著夢境的結束；我們終於明白，夢境中的悲慘經歷不曾真正發生過。於是，我們張開眼睛，發現自己從未離開過上主，而上主也不曾離開過我們。

第十二章

聖靈的課程

導言：小我的策略

　　〈正文〉從第五章起，《課程》的書寫風格有了明顯的變化；到了第十二章，它的措辭與內涵又有另一轉折，好似開展出更高的層次。在奇蹟交響樂中，「小我思想體系」以及「寬恕的修正方案」這類主題雖然不斷反覆出現，但愈到後面，探討的深度與力道卻愈來愈強。本章的主題仍是我們所熟悉的「聖靈」，但它一開始就把焦點放在「聖靈的判斷」上，還具體地和「小我的判斷」作了一番對比。在《奇蹟課程》裡，聖靈代表了「終極的修正」或「終極的答覆」；此刻，進入聖靈這位修正與答覆的角色以前，我們需要回顧一下，究竟是什麼有待祂的修正？這又將我們帶回「小我的策略」這個主題了。

　　我們先來看一下小我瘋狂的解決方案，也就是讓聖子失心失憶而精心設計的一套思想體系。小我最害怕的，莫過於聖子有朝一日領悟到自己作錯了選擇，決心改變，轉而拜聖靈為師。小我為了防止此事發生，把聖子放逐到身體和世界，與心靈切斷聯繫，令他別無選擇。再用層出不窮的問題耗盡他的精力，無暇反照內心，自然看不出真正的問題所在，更遑論解除心靈的錯誤選擇了。接著，我們來讀幾段小我的神機妙算：

(II.2:1~4) 儘管濃霧籠罩在他們心中，原有的光明依舊光華四射。只要你漠視那遮蔽光明的濃霧，它對你就無計可施了。因為唯有上主之子賦予它能力時，它才有機會逞能。因此聖子必須親自收回它的能力，隨時提醒自己，一切能力來自上主。

　　「濃霧」，就是指小我思想體系，也就是「奇蹟課程思想體系圖」中「妄心」那一方框裡出現的「罪─咎─懼」。耶穌藉著討論疾病，教我們看出：小我的濃霧沒有左右我們的能力，因為它徹頭徹尾的虛無，全靠聖子的信念撐腰。聖子的心靈具有選擇小我或者聖靈的能力（圖表中「分裂妄心」方框最上面的那個黑點，代表的就是抉擇者），它的錯誤選擇構成了我們的唯一問題；因此，只要心靈改變這一選擇，我們便得救了。我們繼續讀下去：

(III.5:1~2) 救恩是為心靈而設的，你只能從平安中獲得。心靈是唯一有待拯救的對象，平安則是得救的唯一途徑。

　　既然心靈是一切問題與答案之所在，自然成了《奇蹟課程》的核心課題。由此可知，唯一有待拯救的就是心靈，因著它的決定與認同，才把小我弄假成真，致使聖靈淪為虛妄的。故為了防止我們得救，小我精心策畫出一套「失心」大計，將需要拯救的對象從心靈轉到世界或身體。

　　「尋求與尋獲」的觀念首次在本章中隆重登場，它是小我「失心大計」的一場重頭戲。讓我們一起來讀第四節「尋求與尋獲」（Seeking and Finding）。這個觀點其來有自，源於福音中的「登山寶訓」，耶穌說：「你們祈求，就給你們；尋找，就尋見。」（〈馬太福音〉7:7）。〈正文〉前面也曾提過這個觀念，到了本章，才正式深入討論小我是怎麼將這個原則玩弄於股掌之間的。整部課程不乏直接引用或間接影射的聖經章句，其中以「尋求與尋獲」之說出現的次數最為頻繁，故也為我們提供了一個認識小我體系的切入點，它可說是奇蹟交響樂中一個相當重要的主旋律。

尋求與尋獲

(IV.1:1) 小我一口咬定愛是危險的，這是它一直想要教給你的核心觀念。

　　由於小我根本不知道「愛」是什麼，故這句話應該理解

成：小我深恐心靈選擇愛，因為聖子一旦與小我拆夥，不再遵守它「**非此即彼**」的生存法則，他必會另尋盟友而投奔聖靈。雖然小我並不知道聖靈代表了聖子心內對上主之愛的記憶，但它心中有數，聖子若不再相信自己，自己將化為烏有，隨著罪咎的迷霧消失於無形；故小我必須令聖子相信，愛是很危險的東西。為了達此目的，小我開始動手改造愛，將愛等同於天譴，並向聖子耳提面命，他對造物主犯下的可怕罪行必遭清算（參閱圖表「妄心」那一方框）。為了圓謊，小我必須把計謀執行到底，它埋藏了上主的愛（雖然它根本不知道那是什麼），還另行捏造出「義怒的上主要求聖子用犧牲來贖罪」的觀念，逼得聖子不得不接受小我的解決方案，也就是逃出心靈，另起爐灶，投射出一個失心的世界，好讓一堆形同陌路的分裂聖子藏身於此，希望上主永遠不會找上門來（儘管他知道自己在劫難逃）。

(IV.1:2~4) **但它從不直截了當地講；反之，凡是把小我當作救命恩人的人，看起來都在如饑似渴地尋求愛。小我也積極鼓勵你努力追求愛，卻附帶一個條件：不准找到。「去找，但不要找到」是小我的一貫指令。**

　　小我使出渾身解數所追求的愛，就是後文所說的「特殊的愛」。從這一章起，一直到第十三章為止，耶穌開始為特殊關係的出場鋪路，但要等到第十五章，這一主題才會隆重登場，把世人為了「特殊的愛」所進行的怪異交易描寫得淋漓盡致。

比如說，我們會不斷向他人索求父母沒有給自己的愛。雖然我們也明知，人間沒有完美的父母，父母也不可能時時刻刻滿足我們的需求，但我們長大之後，每個人仍不由自主地想從他人身上彌補孩童時期未得到的愛。這種彌補性的追求，推到究竟，其實是想用人間的愛來取代自己在天人分裂那一刻自甘放棄的真愛。小我告訴我們，那已失落的愛永不復返，但我們卻不死心，繼續不斷追尋。不幸的是，我們往往找錯了地方。愛只可能出現於正念之心，然而這一正念卻被小我覆蓋在它精心設計的雙重屏障之下。第一重就是罪咎和怨恨的思想體系，上面再覆蓋一層罪咎和怨恨所投射出來的物質世界，這就是特殊性所棲身的家。特殊的愛不斷許諾我們真愛，卻永遠無法兌現它的承諾。我們非常清楚，人間的愛不僅難以持久，也永遠滿足不了我們夢寐以求的真愛。

我們之所以打造一個世界，然後又塞進一堆形形色色的人物，目的不就是想在他們身上索取愛？然而，小我又使出它最拿手的障眼法或迷魂陣，令我們不論如何**追尋**，永遠無法**尋獲**（參閱圖表的左下方），然後諉罪於他人、世界，甚至上主，認為他們才是令自己求而不得的禍首。小我最後的一道狠招，就是讓我們冥冥中感到一切都是罪有應得的。正是這一罪咎感，迫使我們逃出心外，指望外面有個特殊的人或物可以彌補內心的匱乏。這就是為什麼我們如此瘋狂地朝向愛不可能存在之處尋找愛的蹤影，也就是形象世界裡的身體。

(IV.1:5~6)　這是小我給你的唯一許諾，也是它必會實現的許諾。小我追逐目標時一向狂熱而堅持，縱使它的判斷能力嚴重受損，卻有鍥而不捨的精神。

在小我這套已經被罪咎與恐懼逼瘋了的思想體系內，若硬要找出一點值得稱道的特質，那就是它「鍥而不捨」的堅持。小我是從恨起家的，因為渴望獨立與特殊，而打造出個體性的神壇，這原始的瘋狂一念成了整個物質世界的起源。基於「觀念離不開它的源頭」之原理，小我的一貫堅持就是我們在人間只會找到恐懼、罪咎和怨恨，永遠找不到真愛。縱然我們有時感到好似找到了真愛，其實在特殊之愛的面紗背後，始終有一股怨恨隱隱作祟。有關特殊關係的精彩剖析，我們留待後文再來細述。

(IV.2:1~2)　因此，小我致力追尋的目標註定會失敗。只因它要你相信它才是真實的你，因此，它領你踏上的旅程必會害你咎由自取。

切莫忘記，當我們選擇小我思想體系之際，自己便成了那套思想體系的化身，不再是上主創造的基督自性或靈性了。我們甚至忘了自己原是心靈的那個抉擇者，而認為自己是罪孽深重的分裂之子。為了讓自己重歸完整，我們會不惜一切代價，瘋狂地追求特殊性以彌補內心的缺憾。但即使我們踏破鐵鞋，四處尋覓，仍註定會鎩羽而歸的。面對這種註定的敗局，我們立刻諉罪於自己的身體或其他人物的言行，絕不承認那是心靈

選擇了小我之故，且至今仍依然故我，九死而不悔。

(IV.2:3~4) 小我無法愛，它狂熱追求的正是它最怕找到之物。然而小我又不能不追尋，因為它是你心靈的一部分，為此，它無法完全與心靈脫節，否則你絕不會相信它的。

　　別忘了，圓滿的愛是無所不包的，個體性在此沒有立足之地，更遑論特殊性了；故我們一旦選擇了真愛，無異敲響了小我的喪鐘。小我的能力純粹來自心靈的認可，故它與我們的關係完全繫於抉擇者身上，難怪小我這麼害怕我們憶起了抉擇者的自主能力──當我們意識到自己作錯了選擇，自然不再對虛妄小我言聽計從了。總之，究竟是自己有罪，還是罪在他人，從來就不是問題的癥結，關鍵在於心靈選擇了相信罪咎，認同罪的真實性。由此可知，小我打造出恨的思想體系以及投射的伎倆，真正的目的，就是要**讓上主之子永遠失心下去**。

(IV.2:5~6) 小我是因著你對它的信心而得以存活的。那麼，你的心靈必然也能否定它的存在；只要你敢正視一下小我為你精心策畫的旅程，便會毫不遲疑否定它的。

　　這一段話說得再清楚不過了：小我必須藉著心靈對它的信念才可能存在。這也暗示了寬恕的真正內涵乃是正視小我，揭發它存心將我們引入「失心地獄」的陰謀。小我最怕我們開始正視妄心的內幕，結果發現那兒什麼也沒有，恍然大悟自己的世界竟然是建立於虛無之上。真相大白之後，我們才會「毫不遲疑否定它的」。

(IV.3:1~2) **毋庸置疑的，沒有人真想要找到最後會打敗自己之物的。小我既然無法愛，在愛的面前必會手足無措，不知如何回應才是。**

真愛既然是完美的一體，我們只要與它認同，小我（也就是相信分裂的那一部分的我）自然會潰不成軍。既然愛內沒有「異己」，沒有什麼需求有待滿足，小我愛恨交織的特殊關係在此便頓失立足之地了。在真愛內，我們不會聽到身體的哀號：「我快活不下去了，請多關心一下我的身體及心理的需要吧！」只要進入了神聖一刻，既沒有身體，也沒有小我，愛的記憶便會浮現心中了。

(IV.3:3~5) **那時，你自然會放下它的指引，因為它教你的那一套顯然不敷你之所需。於是，小我不能不扭曲愛的真相，它這樣告訴你：它所傳授你的回應方式正是愛所要求的答覆。你若聽從它的教導，縱使踏破鐵鞋找到愛，你也無法認出它的。**

這段課文明白點出，小我為何老愛做些適得其反的瘋狂事情，只因世界存在的目的就是讓我們深陷其中，永遠找不到內心渴望的愛。至於為何「踏破鐵鞋找（不）到愛」？世界所給出的解釋也必然謬誤，因為它掩蓋了失敗的真正原因——我們找錯了地方。唯有在心內才能找到真愛的，因為心靈乃是聖靈的居所，而聖靈又代表了上主聖愛之念，正在呼喚我們從特殊之愛的噩夢中醒來。

(VII.6:1~6) 我就是聖靈的示現，當你看見了我，就表示你已邀
請了祂。祂必會為你送來祂的見證，只要你肯正視他們一下。
你應隨時記得，你所見到之物都是你自找的；因你想要什麼，
就會找到什麼。小我找到的，必是它想要之物，絕無例外。它
找不到愛，因為那不是它想要的。想要與找到是一事的兩面，
如果你同時追求兩個目標，你有可能找得到，只是你一個也認
不出來。

　　當我們抱怨自己感受不到耶穌的臨在時，不妨捫心自問：
「我是否真心邀請過他進入自己心內？」因為當我們投入小我
門下時，等於向耶穌下了逐客令。然而他始終不離不棄地留
在我們心內，我們若找不到他，表示自己並不想找到他，也表
示我們仍在追求分裂的思想體系，找到的當然就是小我。也因
此，除非我們決心改弦易轍，透過日漸加深的寬恕功夫，人生
經歷才會由恐懼轉為愛，由罪咎轉為平安。凡是真心尋求愛與
平安之人，必會如願以償的。

　　「拜耶穌為師」意味著自己的人生焦點已轉向心靈了。然
而，小我卻不斷告訴我們，我們沒有心靈。我在前文解釋過，
小我為了將我們逐出心靈，捏造了一些神話，令我們感到心
靈是凶險之地，不宜久留；這不是因為愛會傷害我們，而是罪
咎之心期待懲罰的緣故。小我繼續發出警告：「你心內的罪咎
感足以證明你確實犯下了逆天之罪，遲早會死在復仇之神的手
下！」為此之故，心靈成了天人交鋒的戰場，令我們不得不另

起爐灶投奔他鄉，逃離心靈這不祥之地；而逃離心靈的伎倆即是投射——**投射形成知見**，世界就這麼出現於眼前了。

心靈與世界：投射形成知見

　　現在，我們從第三節「投資真相」的第六段開始，這幾段引文說明了貧困的真正原因是來自投資小我。

(III.6:1~2) 認同小我，無異於自我攻擊，陷自己於貧困。為此之故，凡是與小我認同的人，必會感到自己被剝削。

　　千真萬確，只要認同了小我，必會感到匱乏，只因小我的本質就是自絕於上主之愛。自從我們練就了投射的本領，自然會認定內在的匱乏感是因為他人奪走了我們的東西，打死不承認那是自己心靈的選擇。換句話說，內心的匱乏必會引發被剝奪感，我們若感到不安，表示有人奪走了我的平安，我們便有反擊的理由了。只要與身體認同，必然相信世界會傷害我們，因此自我保護成了天經地義的事。接著，透過投射的伎倆令我們遺忘了外面的世界根本只是心靈的錯覺妄想，而這瘋狂的心靈才是讓自己感到貧困以及被剝削的真正原因。

(III.6:3~7) 沮喪憤怒勢所難免，因為他對小我之恨已經取代了他對自性之愛，使他不能不害怕自己。問題是他毫不自覺。他只會意識到內心很深的焦慮，卻看不出那是因為他與小我認

同的緣故；而他的應對手法通常是與世界建立一種神智不清的
「協議」。世界對他永遠是身外之境，若要「適者生存」，他不
得不如此。他毫不明白，世界是他打造出來的，在他外面並沒
有所謂的「世界」。

說到底，我們內在的焦慮並非世界或他人所引起的，而是起因於心靈選擇了小我，自甘讓罪咎取代真愛，沮喪驅逐了平安，繼而相信自己會因這個選擇而受到懲罰，這怎麼不令人焦慮？近代心理學家絞盡腦汁想要找出人類焦慮的原因，卻始終不得要領，因為他們根本不知道焦慮的源頭在哪裡。

上面這一段引言再度重申了外在世界的虛無；它純粹是心內信念所投射的幻影，我們若非看到自我憎恨所投射的罪咎世界，便是自性之愛所著眼的寬恕世界。所謂「與世界建立一種神智不清的『協議』」，指的就是特殊關係。我們使出渾身解數，企圖說服、誘騙，或操控他人，從對方身上滿足自己的需求，或者要對方為自己內在的罪咎感負責，卻絕不承認這種感覺乃是因為自心決定認同了小我所致。

耶穌接著描述分裂的心靈會投射出怎樣的世界：

(III.7:3~5) 分裂的心靈自然會感到草木皆兵，當它認出自己心中同時接納了兩種全然相反的思想模式，自然坐立難安。因此，心靈才會將這分裂（而非真相）投射出去。只要你還會把任何一物視為「外界」，表示你仍抓著小我的身分不放，因為「身分認同」對每一個人都代表了救恩。

　　小我最深的恐懼莫過於心靈突然改變主意，下定決心終結內在分裂狀態而重新選擇，選擇清明來取代瘋狂，選擇真愛來取代恐懼；於是，小我打出了手中最厲害的一張王牌，把分裂之念投射成分裂的現實：在自己和弟兄之間製造數不盡的衝突對立，令自己無暇反觀自己心內究竟發生了什麼事，自然也無從化解了。歸根究柢，所謂修行，不外乎就是反問自己：「我究竟想跟誰認同？」我們若與小我認同，必會相信小我的特殊性思想體系能夠將自己從虛無感中解救出來；反之，我們若與聖靈之愛認同，小我將立刻化為虛無，我們才算真正得救了。

　　我在這裡要插入第七節的一小段內文，因它詳盡描述了分裂心靈的投射伎倆：

(VII.7:6~8) 即使你認為你所投射的是自己不想要的東西，你其實很想要它。這立刻使你的心靈陷於分立、失聯的狀態（dissociation），因為你接受了兩個不同體系的目標；它們分裂為二，是因你把它們當成不同東西的緣故。於是，心靈才會在自身之外（而非自身之內）看到一個分裂對峙的世界。

　　小我企圖說服我們，若想消除心內的罪咎感，唯有向外投射一途。不用說，這當然是小我暗藏的禍心，因為罪咎感最能使虛妄的分裂之罪顯得真實無比，讓罪咎感更加無從化解。自從我們把小我和聖靈「解離」，令妄心與正心井水不犯河水，各行其是之後，黑暗與光明便永遠無法照面。眼前善惡分明的世界，受害及加害的現實不但並存，而且歷歷在目，使得二元

對立的信念變得更加牢不可破，這一切都是因為我們不敢向內探詢原因，讓分裂之心斷送了修正的機會。至此，我們終於明白，為何小我大力鼓吹我們全力以赴去「修正」這個不正義的世界。只要我們的目光緊盯著外境，便無暇正視自己心內的不正義，因而錯失了化解的機會。

(VII.7:9~11) 這會給你一種好似裡外一致的幻相，讓你相信自己所追求的只是一個目標。但只要你眼中的世界是分裂的，表示你的心靈尚未療癒。所謂「療癒」，不過表示你追尋的目標只有一個，因為你只接受這一個，故也只想要這一個而已。

我們經常有一個錯覺，以為大家都在追求「同一個目標」，例如世間的成就（無論我們對成功的定義是多麼南轅北轍）。其實，我們真正在做的是設法讓小我和聖靈各行其是，永不照面，不讓分裂的心靈有療癒的可能。這就是為何耶穌如此苦口婆心勸我們要對弟兄一視同仁，因為我們若著眼於外形，強調彼此的差異，等於存心掩護小我的思想體系。小我是什麼？不就是將上主與聖子視為兩個截然不同生命的分別意識？如此一來，天人分裂還有療癒的希望嗎？

現在，我們再回到第三節「投資真相」的內文：

(III.7:6~9) 你不妨反省一下自己的經歷，因為想法必然會為思想之人帶來具體後果。你感到自己與現實世界扞格不入，認為它處處跟你作對。這是你的所作所為必然導致的後果。一旦把心裡的對立感投射於外，你自然會看到世界處處跟你對立。

我們若向外投射怨恨、攻擊以及罪咎，其實是存心抵制心內的救贖原則，因為救贖原則所代表的，正是心靈對上主圓滿一體聖愛的記憶。我們投射的若是怨恨，自然會在世上看到恨的陰影，因而感到四處草木皆兵。這麼一來，世界不可能不充滿威脅的，只因我們存心遺忘的外在攻擊其實源自自己心內的投射。天主教偉大的神秘學家聖十字若望曾說過：「在沒有愛的地方，放一些愛，你就會找到愛了。」基於「**投射形成知見**」的原則，這句話同樣可以套用在小我身上：「在沒有罪咎之處，放些罪咎，你一定會在那兒找到罪咎的。」我們既然能把罪咎放在那兒，只要心念一轉，罪咎就解除了。化解小我思想體系之道，無非就是反轉投射的習性，將外在所見的一切收回心內，而這正是奇蹟的宗旨所在，下文解釋得非常清楚：

(III.7:10) 為此之故，你必須明白，憎恨出自你心內，而非心外，如此，你才驅除得了它；你必須先根除心頭之恨，才可能認出世界的真相。

這幾句話再次重述了小我陰狠的手段，它先令我們相信自己犯下逆天之罪，內心飽受罪咎和悔恨的折磨，逼得抉擇者不能不接受小我最糟的解決方案，把心內的咎與恨投射到別人身上。這也難怪，放眼望去，四周盡是仇恨之相，我們已經徹底忘懷仇恨的源頭不曾離開自己的心靈了。奇蹟的目的便是溫柔地將我們帶回心靈源頭，開啟慧眼，我們才會明白，面目猙獰的世界竟然只是自我憎恨以及充滿罪咎的心靈的一個投射而

已。文中所謂「世界的真相」，當然是指真實的世界，這一主題留待本章最後再繼續深入。

(III.9:1,7~10) 你眼中的世界是個充滿分裂的世界。……由於那個世界是出自你所不要之物，你因為怕它才把它從心中投射出去的。世界始終存於打造它的心靈，與真正的救恩同在你心內。切勿相信世界在你心外，因為你必須先認清世界真正的所在，才有駕馭它的可能。你確有駕馭自己心靈的能力，因為心靈乃是你的決定中樞。

　　世界存在的目的就是混淆視聽，讓我們看不清問題的癥結以及答案之所在。然而，打造出世界的是**我們**，我們卻刻意抹滅這一記憶，如此才能說服自己，我們的命運都操控在世界的手裡，只能在它的魔掌下苟延殘喘（T-19.IV.四.7:4）。除非我們清楚意識到世界只存在我們心內，否則我們永遠不可能從世界的死胡同裡脫身的。唯有心靈擁有控制世界的能力，這就是為什麼《奇蹟課程》集中火力於化解小我的失心大計，恢復我們心靈的抉擇能力。

(III.10:1~2) 你若認出自己所受到的攻擊原來是出自你的心內，而非來自心外，才算找到了元兇；它在何處萌生，便會在何處告終。救恩便在那兒現身了。

　　這正是耶穌這部課程來到人間的用意。它要我們明白，問題與答案始終都在我們的心內，從未離開它們的源頭。為此，

若想從心外的世界來了解問題的真相，企圖從心靈之外尋找修正之道，絕對是徒勞無功的。也因此，奇蹟的目的即是扭轉我們投射罪咎的傾向，將罪咎之念帶回心靈的源頭，讓我們恍然大悟，所有的問題不過是心靈作錯了選擇，認同了小我所引發的後遺症，而不是世界真有什麼問題。我們接下來就會讀到，《奇蹟課程》把祭壇作為抉擇者的象徵——在祭壇前，我們可以選擇聖靈的禮物而憶起上主，也可能選擇小我的禮物，在罪咎中活得膽戰心驚。

(III.10:3~9) 那兒就是上主的祭壇，亦是基督的居所。被污損的，是你的祭壇，而非外在的世界。然而，基督已在祭壇為你安置了救贖。把你的世界觀帶到祭壇來吧！它會幫你看到真相。你的眼睛會霎時一亮，在那兒學會真正的看。從此上主與聖子方能平安共處，使你賓至如歸；你在平安中向外一望，便看到了世界的真相。然而，你必須先放棄自己在世上的投資，也就是你投射到世界的一切，才可能找到平安之境，聖靈也才能把真實世界由上主祭壇那兒推恩於你。

我們常有一種錯覺，以為心靈已被自己污損得回天乏術了，但請記住，罪咎既是我們放在那兒的，若想將它移除，何難之有？只要我們願意選擇救贖，救贖之光便會遍照身心，我們所見到的一切也洋溢著超脫凡俗的平安。只要認同了正念之心，讓小我的種種妄念與真理照面，它便會自動隱退。當我們徹底收回對幻境的投資，真實世界便會翩然來臨，心內的罪咎

既已全面化解，真理的倒影便會溫柔地將我們領入上主永恆的
平安之境。

**(VII.5:1) 你期待什麼，便會看到什麼；你邀請什麼，便會期待
什麼。**

　　短短數言，已預告了第十三章及二十一章的奇蹟名言「投
射形成知見」。我們對小我這個策略已著墨甚多，但這一原則
在小我「恨」的思想體系中扮演著關鍵角色，值得我們反覆深
究。所謂「投射形成知見」，是說我們先往內看，決定要把恨
或愛當真，再把心靈這個決定投射於外。既然是我們將它由
心靈移出，放到眼睛所能看到的地方，我們自然會在外面看到
它。我們之所以不能不信自己的幻覺，只因小我又在我們心上
覆蓋了一層「遺忘的面紗」，不論外面看到的是愛或是恨，我
們常忘了那個選擇始終沒有離開過它們的源頭。

**(VII.5:2~6) 你的一切所知所見都是你自己邀請來的，它們會應
你之請而至。你究竟想看到哪一位現身？你寧願相信哪一位的
臨在？你自己顯示什麼，必會相信什麼；不論你在外面看到什
麼，表示你已在自己心內先看到了它。你的心靈有兩種看待世
界的方式，你的所知所見不過反映出你究竟選擇了哪一位嚮導
而已。**

　　若想知道自己內心作了什麼選擇，只需往外看看，究竟看
到的是攻擊還是寬恕？看到個體利益還是共同福祉？這是耶穌

所傳授的，也是奇蹟學員必修的功課。我們在世上會看到什麼或相信什麼，端視我們心裡相信了小我或聖靈而定。在幻相世界裡只有兩種看法，因為只有兩位老師──不是透過罪咎的判斷之眼，就是透過寬恕的慧眼。這個中心思想在耶穌的奇蹟交響樂中不斷推陳出新，譜出種種精彩的變奏。

(VII.7:1) 我曾經說過，你會投射或推恩，決定權操之於你；可是你只能在兩者之間選擇其一，因為這是心靈的運作法則；而且你必然先在心內看到，才會在外面看到的。

　　我們只有兩個選項，不是小我，就是上主；不是投射出恐懼或自我憎恨，就是推恩寬恕與愛。內心作何選擇，會決定我們如何看待世界，這與現實世界究竟發生了什麼事毫不相干。根據奇蹟理念，根本沒有「客觀世界」這麼一回事，我們的所知所見，純屬一種詮釋；不是通過罪咎，就是透過奇蹟的眼光詮釋世界；我們若在外面看到的盡是邪惡，表示我們先把自己心內的邪惡弄假成真了。究竟說來，世界既不存在，豈有邪惡可言？是我們先投射出小我之念，才會出現小我的世界。幸好，這種妄念一經修正便不復存在了；我們若對它口誅筆伐，反會使它在自己心中顯得更加真實而已。

(VII.7:2~4) 當你往內看時，你得選擇一位「看的嚮導」。然後你往外一看，就會見到那嚮導帶給你的見證。為此之故，你想要什麼，就會找到什麼。

如果我們想要恨，恨便會在心內生根，然後投射於外，將它變成現實；我們若想看到愛，愛便會在心內生根，然後推恩於外，那麼任何事件在我們眼中不是愛的流露就是愛的求助。這就是「**投射（或推恩）形成知見**」的真義。耶穌叮嚀我們反轉心靈的認同，只要將眼光從身體轉向心靈，世界便失去了左右我們想法和感受的能耐，到那時，我們再也不會懷疑，自己的心靈確實是世界與此生經歷的始作俑者。

(VII.7:5) 你想要自己變成怎樣，也會將它顯示於外，然後再從世界領回它來，其實是你先想要如此而把它放在外面的。

若想知道自己的心靈究竟拜誰為師了，不妨反觀一下自己看待世界的心態。不過，我們說的，並不是一般所謂的「保持客觀立場」；既然**知見只是一種詮釋**，它永遠不可能客觀的。我們想要把邪惡視為一種應受懲罰及報應的罪行？還是把它視為受驚的心靈向愛發出的求救信號？我們的心靈選擇了哪一位老師，決定了我們會看到什麼。不消說，小我絕不想讓我們知道自己擁有決定的能力，它會想盡辦法防止我們意識到心靈有選擇的自由，如此方能保住心靈最早的分裂決定。同時，我們的罪咎感也因投射到他人身上而無從化解；這種投射更加鞏固了「你我確實是兩個不同生命」的幻覺，並將分裂的罪責推給身外的世界去承擔了。

(VII.9:1)「決定能力」乃是困在世界的你所剩下的最後一點自由了。

　　這句鐵口直斷之言，到了〈詞彙解析〉又原汁原味地重述了一遍（C-1.7:1）。我們在世上全是囚徒，幸好，我們也是典獄長，因為我們手中握有解脫的鑰匙。小我為了防止我們找到這把鑰匙逃出牢籠，故意讓我們遺忘鑰匙所在的心靈，誤以為這把鑰匙藏在身體內，只是被別人偷走了。於是我們終日盯著別人的身體，想從他們身上找回自由的鑰匙，還自己一個清白，甚至不惜為此大開殺戒。其實那把鑰匙始終存於抉擇者所在的心靈內（即附圖的分裂妄心那一方框最上面的黑圓點），唯有它才具有囚禁或釋放自己的能力。總歸一句話，一切操之於自己的選擇。

(VII.13:1) 請記住，每當你向外看到不悅之事而心生反感，表示你不只評判自己毫無價值，還定了自己的死罪。

　　〈練習手冊〉曾說過，當我們想要怪罪任何人或任何事時，不妨反問自己一下：「我會為這種事情而定自己的罪嗎？」（W-134.9:3）任何一種不悅的反應或不仁慈的批判，其實影射出我們對自己的攻擊。我們若心生報復之念，表示心靈開始自我攻擊了。心靈為了逃避自認為應受的懲罰而把罪咎投射到他人身上，並且聲稱對方不配得到自己的愛；說穿了，我們在他身上看到的罪行，恰好暗示我們：**自己**才是萬惡不赦的叛徒。

(VII.14:1) 小我並非上主的叛徒，因為沒有人可能背叛上主。

　　我們怎麼可能背叛圓滿一體的上主？上主之外，沒有任何個體存在。背叛只可能發生在二元世界，在夢境裡，我們最多只能背叛自己。我們繼續念下去：

(VII.14:2) 小我其實是你的叛徒，因它一口咬定你背叛了天父。

　　對於十誡的前兩誡，小我以及《奇蹟課程》各有不同看法，這一點我們在第十章已經詳細討論過。基於上主圓滿一體的本質，上主之外不可能存有其他神明。我們若認為自己能夠打造神明，我們所褻瀆的，其實是自己而非上主，上主不可能知道這種罪行的。

(VII.14:3~5) 為此之故，化解罪惡感成了聖靈最重要的一課。只要你還心存一絲罪咎，你對小我就不能不言聽計從。它這樣告訴你：你已背叛了上主，因此罪該萬死。你始終認為死亡是上主的懲罰而非小我的傑作；又因你已誤把小我當成了自己，故認為是你自己想死的。

　　我們又回到罪咎懼的主題了。我們心中的罪惡感證明自己確實犯下逆天之罪，背叛了上主的愛，褻瀆了祂的聖名，並且在祂面前供奉過其他的神明（無庸置疑，這全是小我虛構的故事）。根據《聖經》的神話，上主為了懲罰亞當和夏娃的罪行而造出死亡，因此引發了人類最原始也最深的恐懼。內心充滿罪惡感的人自然相信報應、懲罰和死亡（對小我而言，報應反而代表了公平或正義）。我們之所以相信這一切，只因我們相

信了小我的整套謊言。由此可知，真正的問題不是出在世界的
邪惡，也不是人心的邪惡，而是心靈選擇了某種看待世界的眼
光。既然問題出在心靈的錯誤選擇，它必然也有能力扭轉這一
錯誤。接下來的一句話極其重要，因它再次重申，幻境中除了
選擇能力，沒有其他的能力存在。

(VII.14:6) 你若真有此意，連上主都愛莫能助。

　　是真的，只要是我們想要做什麼，上主、耶穌或《奇蹟課
程》都束手無策；因為祂們一旦插手，等於否定了心靈的選擇
能力。祂們只能設法讓我們明白，我們所追求的未必是我們真
心想要的。確實如此，我們並非真的想要分裂或與眾不同，有
誰寧可成天自怨自艾？這絕對不會帶給自己任何快樂幸福的。
我們不難由這一節的引言裡讀出耶穌的苦口婆心，面對那個
選擇小我之個體性而活得很苦的心靈，他頻頻呼喚：「選擇我
吧！我保證你永遠幸福。」唯有這種選擇能力具有詛咒自己或
拯救自己的能力。我們一旦識破了小我的「失心大計」，看穿
它的陰謀，那麼，重新選擇明師，接受慈愛的救恩，就易如反
掌了。

**(VIII.5:1~3) 只要你祈求恢復這一記憶，你就會憶起祂的。如果
人心千方百計想要抹殺這個記憶，上主自然無法照耀此心。因
上主的記憶只可能降臨於有心憶起它而且不再瘋狂地想要操弄
真相的心靈。**

　　只要真心想憶起真相，我們必會如願以償的。《奇蹟課程》的方法就是先讓我們意識到自己有個心靈，知道它曾經作出與上主分裂的決定，甚至為了壯大自己打造的假我，不惜泯滅殘存心中的上主記憶。因此我們真的需要一位明師，手把著手教我們看清，自己如何想方設法埋藏上主的記憶，掩蓋聖靈的愛以及耶穌的平安，至今仍九死不悔。我們得先承認自己多麼不想與祂們同在，才可能真心重新作選擇。唯有心甘情願地將祂們迎回心中，我們才有幸福的希望。只需如此清明的一念，罪咎的烏雲便煙消霧散，罪咎所投射的虛幻世界重歸虛無；就在這「神聖的一刻」，上主的記憶悄悄地在人心中露出了曙光。

　　接下來，我們再回到「救贖原則」的主題，它是聖靈針對小我的彌天大謊所給予的答覆；然而，這次的切入點不同，將聚焦於我們存心銷毀上主記憶的這個企圖。

救贖原則

(VIII.1:1~2) 你真的相信自己有殺害上主之子的能耐嗎？天父已將聖子妥藏於自己的生命內，使你的毀滅之念鞭長莫及；然而，你自己卻因著這些念頭作祟，再也無法得知天父與聖子的真相了。

這段話相當詩意地描述了「我們是上主聖子」的記憶：即使在夢境裡，聖靈仍把這個記憶藏在我們的心靈深處。所謂「救贖原則」，就是讓我們明白這個記憶絲毫不受小我毀滅之念的影響。但是，在夢境裡，罪咎懼的念頭仍然可能掩蓋上主聖愛的記憶；由此可知，寬恕的目的只是取代毀滅之念罷了。

下面這段引文所陳述的也是救贖原則：

(II.6:5) 不要任由瞋心阻攔愛的來臨，因為沒有一物阻擋得了基督對天父之愛或天父對基督之愛的。

短短幾句話言簡意賅地告訴我們，以恨起家的小我思想體系，對愛產生不了任何威脅。愛不只不會著眼於恨，甚至意識不到恨的存在；一個不存在之物，怎麼影響得了實存之物？

(II.9:1~3) 你曾企圖驅逐愛，卻無法得逞，但你若決心驅逐恐懼，卻保證成功。因為上主與你同在，你只是毫不知情而已。你的救主平安地活在你心裡，因祂自己也是在平安中受造的。

我們曾在第十一章引用過《舊約》的話：「我知道我的救贖主活著。」（〈約伯記〉19:25）。確實，我們的救主始終活在正念之心（亦即聖靈的安居之所）。然而，我們若想切身體驗到救主已從十字架復活，或已由夢境徹底覺醒的話，我們就必須下定決心驅逐恐懼，歡迎愛的來臨，如此，方能領悟「幻相永遠影響不到真相」這一事實。

(II.9:4) 你難道不願以平安的覺識來取代恐懼的覺識？

　　耶穌如此諄諄勸誘：「放下恐懼，選擇愛吧！」唯有如此，我們才可能知道恐懼確實是出於自己的選擇。為了鼓勵我們重新選擇，耶穌要我們好好正視先前錯誤選擇所導致的悲慘後果。但話說回來，除非我們先意識到自己是個有選擇能力的心靈，而且這個心靈曾幾何時選擇了小我，令自己吃盡了苦頭，簡直生不如死，否則，我們根本無法心甘情願放下那套恐懼的思想體系的。

(VIII.3:1~3) 你若把原本非真之物搞得活靈活現，它原有的真相便會在你眼前遁跡。但真相本身是不可能看不見的，因為它在聖靈眼中清晰無比。你之所以看不見它，只因你的眼睛老是盯著其他的東西。

　　我們當初不只選擇了小我，還自甘把它打造的瘋狂世界當家，幸好這個「非真之物」絲毫影響不到「真實」的救贖；救贖始終安住在我們心內。然而我們必須先意識到它的存在，才領受得到它的幸福及喜悅美果，並從分裂與罪咎的噩夢清醒過來。為此，小我為了保住自己的悲慘夢境，刻意慫恿我們去找「其他」東西來彌補，或是在答案所「不在」的地方尋找答案。一旦被小我的「去找，但不要找到」的陰謀所騙，我們必會在失心的身體和世界愈陷愈深，離聖靈的慧見以及內在的抉擇者漸行漸遠。

(VIII.3:4) 你沒有權利決定什麼才是真的；同理，什麼是看得見的或什麼是看不見的，你也做不了主。

可還記得我們先前討論過的觀點：我們的自由意志在夢中有決定「什麼才是真的」的權利，但對於終極真相卻毫無置喙的餘地。換句話說，我們在夢中高興相信什麼便能相信什麼，但我們沒有能力把幻相弄假成真，因為幻相絕無左右真相的能力；言下之意，上主也不可能失落祂的聖子的。

(VIII.6:1) 上主之子，不要認命於虛無之境！

耶穌拜託我們不要認命於小我。它那套以罪咎、仇恨和孤獨起家的思想體系只會讓我們一敗塗地，落於虛無之境。除了神智失常的瘋子，有誰願意放棄天堂的圓滿幸福，自甘在小我的虛無幻境裡苦中作樂？

(VIII.6:2~5) 凡是虛妄不實的，既不可見，也無價值。上主不可能賜給聖子無價值之物，聖子也不會接受這類禮物的。上主早已在你自以為遺棄上主的那一刻拯救了你。你所打造的那一切也不曾存在過，你看不見它們，因為聖靈從不著眼於它們。

聖靈不會著眼於我們的卑微及一肚子的怨氣，確切地說，除了我們本有的自性及真愛，祂什麼都看不到。我們只要選擇拜聖靈為師，自然能與祂共享這一慧眼，越過自己及世界的邪惡表相，瞻仰上主唯一聖子的燦爛心光。確實，心靈的光明從來不曾黯淡，即使在我們起了瘋狂一念而決定離開生命根源的那一刻，我們仍然記得上主的，因為代表救贖之念的聖靈已隨著我們一併進入了夢境。我們只需主動認同聖靈的正知見，便

不難識破小我的虛幻本質，看清它一無可取之處，如此，上主之子的真正「價值」便歷歷在「心」了。

　　此刻，我們的討論又回到「**看**」的主題了。隨著這一主題在奇蹟交響樂中不斷推陳出新，講得愈發精微深刻，我們對愛的恐懼也愈來愈減弱，逐漸擺脫幼稚的小我，日益成熟為一個有靈性的成人了。

從幼兒期到成人期的「看」

(II.1:4~5) 知道自己真相的人，是不可能生病的。因此，奇蹟志工的任務便是幫忙否定他們對真理的否定。

　　操練《奇蹟課程》最重要的一個原則就是：不要把心力投注於尋找真相或接受真相上頭，而是單純地正視小我抵制真相的伎倆，看清它為了推翻救贖原則，如何打造出罪咎、特殊性和怨恨這一整套的思想體系。我們只需打從心底說出：「我再也不要這樣活了！」便足以**否定小我對真理的否定**。雙重否定等於肯定，這是數學「負負得正」的簡單原理。當我們透過聖靈的慧眼，看清小我是如何否定真理的，而且意識到這是自己的選擇；那麼，解除那一選擇就不是這麼難了。這個觀點和耶穌前面所說的，我們的「**唯一責任即是親自領受救贖**」（T-2.V.5:1），可說是異曲同工。

(II.4:1) 你可還記得我先前提到孩子最怕的念頭，只因他們不明就裡，才會如此大驚小怪。

耶穌再度用小孩子害怕的念頭，影射噩夢一般的小我世界。他說的「孩子」就是指我們。「最怕的念頭」，自然不外乎身體所承受的生老病死之威脅。

(II.4:2~3) 只要他們有心覺醒，且願接受真相，恐懼就會消失了蹤影。如果他們還想隱瞞噩夢，便難以擺脫那些魅影。

這正是小我的殺手鐧，它先打造一個分裂、罪咎以及天譴的噩夢，繼而使出壓抑及投射的手段來隱藏這一事實。從此，我們再也看不見自己心內的殘酷無情，只看到身外的仇恨與暴力，終日在這個失心世界裡要求其他的血肉之身來解決自己的問題，好讓壓在心底的罪咎投射到這無辜（甚至根本不存在）的世界。就是這一套防衛機制，為小我提供了最佳掩護，斷絕了心靈選擇光明的機會。

(II.4:4~5) 幫助一個徬徨無助的孩子其實不難，因為他知道自己並不明白所見之物的意義。問題是，你卻相信自己十分了解所見的一切。

我們如此冥頑不靈地認定自己是對的，面對人間的邪惡、疾病以及痛苦，常常堅稱只有自己知道答案。只要我們還像一個自以為是的頑童，認為自己什麼都知道，是不可能接受近在眼前的協助的。直到自己快被恐懼壓垮時，才會大聲求助：「我

實在沒轍了，老天幫個忙吧！」其實，心靈只要打開，便不難聽到救贖的慈愛答覆了，因為我們終於問對了問題，找對了地方。懂得虛心求教，就代表靈性開始成熟了。

(II.4:6~7) 孩子，你正扯著厚厚的棉被罩住自己的頭呢！你存心把噩夢藏在自以為是的黑暗中，拒絕張開眼睛正視那些魅影。

這句話一針見血地指出當前世界的處境。有一回，海倫在筆錄課程時，耶穌要她跟比爾說：「即使五千萬法國佬口徑一致，也不保證那是對的。」確實，即使是幾十億人類都認定的事，也可能是錯的。總之，只要我們認為所有問題都發生在外面，我們**必會**看走眼的。愈多人認同這種看法，我們的妄見便愈發牢不可破；同樣的道理，愈多人認同世界是邪惡的，我們愈會看到一個邪惡的世界。我們就這樣把罪推到外面，以確保自心的純潔無罪，殊不知，罪的念頭反倒在自己的錯覺妄想中更加根深柢固，無緣讓慧見發揮它的修正作用。

(II.5:1) 別再抓著噩夢不放了，它不配獻給基督，故也不配作為你的禮物。

耶穌苦口婆心地規勸我們：「請聽我的話，好好正視噩夢般的外境，我會教你看出它們其實發生在你心內，夢中景象全是你虛構出來的，毫不真實，當然配不上你的神聖自性。但你必須真心接受我的教誨，否則我對你愛莫能助。」

(II.5:2~3) 掀開那棉被正視一下你所害怕的東西吧。你所怕的只是一些假想敵而已，什麼也不是之物有什麼好怕的？

　　我們之所以害怕往內看，是因為罪咎不斷恫嚇我們：「你會在那兒看到神的天譴！」但說穿了，那兒什麼也沒有，既沒有罪惡感，自然不會害怕懲罰；由此可知，真正的問題出在那個不祥的預感。當小孩從噩夢驚醒，他總是以為怪獸一定躲在衣櫃裡，父母把孩子領到衣櫃前，小孩會驚恐地抗拒，直到小孩允許父母打開櫃門，親眼看到裡面空無一物，他的心才會安定下來。耶穌就好似我們的靈性父母，想盡辦法要將我們領向衣櫃（即心靈），但我們因為恐懼而百般抗拒，抵死不從，要求他一定要先為我們除掉夢中的魅影（即世界和身體）。為此，耶穌三番兩次地向我們保證，只要我們願意接受他的幫助，不帶批判地正視那些夢中魅影，必能看清那些東西根本不足為懼。

(II.5:4~5) 願我們別再耗費光陰了，因為若無外援，你那充滿仇恨的靈夢是不會放過你的；所幸天助就在眼前。學習在動盪的人生中靜下心來，因為寧靜的心情反映出你已放下奮鬥心態而邁上了平安的旅程。

　　動盪無處不在，不只世界動盪不安，個人的生活也是衝突迭起。然而，不論外在的處境有多麼嚴峻，平安始終藏在正念之心的底層，耐心地等待我們終有一天願意與它認同。這其實並不難，只要我們聽從耶穌的教誨，撤銷內心對他人及對自己

的怨恨，我們的心便會由掙扎轉為平安，由混亂轉為寧靜，由昏睡邁向覺醒。

(II.5:6~7) 定睛正視一下那存心耽擱你前程的每一個陰影吧，你的結局已定，因為它千古不易。愛的結局乃是你的天賦權利，不論你作的是什麼夢，愛永遠屬於你。

這就是我們十分熟悉的「正視小我，越過小我，邁向真理」之心路歷程。不論我們在夢中打造出多少罪咎和仇恨，身為聖子的我們永遠是上主的至愛，因為我們是由愛中創生出來的。耶穌為了幫助我們憶起永恆的聖愛，傳授了我們寬恕法門，教導我們以慧眼看待小我。耶穌繼續如此激勵我們：

(II.9:5) 我們一旦戰勝了恐懼（不是隱藏或淡化它，也不再企圖否定它的能耐），你就會看清這一真相了。

耶穌要我們看向恐懼藏身之處。要知道，最令我們害怕的，其實不是外界發生的事（比如自己或親人的身體受到傷害），真正讓我們避之唯恐不及的，反而是正視自己的內心；因為我們早已聽信小我的謊言，以為往內看去必會遭到上天懲罰。其實小我（也就是這個個體之我）真正害怕的，乃是心靈一旦選對老師，便有能力徹底看穿它虛幻的本質了。為此之故，我們必須尊重心靈擁有選擇恐懼幻境的權利，唯有如此，我們才能感受到自己也有選擇救贖之愛的能力。唯有回到愛中，我們才會明白，自己唯一可能丟失的，其實是根本不曾存

在的虛無之物。

(II.9:6~8) 你若不敢正視它，便無法跨越障礙而抵達真實慧見的，因在逃避之際，你已經下了判斷。只要你願正視恐懼一眼，聖靈便會出面代你判斷，而祂的判斷永遠真實。關鍵在於，祂無法用光明驅散你存心隱藏之物，你若不願自動獻出，祂絕不會由你手中奪走的。

這幾句話又把我們帶回十分熟悉的「將陰森幻相帶入光明真相中」，以及「**否定小我對真理的否定**」之說法。耶穌好似央求我們，當我們堅持問題出於外界，而且還自認為知道怎麼應付時，請記得向他請教，他就會幫助我們明白，真正的問題其實出在那個選擇了分裂而且相信罪咎的心靈。

(II.10) 因此，我們現在所學的，乃是一套組織完備、結構縝密，而且深思熟慮的課程，它教你如何把你不想要的東西交託給聖靈。祂知道如何處置那些東西。你目前還不懂得如何發揮祂所知道的真相。只要你一交給聖靈，那些原非上主之物便消失了蹤影。但你必須自動自發地正視它們，否則上主的真知對你發生不了任何作用。有一點你大可放心，祂絕不會不伸出援手的，因助人是祂存在的唯一目的。「正視恐懼之源，徹底予以了結」難道會比你眼前這個世界更可怕嗎？

當海倫筆錄到這一段時，並不知道隨後還會有〈練習手冊〉和〈教師指南〉，耶穌在此預告海倫，他的課程不只「組

織完備、結構縝密」而且是經過「深思熟慮」的。整部課程一再強調，要我們與耶穌一起正視小我的思想體系；唯有如此，所有的幻相才會顯露它的虛幻本質而重歸虛無。因此，我們可以說「**往內看**」是耶穌手中的王牌，「**不要往內看**」則是小我的王牌。小我打造出偌大的世界，不就是為了防止我們著眼於心內的罪咎問題嗎？只要我們鼓起勇氣往心內看去，便會意識到，罪咎原來是小我胡謅出來的；如此一來，罪咎及恐懼所捏造出來的假我，自然就銷聲匿跡了。

我們若意識不到一直在心內作祟的罪咎，不只會被它搞得神智失常，還會陷入它所造出的瘋狂世界而無法自拔。只要我們還相信自己所有的問題和解答都離不開外面那個世界，我們的神智是不可能清明的。因此才說，此生最有意義的事，莫過於和耶穌一起正視小我了；而這也成了小我最大的隱憂，因為它那套思想體系和虛構的自我實在經不起這麼一看。

(VII.10:1~4) **你怕我，因為你在自己內看到令你害怕之物。其實，你所看到的並非真相，因為心靈的真相原是上主造化的精華。它純粹來自上主，只要你真願正視它一下，它的全能和偉大必會帶給你平安。倘若你還害怕，表示你看到了根本不存在之物。**

這段解說所暗示的正是救贖原則。我們若真正往內看去，只會在心內看到耶穌的愛；除了愛，那裡什麼也沒有，更談不上小我的分裂與罪咎體系，因為它們純屬虛構。對正念之心而

言，沒有比這更大的喜訊了。然而，我們的心內若還有一部分並不想放棄個體價值，仍然緊抓著小我的妄念體系不放，必會對這個說法感到惴惴不安。其實，我們害怕的並不是象徵著上主之愛的耶穌（愛怎麼可能可怕？），我們真正害怕的，是自己的小我（也就是我的個體生命）就此告終了。但請記得，只要牽起耶穌的手，和他一起往內看去，我們便會看到，心內除了神聖偉大的自性以外，真的**什麼也沒有**。

(VII.10:5~6) **你原本會在那兒看到我和所有的弟兄安穩地活在創造我們的天心裡。因為在那兒，我們確實共同活在天父的平安中，而且他一心指望透過你而把自己的平安推恩出去。**

　　整個聖子奧體都安止在全能和偉大的自性內，永遠安然無虞；這種平安遠非追逐獨立及特殊性的世界所能想像。只要有一位聖子領受了這一平安，世間瘋狂無比的分別信念便會在他的平安中悄悄消融。我們原本以為特殊關係能夠滿足自己的需求，結果卻苦不堪言，逼得我們不得不另找出路，而這時，耶穌必會慈愛地答覆我們的祈求的。

(VII.11:3~6) **我已聽到了你的祈求，而且俯允了你，但你不會看到我，也聽不到你想要的答覆。因為那並非你「唯一」想要之物。必須等到我對你顯得愈來愈真實時，你才會明白那確是你唯一想要之物。那時，當你往內一看，就會看到我的臨在，我們便能一起看到真實的世界。**

　　耶穌告訴我們，唯有拜他為師，接受寬恕的教誨，才可能活得幸福；反之，我們會活得苦不堪言。這話聽起來好像很容易，卻是耶穌教學的一大挑戰，因為我們根本分不清幸福與痛苦，常常把它們混為一談，甚至看不出自己究竟是囚犯還是自由人（T-7.X;T-8.II）。幸好，只要我們承認自己的無知，願意向耶穌請益，恐懼的眼翳立刻剝落，我們便能透過耶穌的慧眼看到真相。那時，洋溢著純真、喜悅和自由的真實世界，便離我們不遠了。

(VII.12) 你若能往內一看而看到我，表示你已下定決心為真相作證了。就在你彰顯真相之際，你會在心內與心外同時都看到真理的蹤跡。你能在外面看到真理，只因你先在心內看見了它。你可以根據自己在外面所看到之物，判定那必是你在心內所見之物。這種判斷若出自於你，必然錯誤百出，因為判斷原非你的任務。只有出自聖靈的判斷才可能正確無誤，因為判斷乃是祂的任務。唯有按照祂的方式判斷，完全放下自己的評判，你才算是分享了祂的任務。你的評判常跟自己過不去，聖靈的判斷卻始終護著你。

　　如果想明白自己究竟是以真理為師，還是拜在幻相的門下，只要誠實觀看眼前的世界，看看自己究竟是矚目於個別利益，或是共同福祉？著眼的是聖子奧體的共通本質，還是外表的歧異？換句話說，我們的抉擇者究竟是認同了小我眼中的分別相，還是救贖眼中的一體性？這個指標就在於：心靈作何選

擇，就會在世上看到什麼。我們若能在心內「看到」耶穌的愛（這可說是幻境裡的唯一真相），我們就不可能不在身外看到愛的倒影。引言中所謂的「聖靈的判斷」，與本章的第一節相互呼應。這一主題將留待下一節再深入討論。

(VII.15) **當你開始向死亡的誘惑讓步時，請記住，「我並沒有死！」只要你能向內看去而看到我，便會明白此言不虛。我怎麼可能只為自己一人戰勝死亡？天父怎麼可能只賜我永生而不賜給你？你一旦學會如何將我顯示於人，就再也不會看見死亡了。因為你已在自己內看到了不死之境；你眼中只有永恆，向外望去，也只會看到一個不死的世界。**

　　這段話顯然是指福音所記載的復活事件，但我們說過，耶穌的復活還有更深一層的含義：耶穌由死亡之夢覺醒，等於在為救贖真理作證。這意味著小我思想體系確實只是一場噩夢，絲毫影響不了聖子的永恆真相，因聖子享有天父的永恆生命，故不可能死亡。凡是打從心底接受耶穌及其真理之人，也會從拜在死亡門下的眾生身上看到聖子共有的生命真相。這一大轉折，足以顯示我們已由幼稚的孩童進入成年期了，不再終日著眼於個人的身心需求，心中只剩下一個渴望，就是效法耶穌，透過他的慧眼而認出普世聖子的同一本質。至此，特殊性宣告壽終正寢，我們終於抵達了最後一道門檻，準備和那位不曾與天父分離的唯一聖子認同了。

　　請注意，在整部課程裡，耶穌反覆重申了「向內看」的

重要性。向內看，正意味著越過小我而看到耶穌的臨在；而
也唯有和他**一起**看，才能完成這個目標。〈練習手冊〉有這麼
一句話：「祂是我們追尋的終點，也是我們邁向祂的途徑。」
（W-302.2:3）這句話雖然指向天父，同樣也可以套用在耶穌身
上——耶穌的愛是我們在夢境中追求的「終點」，因為它終結
了那個「與愛分離」的夢境；但他也是我們尋回此愛的「途
徑」。總之，我們必須先往內，看到罪咎和陰影，然後越過自
我憎恨而進入耶穌所代表的聖愛之境。隨後的兩段繼續解釋，
在耶穌的引導下，我們踏上了尋求真理之路，學習棄絕小我，
一心不二地追隨新的導師——聖靈。

**(IV.4:1~3) 你可明白，小我所為你安排的人生之路必然陷你於
絕望？「去找，但不要找到」，絕不可能是件愉快的事。這可
是你想要圓的夢？**

　　我們曾向小我發下這種神聖誓言，絕對服從命令，而且只
著眼於它要我們看的東西。為了忠於諾言，我們開始向外尋找
他人的罪咎，絕不向內探問自己的心靈，以免發現心內其實沒
有罪咎，只有救贖。為此，小我不斷慫恿我們追逐世間的特殊
性，期待它能給我們帶來幸福；結果得到的卻是空虛與絕望。

**(IV.4:4~7) 聖靈賜給你另一種圓夢之法，那才真能為你帶來喜
悅。因為他的許諾永遠是「去找，你必會找到」，有他指點迷
津，你不可能失敗的。他帶領的旅途必是成功之道，你的目標
既是他為你設定的，他必會讓你如願以償。他絕不會蒙騙自己**

的聖子，因祂對聖子始終懷著天父之愛。

　　唯有聖靈所許諾的「圓夢之法」，才能真正解決問題，幫我們憶起自以為早已遺忘了的聖愛。至於小我的圓夢之法，純是「蒙騙」我們，因為它本身就是脫胎於那個彌天大謊。它告訴我們，除了上主，還有其他的存在，教我們追求特殊的愛來取代天堂的圓滿之愛。聖靈的使命則是教我們看清小我的底細，帶領我們踏上「去找，你必會找到」的旅程，不再被小我蒙蔽，最終幫我們找到自己真心渴望的平安與喜悅。

(IV.5) 你遲早會踏上這一旅程的，因為世界並不是你的家鄉。即使你還不清楚「何處是兒家」，也不能不去追尋。你若相信家鄉在自己的身外，你是不可能找到的，因為它根本不在你尋找之處。你已記不得如何往內尋找了，因為你不相信自己的家鄉就在心裡。然而，聖靈會幫你憶起來，祂會領你回家的，這是祂的使命。祂完成這一使命之後，必會幫你找到你的使命，因你的使命與祂的完全一致。就在你引導弟兄歸家之際，你其實已經跟上了祂的腳步。

　　人生就是一趟旅程，唯一的問題只在於我們選擇與哪位老師結伴同行。我們若跟隨了小我，絕對不可能如願以償的，因為它的失心大計只允許我們向外尋求，不准我們往心內去找。當我們走在小我的路上，有如迷途羔羊無助絕望時，遲早會另尋高明的，那位神聖的嚮導便會將我們領入心靈，憶起那始終在引頸盼望浪子歸來的天鄉。由於我們對天鄉的一體境界幾乎

一無所知，為此，聖靈必須傳授一套課程，教導我們一步一步
解除自己因為害怕憶起天堂而打造的分裂假相。直到我們能夠
看出自己與他人的同一本質，便能與人分享這一共同福祉，一
起脫離小我的苦海，表示我們已經活出一體聖子的倒影了。有
誰不想完成這美妙的寬恕使命，與所有的弟兄一起踏著輕盈的
步履返回上主的家園？

　　如果我們想從幼兒期成長為有靈性的成人，就必須先學會
往內看，接受聖靈的判斷。這是下一節所要討論的主題。我們
會欣然發現，「聖靈的判斷」這一節給出的重要理念其實就是
寬恕之旅的基本內涵。

聖靈的判斷

**(I.1:1) 我曾再三叮嚀你，不要把錯誤弄假成真，方法其實很簡
單。**

　　我們在第九章討論「尚未療癒的治療師」以及小我存心
「把錯誤當真」的假寬恕時，已經初步探討過這個關鍵理念
了。小我最愛把分裂之過視為真正的罪，深重到令我們不敢面
對的地步，唯恐招來殺身之禍。這種眼光讓我們別無選擇，只
能把罪投射出去；從此，人生罪與罰的戰場由內心轉到外境，
讓我們再也不必向內探究罪的起因了。為此，小我的判斷永遠

都在是非善惡、有罪無罪、自由與奴役之間打轉；借用福音的比喻，我們的小我終日忙著區分綿羊和山羊（〈馬太福音〉25:31~46），並指望那位充滿特殊性的上主會大發義怒，毀滅有罪的山羊。

(I.1:2~3) 錯誤原本非真，但你如果寧可相信錯誤，就不能不弄假成真了。但真相必然是真的，因此相信真相，無需你費任何心力。

若要把錯誤弄假成真，先得否定真相，再打造出幻相，把非真之物當真，這必然大費周章。反之，接受上主的愛，則不費吹灰之力，因為愛始終在那兒等著我們接受，等著我們心靈的認可。由此可知，《奇蹟課程》的名言「我什麼都不需要做」，乃是針對根本不存在的問題（即小我體系）而說的，並不是指我們的身體不要做出任何反應；而應在狀況來臨時，不要急於解決那個表面問題，應先向耶穌請教，如何面對世界或內心的分裂幻相，看出它的虛幻本質。至於「我什麼都不需要做」的道理，將留待第十八章時再深入（T-18.VII）。

(I.1:4) 你只要了解，你對某事的反應絕非針對事件本身，而是基於你對它的詮釋。

可還記得先前說過的「**知見只是一種詮釋**」？我們與人的互動反應，通常不是根據別人說了什麼或做了什麼而定，而是出於自己對他人言行的詮釋。我們一旦落入妄念心境，對方的表現在自己的眼中完全成了一種攻擊，若非衝著自己而來，

就是威脅到自己所認同的人，這就給了我們充分的理由加以反擊。只要活在人間，我們不可能不對世事作出具體的回應；但在回應之前，耶穌要我們先請教他，好讓自己放下小我，從正念心境作出慈悲的回應。

(I.1:5) 你只是透過詮釋來為自己的反應找藉口而已。

　　小我的回應通常是：「你的行為對我構成了威脅，踐踏了我的尊嚴，我以牙還牙乃是天經地義的事。」可以說，歷史上每個國家在侵略他國時，都是如此義正辭嚴的。我們常認為別人的攻擊毫無道理，其實我們冥冥中**感到**事出有因，因為我們知道自己內心早已向對方發出了攻擊之念。我們刻意忘記內心的攻擊，只著眼於對方的攻擊行為。國家會這麼做，因為每個人都這麼做，但我們這麼做的原因何在？追根究柢，還是因為身為上主之子的我們，始終記得自己曾經攻擊了上主。

(I.1:6~8) 因此，分析別人的動機，對你百害而無一利。如果你認定某人真的存心攻擊你、遺棄你或欺壓你，你就會當真，並且反擊回去，如此一來，他的錯誤對你便會顯得更加真實。分析他人的錯誤，等於賦予錯誤力量，一旦如此，你就再也看不見真相了。

　　無可諱言，我們最喜歡分析別人的動機了。比方說，會幹出這種事的一定是壞人，所以被我反擊也不算冤枉。但問題來了，我的反擊不僅會讓對方的罪行顯得更加真實，更會斷送了我們質疑這一詮釋的機會。為此之故，我們亟需求教於另一位

詮釋大師，給我們一套全新的詮釋，才修正得了自己的分裂妄念以及種種分別心。

(I.3:1~4) 只有一種分析動機的方法是言之成理的。那就是聖靈的判斷，它不需要你費力或費心。只有仁心善念才是真的。其餘的念頭，不論是以何種形式呈現，只是渴望療癒的求助之聲罷了。

如果我們能和耶穌一起觀看世界，世間萬物在我們眼中若不是「愛的流露」就是「向愛求助」。這麼單純的知見，自然只容得下一種答覆，那就是愛。不論對方在「傳達愛」或是「渴求愛」，我們只可能以愛來回應這位弟兄。天下還有比這更簡單而且不費力的途徑嗎？不論世間萬象多麼錯綜複雜，只需一個愛的回應，便足以化解小我的種種詮釋；無論是天大的罪惡或不起眼的小小過失，我們不再將它們分門別類，全都歸納到一個愛內。也就是說，連攻擊行為都可視為愛的求助，因為只有被恐懼附身的人，才會心狠手辣。但為什麼人會恐懼呢？究竟說來，是因為他們以為自己背棄了愛而深恐被愛懲罰；因此，任何有一點愛心的人，聽到了弟兄發出的愛的求助，怎麼可能不以愛來回應呢？

(I.3:5~10) 面對弟兄的求助，有誰能理直氣壯地報之以忿怒？除了給他所需的協助之外，你還能給予什麼更合理的回應？因他所要的只是如此而已。你若報之以其他任何答覆，表示你相信你有權按照自己的詮釋回應，因而不惜攻擊他的真相。也許

你還未能徹底看清這種行為對於心靈的危害有多大。如果你把求助的呼聲理解為其他東西，那麼你就回應錯了問題。如此，你的回應必與真相不符，僅僅反映出你自己的成見而已。

　　我們若把愛的求助視為一種攻擊，自然會反擊回去；對妄念之心而言，這種「反擊」顯得合情合理。相反的，我們若能看出那只是一種求助，報復性的回應就沒有道理了；因為每個人都在求助，這可說是夢境中的唯一真相。然而，我們若想以愛來回應他人的求助，就必須先學習如何從對方的言行中認出那是求助才行；而學習的關鍵，就是先向內在的導師求助，請祂修正我們心內隱藏的攻擊妄念，也就是化解內心自我定罪以及自我攻擊的傾向。唯有如此，我們才能停止投射，讓愛的推恩成為我們唯一的選擇。

(I.4:1~3) 若非你自己幻想出來的攻擊欲望從中作祟，否則你不會認不出那些求助之聲的。就是這個攻擊欲望使你自甘與真相「奮戰」到底，一味否認自己需要療癒的事實，裝作沒有這一回事。若非你早已下定決心排斥真相且存心抵制到底，你豈會做出這種事情？

　　攻擊的欲望純粹出於一種錯覺妄想，認定自己曾攻擊了上主；這一妄念令我們相信自己已和真實生命天人永隔，而不得不賦予自己另一個身分。從此，我們不遺餘力地否認那個真相，另行打造一個「非真的」世界，然後在這個世界裡假戲真作，徹底遺忘世界是自己內在信念所投射的結果。為了保護這

個世界（包括自己的存在），我們萬死不惜，絕不讓愛來終結
自己擁有的一切。請注意，引言中故意把「奮戰」加上引號，
因為任何一場戰爭都需要有敵我兩方；但想一想，我們若知道
自己的對手根本不存在，怎麼可能打得起來呢？說到究竟，上
主以及真理實相不可能陷入人間戰場的，祂們對戰爭及仇恨根
本一無所知。

**(I.5:3~6) 你不願認出他們求助的呼聲，不過反映出你不願伸出
援手，更不願接受援助。認不出求助之聲就等於拒絕伸出援
手。你敢說自己都沒有求援的需要嗎？你若拒絕認出弟兄的請
求，其實就是在作此聲明；唯有答覆他的呼求，你自己才會得
到援助。**

　　總之，最大的問題在於我們堅持自己是對的。我們十分肯
定有待拯救的是世界，而非自己；問題都出在別人身上，也許
是家庭，也許是國家，但絕不是出在自己。要知道，耶穌所傳
授的療癒中，「勇於認錯」可說是最關鍵的一步。我們都還記
得〈正文〉的一句話：「你寧願自己是對的，還是寧願自己幸
福？」（T-29.VII.1:9）我們真的需要謙遜一點，承認自己的判
斷大有問題，因為我們連問題出在哪兒都搞不清楚，怎麼可能
知道答案！小我總是慫恿我們往別人身上找碴，加深人我的分
裂（而分裂正是小我的**化身**）。小我最終的企圖就是隱藏一個
事實：我們其實只有一個問題，就是心靈相信了分裂。幸好，
不論小我瘋狂到什麼程度，聖靈的天音始終在心內迴盪：「你

和弟兄從來沒有分裂過，因為你們是同一生命，弟兄的求助反映出你自己的心聲，弟兄的療癒等於是你自己的療癒。你若拒絕施以援手，你其實是在拒絕自己；當你決心推恩，你倆便一起獲得了療癒。」

(I.6:3~7) **你若還不想如此回應，必會感到焦慮緊張。由此可見，上主的救恩計畫何其單純。回應真相的方式只有一種，因真相不可能激發衝突。真相之聖師也只有一位，唯有祂了解一切的真相。祂絕不會改變自己對真相的看法，因為真相是永恆不變的。**

我們若無法從攻擊的表相下聽到求助的呼求（也是我自己的呼求），內心不可能不焦慮緊張的。我們一定會為這種防禦心態而耗費極大的心力，因為那等於否定真理，企圖推翻上主的救贖計畫。儘管小我不斷說我們毀了真理實相，其實，愛始終都在我們心內，什麼都沒有改變。也就是說，孕育出三千大千世界的罪咎，純屬子虛烏有，世界也就無從生出了。如此一來，我們對世界的種種詮釋都只是無稽之談罷了。

如果我們能徹底看清，別人的一切言行若非愛的流露即是愛的求助，人生便會變得單純無比，因為我們只能以愛來回應。人間的焦慮緊張以及疾病痛苦，都是因為我們看不清攻擊背後的真相；我們一把攻擊的表象視為真正的攻擊，這個錯誤判斷會因著我們的反擊而顯得更加真實。說到底，這個誤判本身才是構成煩惱忿怒的真正原因。這個誤判可以一直溯源至最

原始的無明一念，我們誤以為自己真的攻擊了上主，天人真的分裂了。故每當我們想把別人視為和自己毫無關係的另一生命時，當下就必須警覺，那個原始誤判又在心內作祟了。

(I.8:1~5) 只要你能鍥而不捨地把聖靈的詮釋用在他人的反應上，就會深深意識到祂也會以同一標準來評判你的。認出恐懼並不足以擺脫恐懼；然而摸清它的底細卻是讓你意識到自己需要擺脫恐懼的先決條件。你仍然有待聖靈為你譯出恐懼的真相。祂若在你認出恐懼之後棄你於不顧，你從此必會對真相退避三舍。不論如何，我們必須再三強調認清恐懼以及正視恐懼的必要，不再為它掩飾，這是化解小我的關鍵。

為了鼓勵我們具體活出他的教誨，耶穌給我們一部〈練習手冊〉，讓我們切身體驗到，怨尤或攻擊之念並不足以擺脫恐懼，唯有放下它們，日子才會好過一點；經過這些練習，自然會覺得寬恕愈來愈容易了。一旦看清恐懼的目的是將愛逐出心外，很自然的，我們就再也不願付出如此得不償失的代價了。聖靈就這樣為我們重新詮釋了恐懼，揭發了它的意圖。由此可知，意識到恐懼的存在，雖然是必不可少的一步，但這還不夠，我們需要識破恐懼是別有居心的，才會徹底與它脫鉤。除非我們清楚意識到自己所付的代價是「再也感受不到愛的臨在」，否則我們是不會甘心放棄小我的。箇中關鍵就在於：我們必須先放下恐懼，聖靈才有辦法把恐懼轉譯為愛。只不過，因為我們的心靈仍習慣二元的思維，很可能會把這個轉變歸功

於聖靈，以為是祂出手，代替我們消除恐懼的。

　　為什麼說攻擊是一種求助？從第八段後半部一直到第九段的全部，耶穌給了我們相當精闢的解說：

(I.8:6~10) 由此不難看出，聖靈幫你詮釋他人的動機對你的幫助會有多大。祂教你只接受他人的善念，而把其餘一切都視為一種求助，同時也教你認清了恐懼本身其實也是一種求助信號。這是認清恐懼的底細之途徑。只要你不再為恐懼找藉口，祂就會為你重新詮釋的。它的終極價值就是教你如何把攻擊看成愛的求助。

　　「改變自己的看法」可說是奇蹟最貼切也最簡單的定義了，為此，聖靈才會傳授我們「另一種」看待恐懼的眼光。如果我們一直著眼於恐懼的外在起因，必會激起自我保護的本能，故聖靈教我們把目光移向恐懼所要隱藏的內在動機（就是不讓我們感受到愛的臨在）。看清這一點，小我的戲法就無以為繼了，一切的特殊性也就一併識趣地隱退了。一旦識破了恐懼如何把自己與他人玩弄於股掌之間，就不難體會寬恕的大用了。因為我們全都害怕真愛，為了一己的安全不惜痛下殺手，但也別忘了，我們內心其實和所有人一樣渴望愛，一樣在求助。我們只要不再受恐懼蒙蔽，自然無需使出投射的手段來保護自己，隨時都能領受到聖靈所賜的療癒了。

(I.8:11~13) 我們已經學會看出恐懼與攻擊之間唇齒相依的關

係。既然只有攻擊能激發恐懼，而你又能看出攻擊其實是一種求助的信號，那麼，恐懼的假相就被你戳破了。恐懼確實是愛的求助，因為它冥冥中意識到自己失落了愛。

在本書所附的圖表中，愛位在分裂心靈中聖靈所代表的右邊。嚴格來說，夢境裡是體驗不到真愛的，故此處指的是存留於正念心境的「愛之記憶」。它對面的方框則代表小我的妄念體系，小我不只要我們相信自己叛逆了上主，還把這一妄念界定為罪，也是我們一切恐懼的源頭。由此可知，恐懼真正的目的是為了抵制愛，說得更確切一點，是為了抵制「愛的記憶」，杜絕我們重新選擇的機會。這就是小我的「罪─咎─懼」防禦機制，它逼得我們不得不逃離心靈，寧可在充滿攻擊與衝突的世界安身立命。準此而言，我們在外界看到的攻擊傷害，不過反映出人心最深的恐懼，深恐自己會因原始的逆天之罪而受到懲罰。因此才說，恐懼真正的企圖是要斷絕心靈憶起真愛的可能性。究竟說來，連憶起真愛都是多此一舉，因為我們不曾離開過那個愛，既然如此，恐懼不只是不必要的，根本就是無事生非。第九段為我們進一步闡述其中的道理：

(I.9:1~4) 恐懼是你內心深處的失落感反射出來的病徵。當你在他人身上看到了恐懼，你若懂得如何針對他的失落感而拉他一把，等於幫他解除了恐懼的肇因。你也會因此明白了恐懼亦無法滯留於你內。消除恐懼的方法在你自身之內，但你必須具體給出，才能證實它的效用。

　　分裂既然是恐懼的真正起因，那麼當我們步上合一的覺醒之路時，恐懼便沒有存在的必要了。沒有人能為我們作出這一決定，但只要選對了老師，我們終會做到的。因此，每當憂慮焦躁的心情生起時，我們只需意識到自己的心靈又選擇了分裂，那就夠了。由此可知，向聖靈求助的真實含義即在於：透過寬恕與弟兄結合，化解分裂的信念，斷絕恐懼之根。恐懼的煙幕一旦撤除，愛自動現形，我們便會認出那原本就是我們共有的生命本質。

(I.9:5~6) 恐懼和愛是你僅有的兩種情緒。其中一個必是虛妄的，因為它出自否定；你若否定一物，表示你已經把那被否定之物當真了。

　　「恐懼和愛是你僅有的兩種情緒」，這個觀念在下一章還會再度出現，而且幾乎一模一樣（T-13.V）。如果恐懼的存在是為了否定愛，表示愛一定存在於恐懼之前，恐懼才有否定它的機會。很顯然，恐懼存在的意義不過是一種抵制手段，企圖隱藏愛而已。恐懼既然是為了否定（愛），那麼它的存在是建立在相信自己想要否定之物上。這真是一大吊詭，這套防禦機制原本是為了抵制我們最怕的真愛，卻需要靠自己害怕的真愛來賦予自己存在的意義，令它不得不更加相信愛的存在。我們繼續讀下去：

(I.9:7~8) 只要你能正確地詮釋恐懼，全盤托出它企圖隱藏的信念，便無異於揭穿了它自認有用的伎倆，使它一籌莫展。防衛

措施一旦失去了效用，你自然會棄之如敝屣的。

　　恐懼出現的目的既然是為了隱藏愛，只要我們領悟出「愛若能令自己如此害怕，表示它一定存在」，我們便會靈光乍現，看到愛就近在眼前，而且無所不在。到那時，恐懼這道防衛機制就沒有存在的必要了。比方說，如果我選擇了恐懼和攻擊來阻止愛進入心中，但冥冥中卻知道愛始終都在那兒，那麼恐懼和攻擊的反應豈不是顯得非常荒謬？又好比說，我為了自保而買了一個武器，後來發現它根本沒有保護自己的能力，我當然會將它棄若敝屣；如果自己還能看出，外面根本沒什麼威脅需要防禦的，除了神智失常的人以外，有誰會緊抓著一個毫無用處的防禦武器不放？

(I.9:9~11) 只要你能把恐懼企圖隱藏的東西，一五一十地攤在光天化日之下，恐懼便會顯得荒謬無比。如此，你便已否定了它掩飾愛的能力，而那正是它的最後陰謀。你先前罩在愛的面容上頭的面紗必將從此消失蹤影。

　　耶穌要我們明白，小我展現給我們看的攻擊和邪惡，純粹是一個妄見，它們不過是抵制愛的一種伎倆而已。我們的長兄不只示範什麼是真愛，而且具體地教導我們如何把所有的攻擊看成愛的求助。他先為我們揭發了恐懼所隱藏的意圖，然後教我們看出那種防禦手段的荒謬與無用。為此，每當我們心生恐懼或憤怒不已時，只需記得那不過是小我抵制真愛的伎倆，僅此一念，其實已經在為「我就是愛」的記憶鋪路了。耶穌和這

部課程就是這麼以智慧來看穿小我，讓我們看到小我的恐懼伎倆根本無濟於事。

　　我們若想在現實人生活出《奇蹟課程》的精神，最關鍵的一步就是學習聖靈的判斷：把世間萬象視為「愛的流露」或是「向愛求助」。每當我們想要給人貼上邪惡或罪人的標籤時，只要記得他們和我們一樣恐懼，因為只有「受驚的人會變得非常凶惡」（T-3.1.4:2）。接下來，我們既然知道恐懼的目的原是掩蓋我們全都避之唯恐不及的上主之愛，那麼，我們還會以自衛為藉口，向眼前的假想敵開戰嗎？開戰的目的既然是抵制愛，當我們下定決心接受愛為我們的自性之後，還需要抵制什麼？到那時，我們已經不需要這些過時又無用的防禦措施了。

　　說到這裡，我們抗拒聖靈的判斷的箇中原委就再清楚不過了。我們之所以需要敵人，只因為我們不願承認愛是唯一的存在現實，更不想知道「非愛」之物（意指小我思想體系和世界）乃是存心隱藏或抵制愛的一種防衛手段而已。《奇蹟課程》就是這麼不動干戈地將整個小我體系帶入了靈性光明之中，一舉消融了小我。

(I.10) 愛乃是世界的真相，你若想看到愛，不妨從所有抵制愛的防衛措施中認出那是愛的求助，沒有比這更高明的手法了。而你若想學會認出愛的真相，也沒有比以愛來答覆愛的求助更有效益的學習途徑了。只有聖靈對恐懼的詮釋足以祛除恐懼，因為祂所意識到的真相，無人否定得了。這就是聖靈以愛取代

恐懼以及把錯誤轉譯為真相的不二法門。也唯有如此，你才能由祂那兒學到如何以合一的真相來取代分裂的夢魘。因分裂不過是否定合一的真相而已；只要你詮釋得正確，它其實也能為「合一之境，真實無比」這一永恆真知作證。

這段總結為本節劃下了美好的句點，同時也道出了整部課程的核心信息。我們若能看清，自己在小我所誤導的恐懼和攻擊下活得如此痛苦，自然會想掙脫小我的箝制，生出愛的渴望；這表示我們已準備好接受「聖靈對恐懼的詮釋」，心甘情願地改變自己對特殊關係的愛恨夥伴的看法。這時，原本以分裂為取向的人際關係便會開始脫胎換骨，逐漸反映出天堂的一體本質。小我所有抵制愛的伎倆，經過聖靈的智慧轉換，變成了愛的求助。就這樣，恐懼的幻相竟然化為一條捷徑，將我們導向真相，讓我們看到自己原來是從愛中誕生的孩子。由此可知，理解耶穌辯證的邏輯，以及它在〈正文〉交響曲中的地位，是如此的重要，它不只能幫助我們在現實人生活出這一真理，還能發揮示範的作用，讓愛的體驗在心中更加穩固。

下面這一小段話重點摘要了上述的討論：

(II.2:9) 把你弟兄的療癒視為自己的療癒吧，這是憶起上主唯一的方法。

言下之意，我們根本是同一生命。我若真心想要憶起上主，回歸天鄉，首要之務即是不只意識到上主和我是同一個生

命，還要將聖子奧體內每一分子視為同一生命才行。我們全都一樣，一樣瘋狂地活在罪咎、恐懼以及攻擊的防禦機制裡；而在這瘋狂心態的背後，我們擁有同一個真愛。

(II.2:10) 由於你早已把弟兄和祂一塊兒忘了，上主答覆你的「遺忘」的方法，就是幫你恢復記憶。

學習《奇蹟課程》最關鍵的一步，即是意識到弟兄真的就是自己。我們若聽信小我的詮釋，不只會將別人視為身外之人，還會生出「我無罪而他有罪」的分別心，再度把分裂弄假成真了。分裂一旦成為現實，我們便不能不接受「非此即彼」的生存原則，開始把人區分為善惡或敵我了。聖靈修正這瘋狂之念的方法，即是給了我們「**不是全有，就是全無**」的觀念：我們要嘛**全是**善的，要嘛**全是**惡的。因為上主只有一位聖子。

(II.3:1) 你應把疾病視為愛的另類求助……

有趣的是，這個觀點和前一節「聖靈的判斷」全無二致，只是主角換成了疾病；形式雖異，內涵卻全然相同。

(II.3:1~3) 你應把疾病視為愛的另類求助，這是你給弟兄的最大禮物，因為他相信這是他無法給自己的。不論是什麼疾病，只有一帖藥方。唯有幫人恢復完整，你自己才得以完整；你若能從疾病中認出呼求健康的求助之聲，表示你也能在憎恨中認出愛的求助。

從內涵層次來講，攻擊和疾病是同一回事。前者，敵人是某個人，而後者，敵人是某種微生物或是機能漸漸衰竭的器官。不同的實例，反映出同一個妄見。我們把細菌或某個器官視為外來的敵人，危及自己的生理健康，這和我認為身外有個惡人能夠剝奪自己的平安，危及我的心理健康，是同一回事。不消說，身體根本無此能耐，唯有心靈具此能力。這時，神智比較清明的一方必須義不容辭地扛起寬恕的任務，給予對方一個療癒的機會。

(II.3:4~6) 給予弟兄他真正想要之物，等於給你自己同一禮物，因為你的天父願你有朝一日了悟弟兄的真相就是你自己的真相。你若答覆了他向愛發出的求助，表示你自己的求助也得到了答覆。所謂療癒，就是基督對天父及祂自己的那個愛。

所謂療癒，就是化解了分裂的罪咎，亦即疾病之根；而寬恕，化解的則是仇恨之根，也就是罪咎；兩者是同一回事。我們一旦領受了聖靈的慧見，看出自己和他人都是為同一目的來到人間，小我特殊性的面紗一旦揭開，心靈的療癒便開始了。我們會憶起自己和上主是同一生命。即使身在人間，也能反映出天堂的一體境界，這就是寬恕的真諦。我們將留待下一節繼續探討。

寬恕：不把錯誤當真

　　小我一心要把錯誤弄假成真，它最常用的手段即是把自己當成問題的核心，要我們加以分析探究。其實，**真正**的問題出在「心靈選擇小我」的這個決定，我們來讀一下小我是怎麼混淆我們的眼目的：

(I.2:1~3) **分析小我的動機是非常複雜而且容易混淆的過程，你的小我不可能不從中攪和的。你如此大費周章，顯然是為了證明自己有能力了解眼前的事物。實際上，你只是根據自己的詮釋自以為是地反彈回去而已。**

　　如前所說，我們堅持自己的所見真實不虛，這種頑固心態把我們的瘋狂推向頂峰。其實，我們的所知所見本身即顯示出自己的瘋狂，誓死捍衛這一隅之見，只會令自己的處境雪上加霜。耶穌這一番話幫我們看清，小我是如何把自己弄假成真，然後鼓動我們深入解析自己的存在，多方研讀各門各派對自己的詮釋與解說，深入探討，互相辯論。這種研究心態，其實正是「失心大計」的一個伎倆，目的就是讓抉擇者的錯誤選擇永遠不得修正。

　　接著我們進入「投資真相」這一節，它再次為我們點出寬恕的妙用，特別強調了「不把錯誤當真」的重要性。這個觀點在「聖靈的判斷」那一節已經討論過，我們還可以繼續深入：

(III.2:1~2) 試想有位弟兄要你去做你心裡並不樂意的事。他堅持的態度顯示出他相信「做那件事」是他的救恩所在。

如果有人對某件事十分堅持，表示那人已經神智不清了，因為只有神智不清的人才會固執己見，硬要別人相信「做或不做」有這麼重要。我們不妨反省一下常令自己不悅或惱火的日常小事（暫且不提重大事件），比如說，我們會堅持桌上或廚房的東西應該擺放在哪裡，某件珠寶或衣飾應該怎樣穿搭，或是碰到那些不按牌理出牌的人，這些都會影響到自己的心情或幸福感。這當然不是說我們不該有所偏好，不該把書桌或廚房擺設成自己喜歡的模樣，或是穿上自己喜愛的衣服。耶穌在此是針對我們「堅持」的心態，因它無疑表明了：外在事物足以左右內心的平安與幸福。好似在聲明：「這些擺設必須和我昨天離開時一模一樣，我才能安心自在。」或者說：「出門必須打扮得時髦，我才會有幸福感。」這種邏輯實在荒謬，因為真正的平安或幸福和外在事物沒有任何關係，端看我們是否接受救贖。

(III.2:3~7) 如果你當下心生反感而堅持拒絕，表示你相信「不做那件事」才是你的救恩所在。那麼，你和他犯了同樣的錯誤，還會使他的錯誤對你們兩人都變得無比真實。堅持，意味著一種投注，你投注什麼，絕對離不開你的救恩觀念。救恩觀又離不開兩重問題：第一，究竟是什麼需要拯救？第二，如何才能把它救回？

　　到了下一段引文，耶穌給我們進一步的答覆，亟需拯救的其實是小我，而小我拯救自己的方式即是發動攻擊。再說一遍，有任何偏好不是問題，但需留意自己心內是否有「他若不投我所好，我絕不會饒過他」的心態。只要有所堅持，表示自己已經背棄了聖靈而投入小我門下了。當我們堅持他人要按照自己的方式表現，或是當他人的瘋狂模式和自己的模式不同時，自己會說：「我**絕不會**這樣做！」這就是紅色警示燈，提醒我們該留意了。

　　因此，每當我們發現自己開始煩躁，或與對方一樣堅持己見，表示我們和對方同樣神智失常，而雙方都在做這種事。唯有看清這一點，我們才可能承認：「我瘋了，你也瘋了，我們全都瘋了！」正如同《愛麗絲夢遊記》裡的貓所說的：「我們這兒全是瘋子！」真的如此，若不敢承認自己和他們共享一個瘋狂小我，便不可能知道我們也共享同一個清明自性。若想探測一下自己的瘋狂程度，最有效的方式就是和其他人共處一段時間或待在同一個空間，不論在家裡或辦公室，或和朋友聚會時，留意一下我們是如何保護自己的「地盤」的——當事情沒有按照心目中「合理的」方式進行時，內心是如何的不快。即使在表面形式上，我們的想法可能是對的，但只要一「堅持」自己是對的，就該知道自己誤入了歧途。外在的形式永遠無法成為判斷的標準，唯有內涵層次的愛才有真實的價值。

(III.3:1) **每當你對弟兄發怒，不論什麼原因，都表示你相信小**

我才是有待拯救的對象，而且只有反擊回去才能挽救小我一命。

　　既然小我是從「聖子攻擊了上主」這個信念中誕生的，只要我們一對上主、弟兄或對自己發動攻擊，把心靈的罪咎投射到別人身上，要對方為我們自知有罪的行為負責時，分裂的小我便得以延續性命，而我們心內的憤怒，又進一步壯大了脫胎於罪咎的特殊之我。

(III.3:2~4) 攻擊如果是他發動的，表示你贊同他的信念；如果是你發動的，你就強化了這一信念。請記住，動輒攻擊的人才是真正的窮人。正因貧窮，他們不得不索取禮物，企圖讓自己脫貧。

　　這句話重申了「聖靈的判斷」那一節的觀點。「真正的窮人」，指的是相信小我打敗了上主，自甘與愛絕緣之人。但即便如此，他們也都不願意受到報復，因而讓自己更感覺不到愛。說到底，他們真正渴望的是救贖的禮物，幫助他們意識到那些煩惱焦慮都是庸人自擾，因為外面根本沒有人在剝奪自己的富足，他們仍然是一無所缺的上主之子。那些好似仍在傷害自己或他人的人，其實是在求助：「請證明給我看，我的想法是錯的，我並沒有犯下逆天之罪，也不會受到上天的懲罰。請為我示範另一套思想模式，徹底修正我這個錯誤選擇。」如果我們反擊回去，判定他們罪不可赦，這無異於聲明：「你有權選擇小我，但我選擇的小我可比你的小我高明多了，唯有定你

死罪，我才有生路。」

　　也就是說，我們若把別人的錯誤視為罪惡而以牙還牙的話，這不僅會讓對方的小我自慚形穢，同時還會加深自己根深柢固的罪咎感。反之，縱然對方沒有接納聖靈而選擇了小我，而我們只把它看成一種錯誤，就無須嚴陣以待了。這種心態必會為雙方帶來療癒的效果。因為，不設防的心態等於向人示範「他人的錯誤絲毫影響不到我」，而這正是寬恕的真諦——這個「罪」既然激不起我的反彈，自然也沒有懲罰的必要了，因為**什麼都沒發生**。就在這神聖一刻，我們成了救贖原則的化身，親自為耶穌的信息作了示範，向始終與死亡認同的心靈傳遞了復活的喜訊，給予他們一個重新選擇的希望。

(III.3:5~6) **本來能夠幫助他們的你，一旦認同了他們的貧窮，只會愈幫愈忙。如果你的「投資」能夠與他們反向而行，就絕對不可能認不出他們真正的需要的。**

　　因為我們意識到，他們的需要就是我們自己的需要，他們的求助其實也是我們自己的心聲，因此才說：我們「不可能認不出他們真正的需要的」。這又回到了先前討論過的，唯有體悟出「上主之子的同一本質，認清一體心靈的富裕以及分裂心靈的貧乏」，才是我們憶起自己的生命根源的不二法門。

(III.4:1~3) **你應先認清哪些事是無關緊要的。即使你的弟兄向你提出一些「蠻橫無理」的要求，去做吧，因為那事無關緊要。你若斷然拒絕，你的反對反而透露出那事對你的重要性。**

因此，使那要求顯得蠻橫無理的反而是你；每個弟兄的要求，其實都是為你而提出的。

請注意，這番話絕不是針對**形式層次**而說的。如果有人提出蠻橫無理的要求，比方說，要你從金門大橋跳下去，並不表示你應該照他的意思去做。順帶一提，耶穌稍後在第十六章針對這段正文做了一些補充：「我先前說過，如果有弟兄要你做一件愚蠢的事，你就去做。但請留意，我不是要你去做傷害他或你自己的事；凡是對一方有害的，必會殃及另一方。」（T-16.I.6:4~5）由此可知，耶穌只著眼於**內涵層次**。聽到別人提出蠻橫無理的要求時，我們若是勃然大怒，斷然拒絕，表示我們和他一樣愚昧。不論對方的要求在世人眼中顯得多麼瘋狂，我們若相信「**絕不**去做，自己才有得救的可能」，就透露出我們和他一樣瘋狂。再說一次，這並不表示我們需要在形式的層次聽從他人的建議，關鍵在於我們心內（也就是內涵層次）不會生出「我絕不這麼做」的情緒反彈，否則我們就和他犯下同一錯誤，把小我弄假成真了。只因我們賦予了幻相本來沒有的價值與能力，才會被激出同等愚昧的反應。

(III.4:4) 你為什麼堅持拒絕他的請求？

請記住，不要被他人表面上的強硬要求所蒙蔽，他們真正渴望的，無非是要我們幫助他們意識到認同了小我是個錯誤的選擇，同時示範給他們看，心力可以投注在別的地方。只要我們能在內涵層次意識到對方內在的渴望（請你幫我看到我的

錯誤），給他一個「正面的」答覆；但在形式層次，我們當然可以對別人無理的要求說「不」。總之，不論我們堅定地答覆「好」或「不好」，只要不因對方的蠻橫無理而做出同樣愚蠢的反彈，才表示我們沒有掉入小我的圈套。換句話說，小我希望我們拒絕這一個人（因而拒絕了**包括自己在內的所有人**），但我們的正念之心否決了小我的企圖，這就是雙重否定。

(III.4:5~8) 你的拒絕不只否定了自己，還使雙方都陷入困境。他和你一樣，都在尋求救恩。貧窮屬於小我的層次，與上主毫無關係。凡是認出真有價值之物而且別無他求的人，是不可能提出那些「蠻橫無理」的要求的。

「真有價值之物」，指的是毫不設防的聖靈之愛。那麼，什麼是無價值的？自然是指那些荒謬的信念，認為在上主之境，貧窮有立足之地。我們要隨時提醒自己，《課程》中諸如此類的說法並非指外在行為；它只是要我們透過耶穌的慧眼，作出正確的判斷，視他人的行為不是愛的流露，就是愛的求助。不論屬於前者或是後者，我們只有一種回應方式，即不設防的愛心，如此，才能反映出自己生命的豐盛源頭。

因此，時時覺察自己多麼容易就被大大小小的人間瑣事奪走內心的平安，絕對有助於心靈的成長。一旦看到自己又被激怒或反彈時，我們立即意識到自己又神智不清了，因為這種反應表示我們已經認同了小我。活在小我瘋狂思想體系裡的人，任誰都不可能懷有愛心，也不可能真正幫助任何人的；只因我

們混淆了思想和行為之間的因果關係，忘記了寬恕的精神及其目的。這是我們接著要談的主題。

因果關係

　　我們先前討論過因果的問題，礙於篇幅，當時只能點到為止。但隨著課程的推進，這個議題愈發顯得重要，值得我們在此深入探討。所謂的寬恕，目的就是要證明對方的罪不會在自己身上形成任何後果，因為我們心中的愛並沒有由於他人對自己的作為而有所改變。如果能證明罪沒有產生後「果」，等於證明罪本身構成不了任何的「因」。類似的論證手法在後文還會不斷出現——罪既然不是「因」，就證明罪並不真的存在。這項論證的基本前提是：真實的存在，本身必須是「因」，連物理定律也同意這一邏輯，任何作用力必會產生反作用力；能夠形成某種結果的「因」，才算是真正存在。我們若能讓他人看到，他那狀似有罪的行為並沒有產生任何作用（比方說，一點也沒有激怒自己），等於向他證明什麼事也沒發生。這就是寬恕的真諦。

(V.3:1~2) 除非你能認出即使自我打擊也傷害不了你，你才會明白攻擊確實只是白費力氣。因為他人若感覺受到了攻擊，一定會加以反擊；你若真有攻擊他人之意，不可能不認為這是助長自己的勢力。

　　這裡又回到「詮釋」的觀念了，確切來說，是「錯誤的詮釋」。我們若將他人的行為誤判為攻擊，等於將對方定了罪。這一誤判，等同於反擊，也等同於宣告對方是邪惡之輩，應受正義的懲罰。反之，我們的回應若不帶攻擊之心，不啻是向對方示範，他的「罪行」既然產生不了任何結果，因此稱不上是個罪，他就這樣被寬恕了。我再提醒一次，這並不是說身體不可以作出自保的反應，重點在於，我們必須覺察自己的反應究竟出於妄念之心還是正念之心。

(V.3:3~4) 故只有你才能撤銷這一惡性循環。因為你攻擊時，首當其衝的是你自己；如果那只是虛張聲勢，你是不可能受害的。

　　這一番話等於告訴我們，世界只存在於心靈之內。我們眼中的世界純粹是相信自己有罪的心靈所投射而成的一個陰影罷了。我們若真能體會到所有的攻擊行為只是對愛的求助，就不需要把世界當成一套防禦系統了。如此一來，小我的因果律便被切斷了，因為我們已能透過聖靈的眼光去看世界，看出萬事萬物無非是愛的流露或愛的求助。若要培養出這種慧眼，我們需要向耶穌學習，不把他人的作為當作對自己的攻擊，無論對方的小我作出什麼決定，都影響不到自己的平安。這種心境恰好反映出救贖原則，人心內對於分裂和罪的信念便在救贖的慧眼中療癒了。從此，除非我們自甘放棄平安，否則不論外在世界發生什麼事，心靈始終活在平安中。我們的長兄如此三番二次提醒我們，除了自己，沒有任何人能夠「奪走」自己的平

安。這一認知成了寬恕的先決條件。

　　《奇蹟課程》給了我們一個嶄新的視角，即是把世界看成一間教室。當初我們打造世界的目的，就是想把天人之間的鬥爭弄假成真，故我們活在世上，不是感到自己被人攻擊，就是喜歡與受害者認同。如今，我們祈求耶穌教導我們以另一種眼光看待世界，其實就是以另一種眼光看待**自己**。長久以來，我們一直選錯了老師，不僅誤導了自己，更強化了罪咎，使自己難以寬恕，故我們亟需學習另一種看法。為此，《奇蹟課程》以一套課程的形式來到人間，並且引薦我們一位神聖老師。唯有誠心學習「*聖靈的課程*」，我們才能解除生生世世從小我學來的那一套。現在，讓我們進入「教與學」的課題。

教與學

　　「教與學」可說是貫穿《奇蹟課程》的另一主旋律，每隔一陣子就會在奇蹟交響樂中現身。「健全的課程」這一樂章是針對小我的「仇恨、攻擊和懲罰」那套瘋狂課程所提出的修正，從第五節第五段開始，耶穌特別重申撤換老師的必要，這是他課程中的一大重點。

(V.5:1~3) 你有學習障礙，這話一點兒也不誇張。你的學習能力已受到多方嚴重的損傷，若非那位超越你有限資源的「聖師」

為你具體指點迷津，你是難以進步的。祂是你的無限資源，因為憑你自己，你無法學到任何東西。

　　所有奇蹟學員讀到這一段話，大概會有如釋重負之感，因為耶穌好似告訴我們：「你的學習成效不彰，其實無需大驚小怪，你若意識到小我思想體系遮天蔽日的本領，便會十分同情自己的學習障礙。這絕不是因為你的智力不濟，而是源自你心靈最深的恐懼，深怕有朝一日自己會放下分裂以及個體身分，不再藉著攻擊來維護小我的思想體系。」

　　的確，我們愈來愈能諒解自己為何相信小我之言，視心靈為致命的大敵，而選擇與身體認同了。〈練習手冊〉有這一句話：「你認為自己被毀滅了，其實你已得救。」（W-93.4:4）它告訴我們，具有選擇自由的心靈，不僅不會毀滅我們，還能拯救我們。這就是為什麼我們必須依靠另一位明師，他會耐心點出我們目前的虛妄處境，幫助我們先行化解自己心中隱藏的恨。由此我們終於明白了，為什麼會覺得耶穌這部課程這麼難修，做他的學生這麼辛苦，只因我們的心靈仍有一部分執迷不悟，不想放棄自己心內和他的教誨截然相反的那套思想模式，以至於我們的學習總是成效不彰，更別說成為奇蹟教師了。

(V.5:4~7) 你為自己打造的學習環境是不可能學到任何東西的；你目前的處境亟需一位特殊聖師及一套特殊課程。不論是教自己，或是教別人，遲鈍的學生都不宜充當老師。你怎能指望他們為你制定課程？他們自己都有待這套課程來跨越學習障礙。

他們若能明白自己的限度，就不算有學習障礙了。

　　我們無法教導自己寬恕，也很難學會真寬恕，因為我們誤把特殊關係當成獲得平安和愛的教室了，難怪我們愈努力寬恕，罪咎、怨恨和失落感就愈強。我們既然自認為知道自己需要什麼，所學到的一切自然就離不開自己的特殊性。幸好世界瘋狂到了某個地步，終有一天，會逼著我們轉向真正的導師求助，唯有祂的教誨才能幫助我們超越現實的種種限制，帶我們通向自己生命的源頭——無限大愛。

(V.6:1~3) 你尚不知愛的真諦，這是你真正的障礙。別再試著教自己所不了解的事了，也別再為自己學得一敗塗地的課程設定目標了！你學習的目的始終是「不要真正學會」，這顯然無助於你的學習成效。

　　既然世界是為了保全罪咎、抵制愛而造出的，與身體認同的我們怎麼可能了解愛的真諦？為此，若不先行化解罪咎，我們是不可能體驗到愛的，這是耶穌教我們寬恕的真正目的。但問題是，這並不是我們投胎的目的。來到世間的人無非是想證明罪咎真的存在，還要證明罪不在我；同時相信只要鍥而不捨，遲早會在人間尋獲真愛。可還記得小我的座右銘：「去找，但不要找到。」下文反覆重述的正是這個觀點。我們為自己設定了一個註定失敗的人生目標，除非撤換老師，否則，我們難逃一敗塗地的宿命。

(V.6:4~7) 你尚未學會之事自然無法舉一反三，也無法普遍運用到生活層面，這是你最大的學習關卡。你豈會向學習的失敗者請教那些學習工具的效用何在？他們不會知道的。如果他們能夠正確地解釋那些教學工具，他們早就從中學成了。

這兒說的「學習工具」，就是指人際關係。耶穌在後文如此反問我們：「在整個宇宙中，你為何偏偏向一個什麼都不知道的身體或小我請教生命的真相？」（T-20.III.7:5~10）為什麼我們會鍥而不捨地向一個根本不可能知道愛與平安的世界探問如何尋得平安和愛？小我一定會建議我們，必須從別人身上才能尋獲愛，必須戰勝敵人才能找到和平，必須看出罪在他人，自己才能顯得清白無罪。

接下來，我們要進入「普遍應用」這一主題了，它是心靈療癒的關鍵，因為小我一向慣用「具體性」來否認上主之愛的抽象本質，故「普遍應用」的觀念可說是針對小我最愛的特殊性痛下針砭。

(V.7:1~2) 我曾說過，小我的原則是「去找，但不要找到」。若把它轉譯到教學原則上，即是「去學，但不要真正學會」。

我們全都渴望平安和愛，卻總是求之而不可得，只因為我們尚未意識到，自己必須先放棄由小我學來的掌控、好勝、誘騙以及操縱他人的習性才行。這些全是心靈認同了小我的特殊性之後，必然引發的種種症狀。唯有放下小我，我們才可能看

清「有形世界中沒有真愛」的事實，因為世界乃是特殊之愛打造的家園；唯有回到自己心內，才有尋獲真愛的可能。

(V.7:3~4) 以此為學習目標的課程，其結果可想而知。任何正當的教學工具、道地的教學方法、合乎情理的指導方針都會被它扭曲的，因為它們要教你的正是這怪異課程全力抵制之物。

　　耶穌在此好似對我們說：「我願教你如何寬恕，如何把自己的每個經歷化為學習寬恕的機緣，但你卻不斷將寬恕扭曲為罪咎及攻擊的把戲。請你好好正視小我教你的那一套所帶來的衝突和恐懼，你便會明白，只有我的課程才能帶給你踏破鐵鞋無覓處的平安。」

(V.7:5~6) 如果你企圖去學「怎樣才學不會」，那麼你的教學結果不只註定失敗，還會令你陷入更深的迷惘，這是意料中的事。這種課程荒謬絕倫。

　　這幾句話不但反映出現實人生的矛盾，也透露出這部課程所帶來的挑戰。請看，我們一邊很想學習耶穌的信息，同時又心懷恐懼，故意把它搞得曖昧不清。也就是說，我們明知道課程的宗旨是要教我們覺醒，找到真正的幸福，卻又不想放棄人間的分裂夢境，只求在夢中多貪圖一些快樂。如果我們打從心底就不想清醒，還暗中要別人為自己夢境中的痛苦負責的話，我們有可能真正學到寬恕而返回家園嗎？

(V.7:7~9) 它的「學習」動機也嚴重削弱了心靈的力量，使你

無法去愛；只因你所選的課程都在抵制愛，這簡直是在學習如何打擊自己。這種課程還暗藏另一目標，即是教你如何不去克服天人分裂之境，如此它才保得住上述的首要目標。你無法在這類課程中克服分裂的，因為你所學的一切都在為分裂之境撐腰。

言下之意，我們並不真想克服自己的分裂心境，甚至想藉著這部寬恕的課程在人間打造美夢，鞏固個體之我的價值。我們堅信，只有戰勝敵人，和平才有希望，只有能滿足自己需求的才是真愛，甚至不惜以妥協、犧牲的手段換取所需，來彌補心內的空虛與匱乏。耶穌在此反問我們：「你這麼重視特殊性，還可能從這部課程學到任何東西嗎？」終究而言，凡是真心想要跟隨耶穌教誨的人，必須回到心內，找回圓滿無缺的自己。為此，我們的首要之務即是抵制小我的貪欲及自利傾向，起心動念皆由共同福祉出發，我們才可能真正學會耶穌的課程，並逐漸領悟出，我們求而不得的愛原來就是我們的自性。這個愛本身具有推恩的能力，足以擁抱世上每一個人，而且無一例外。

(V.7:10~11) **你的學習既然有違自己的心意，你的心靈自然會與你的學習唱反調，你就這樣成功地抵制了所有的學習機會，大快小我之心。即使你目前仍看不出來，然而，有樣東西是你真正想學也是你能學會的，因這完全出自於你的選擇。**

這一段為我們清楚描述了心靈的分裂狀態：處於正念心境

的抉擇者，決心修正妄念之心的錯誤，接納聖靈的教誨，表示它已準備好放棄由小我學來的那一套了。只要抉擇者意識到選擇罪咎的痛苦下場，那麼轉而選擇救贖便是最自然不過的事了！我們既是上主創造的聖子，回歸靈性的本然，豈非理所當然之事？

(V.8:1) 一直在學習自己並不想學會之物的你，打起精神來吧！縱然你自己制訂的課程令你愈學愈喪氣，然而你只需正視一下，便不難看出它的荒謬。

我們曾為自己的學習賦予崇高的理想和高貴的動機，但這些「荒謬的」自我標榜全都跳脫不出「特殊性」的陷阱。我們心中有數，企圖在分裂、罪咎及虛妄的世界找到愛與平安，必然是緣木求魚，徒勞無功的。

(V.8:2~5) 你竟想用「不去完成」的方式來完成一個目標，世上哪有這種道理？現在就辭去你自以為師的角色吧。這一辭職絕不會讓你更加沮喪或絕望的。這只是你誠實評估了自修自學的成效之後必然產生的結論。

耶穌好似在呼喚我們：「好好正視小我教你的那一套，再深刻反省聖靈給你的教誨，哪一個能夠真正帶給你幸福？為了自己的利益著想，你也該作一決定了。要知道，只有選擇寬恕才能帶來喜悅，因為它能一舉解除痛苦之根（即罪咎）。請透過我的眼睛，在小我和聖靈兩位老師之間，誠實地評估

一下吧！」耶穌在第二十三章再度提出如此有力的反問：
「在聖愛的呵護下，還有誰會在奇蹟與謀害之間舉棋不定？」
（T-23.IV.9:8）順帶一提，耶穌在這一段又玩了一下「辭去」
（resign）和「辭職」（resignation）的文字遊戲。

(V.8:6) 只要有合適的學習環境（那既非你能安排，也非你能了解的），你必會變成一位優秀的學生及優秀的教師。

　　耶穌繼續規勸我們：「接受我的教誨吧，我絕對是個勝任的老師，保證能把你教成優秀的學生；這樣你才能稱職地去教別人，因為你是我親自教導的學生。」只要是有心人，有誰會不珍惜這一殊勝的「教與學」之機緣呢？

(V.8:7) 你目前還未達到這一境界，除非你能徹底扭轉自己設計的學習場景，否則你的目標必然遙遙無期。

　　我們先前談過類似的觀念：為了扭轉我們從小我學來的那一套，這部課程的編排是經過深思熟慮的。只因我們如此害怕失去自我，必會處心積慮抵制或干擾耶穌的單純教誨，這部課程才需要如此精心設計，以達成潛移默化的效果。整部課程最終會把我們領向一個十分單純的選擇：你究竟是要痛苦還是喜樂？囚禁還是自由？地獄還是天堂？

(V.9:1) 若了解得正確，你的學習潛能是不可限量的，因為它會把你導向上主之境。

　　要知道，只有心靈具有學習的潛能，也只能從心內找回上

主的記憶。至此，我們便不難了解，為何《奇蹟課程》必須集中火力破解小我的「失心大計」，恢復心靈的覺知了。耶穌要將他的學生由有限的身體導向無限的心靈，這不只是因為心靈無所不能，也因為心靈才是唯一真實的存在。在天堂，心靈乃是靈性或造化的創造者；在人間，它也是一切幻相或妄造的創作者。

(V.9:2~4) **你能一邊教導他人上主的道路，一邊從中學習，只要你願追隨那位「聖師」，只有祂才知道上主之道，且通曉祂的課程。本課程一點兒都不曖昧，因為它的目標一心不二，目的與方法之間也前後一致。它只要求你能做到心無旁騖。**

　　這個「一心不二」的要求，和前文「只要你的祈求一心不二，我必會親自答覆的」（T-4.III.7:10），兩句話相互呼應，只是耶穌在此又向前推進了一步：「你必須獨獨尊我為師，不能有時選我，有時又拜倒在小我門下。你若三心兩意，你的學習目標便會陷入矛盾，誤以為戰勝敵人才可能帶來和平，誘惑他人才能獲得真愛，犧牲別人才會掙得救恩。」耶穌再三耳提面命，若想活得平安，不只需要接受他的寬恕教誨，還要將所學的具體套用在每一個特殊關係才行。

(V.9:5~7) **其餘的一切自會賜給你。只要你真正有心學習正確的方法，沒有人能違逆上主之子的決定。他的學習成果會像他自身一樣不可限量。**

　　耶穌再度重申，我們具有無限的學習潛能，因為我們內心深處始終記得那無限的本然境界。這幾句話和前文提到我們的正念決定「必如上主一般屹立不搖」（T-2.III.3:10;T-4.II.5:8），可說是異曲同工。宇宙中沒有任何力量左右得了我們的決定，只有心靈才有能力阻撓我們作出這一選擇。當我們義無反顧地選擇了上主，便會發現祂的聖愛早已在那兒等候多時；當我們準備好接受祂的禮物，便會發現那禮物早已賜給了我們。

　　接下來，我們引用本章第六節「基督的慧見」第六段，進一步深入前文討論過的「普遍應用」觀念；〈練習手冊〉的「導言」也曾強調它的重要性。人間的學習都是靠「普遍應用」而完成的，比方說，我們從小學習加減乘除的範例時，不可能去加減乘除世界上所有的數字，而只需學習一個數學公式，便可套用在所有的數字上。同理，我們也無需寬恕世上每一個人，只要寬恕與自己有特殊關係的夥伴便綽綽有餘了。我們終會明白，自己雖然只寬恕了幾個人，其效果卻無遠弗屆，因為上主只有一個聖子。〈練習手冊〉說得極好：「一位弟兄就等於所有的弟兄。一個心靈包含了所有的心靈，因每個心靈都是同一生命。」（W-161.4:1~2）

(VI.6:1~3) 上主的每一個孩子在基督內都屬於同一生命，因為他的生命存於基督內，一如基督存於天父內。基督對你的愛就是祂對天父的愛，祂知道自己對天父的愛，因祂知道天父對祂的愛。當聖靈終於由天父祭壇將你領回基督那兒時，知見便會

轉為真知；它變得如此神聖，自然融入了神聖之本體。

　　當我們意識到跟所有弟兄真的是同一生命，心內具有同等的清明，也有同等的瘋狂，分裂之見當下便轉為正知見了。這時，真實世界翩然降臨正念心境，轉瞬之間，正念之心就消融於上主的真知之境。只要日復一日的寬恕，學習放下個別利益，著眼於共同福祉，我們終將臻至這一永福境界的。

(VI.6:4) 愛延伸到愛內，有如水乳交融，因為兩者原是一物。

　　我們心內的愛和弟兄的愛是同一個愛，毫無差別；同樣的，我們內心向愛發出的求助和弟兄的求助之聲，也是同一個祈求，毫無差別。為此之故，如果我們看到任何事物好似阻礙了愛的自然延伸，它一定屬於幻相，只需修正一下，無需口誅筆伐。

(VI.6:5~7) 當你在各種人生場景中愈來愈能認出它們的共通性，表示你在聖靈的指點下，不僅增強了舉一反三的能力，且能普遍用在現實生活中。你慢慢學會了如何將此知見套用於每個人及每件事上，顯示出它放諸四海皆準的實用價值。一旦臻至此境，知見與真知變得極其相似，因兩者都具備了上主天律的結合能力。

　　耶穌要我們把所有事情（不論發生於過去、現在或未來），都交託到他手中；我們會在他溫柔的指引中，看出自己確實只有一個問題。這困擾了我們二十年、四十年、六十年甚

至八十年的老問題，始終換湯不換藥，就是期待他人**當下**必須滿足自己的需求。我們還會看到，這是自己對待所愛以及所恨之人的一貫心態。耶穌要我們誠實地面對現實，具體地從所有讓自己不悅、焦慮、內疚，甚至歡欣鼓舞的事件下手，唯有在具體關係及現實困境中練習寬恕，才能「增強了舉一反三的能力，且能普遍用在現實生活中」。請留意句中的「慢慢」一詞，表示耶穌知道我們目前仍難接受「上主的愛和我們，我們和所有弟兄之間都是渾然一體的生命，沒有任何間隙」的這個究竟真相，內心一定會設法抵制這麼單純的救贖原則。他要我們對自己寬容一點，同時向我們保證：「最後的結果必如上主一般屹立不搖。」（T-2.III.3:10）因為人間的知見純屬虛幻，天堂的真知千古不易。

耶穌擔心我們沒聽進去，他在下一節「往內看去」一開始又說了一遍：

(VII.1:1~2) **奇蹟不過證明你在正確指引之下終於學到了東西。學習經驗是肉眼看不到的過程，唯有透過結果才能認出你究竟學到了什麼。你必須不斷將所學運用於各種場合，方能顯示它放諸四海皆準的效用。**

這個「結果」指的就是平安。我們若真正體會到，不論周遭發生了什麼事，全都無關緊要，內心自然就安定下來了。虛擬的世界怎麼影響得了心靈的救贖真相？上主的愛永遠在自己心中，我們隨時都能推恩給所有的弟兄。為此，不論外在發生

了什麼事情，即使事事皆與願違，打亂了自己的生活，平安始終存在心內，永不缺席。

(VII.1:3) 直到你能在各種場合施展奇蹟，你才敢說自己真正懂得「奇蹟沒有難易之分」的道理。

　　比爾・賽佛曾經這樣強調第一條奇蹟原則：「解決問題，沒有難易之分，一個奇蹟以同一原理解決了人間所有的問題。」只要我們能把焦點從外轉向內，從世界轉向心靈，我們就會發現自己確實只有一個難題有待解決，就是自己看待事情的一貫眼光。如果我們感到不安，絕非他人搶走了平安，而是自己放棄了平安。人生問題林林總總，骨子裡都是同一回事，為此，我們完全認同比爾所強調的「解決問題，沒有難易之分」；只有一個問題，只需一個解答。

(VII.1:4) 沒有一種場合不能發揮奇蹟的妙用……

　　縱然我們身在納粹集中營，或是戰火摧殘的中東，甚至是飽受蹂躪的非洲大陸，我們仍能活在平安中。這個平安即是奇蹟帶來的療癒之功。然而，唯有我們徹底明白，世界只是心靈的妄念投射出來的幻影，奇蹟才可能發揮它的妙用。不幸的是，小我已經把我們的真相逐出救贖真理之外，令我們忘卻自己的聖子身分，更不敢相信自己是上主的創造，自甘淪為小我的**妄造**，並且認賊為父，俯伏在恐懼、怨恨以及特殊性的淫威下。是故，我們的問題始終落在自己的錯誤選擇上，與心外發

生的事件沒有任何關係，因為它們根本就不存在；還是那句
話，「觀念離不開它的源頭」。

**(VII.1:4) ……一旦你的奇蹟能在任何場景下發生作用，表示你
已進入了真實世界。**

　　當我們意識到世上所有的問題全都是同一回事，並把每
個分裂的聖子視為同一個聖子奧體，這可說是把「普遍運
用」的原則煉得爐火純青了。一旦看清這個形相世界確實是一
場夢，罪咎懼的思想體系只是小我的神話，我們便會欣然發
現，自己真的什麼也不需要做，只需承認這一切純屬虛構就夠
了。當我們徹底明白，真實的自己存在於夢境之外，我們便
已進入了真實世界，它代表著幻相和真相的過渡地帶（T-26.
III;W-99.2:3）。我們只會在此稍待片刻，便「消失於隱身在面
紗後的神聖『臨在』中……不是被看見，而是被了知。」（T-
19.IV.四.19:1）

　　接下來，我們就要進入「真實世界」的主題了。這個主題
在前面已經提過幾次，下一章會著墨更多，愈到後面出現得愈
加頻繁。我在前文曾經透露，隨著奇蹟交響樂的推展，「真實
世界」如詩一般的旋律會漸漸浮上檯面，它所對應的，正是我
們從幻相邁向真相的旅程。

真實世界

(III.8:1) 我曾說過：上主如此愛了世界，不惜賜下祂的獨生子。

　　這裡引用了福音的名句：「神愛世人，甚至將他的獨生子賜給他們。」（〈約翰福音〉3:16）。耶穌曾在第二章引用過這一句話，但改寫為：「上主竟這樣愛了世界，『把世界』賜給了自己的獨生子。」（T-2.VII.5:14）這裡的「世界」就是指真實世界。當然，嚴格說來，上主不可能給我們一個真實世界的，因它仍屬於幻境。只是，這個真實世界暗示了最終極的修正，表示我們已能**獨尊**聖靈，親自領受救贖，完成了此生的唯一任務。（T-2.V.5:1）

(III.8:2) 上主愛的是那真實世界，凡是認出世界真相的人，再也不會看見死亡的世界。

　　因為「死亡的世界」屬於小我夢境，凡是看得見真實世界的人是不可能同時著眼於虛幻之境的。請記住，雖然真實世界不是真知，仍是虛幻知見世界的一部分，但它象徵著我們悟出人生確實是一場夢的那個「神聖一刻」。縱然眼前的「分別相」仍歷歷在目，我們心中卻了了分明，知道那不是真正的自己，我們和所有弟兄並不真的活在夢裡。耶穌來到人間的那一世，必然已進入了真實世界，知道自己並不活在時空中，為此，他在世間經歷到的一切對他產生不了任何影響；處在真實世界的他，早已跳脫了充滿仇恨與死亡的小我夢境。他來

到人間，只為了喚醒我們，學習以他的眼光看待世界。《奇蹟課程》也對我們提出相同的呼喚：「聖靈的呼喚不過是喚醒人心，讓它活得快樂而已。」（T-5.II.10:5）

(III.8:3) 因為死亡不屬於真實世界，那兒處處反映出永恆的境界。

只有天堂是永恆的（即圖表上方那條實線以上的境界），真實世界不屬於永恆之境，卻不失為天堂的美麗倒影，因為它只著眼於那不曾與聖愛分離的救贖真相。要如何才能臻於此境？唯有矢志選擇聖靈的判斷，放下一己之見，知道內心的忿怒不平並非由他人造成的，還能進一步將這寬恕的眼光普施於所有人身上。假以時日，我們遲早會領悟出，真正侵擾我們平安的是內心莫須有的咎，而這個咎乃是罪之夢虛構出來的。現在，我們就要從這罪咎之夢醒來。

(III.8:4~5) 上主願用真實世界來與你分裂心靈所打造的那個象徵死亡的世界交換。如果你真能與上主天心分開，只有死路一條。

死亡，顧名思義，不可能立足於永生之境。根據救贖原則，我們的自性是永恆不朽的，故不可能活在永生之外，由此推之，我們也不可能死亡。於是，「親自領受救贖」和「進入真實世界」成了同一回事，兩者皆表示我們接受了上主的永恆生命。然而，切莫忘記它的先決條件：我們必須甘心放下自己對世界的特殊執著才行。

(VI.3) 你並不想要這個世界。它的唯一價值只在你愛的眼神所注視的那一部分。是你的眼光賦予它絕無僅有的真實性。它的價值不在它自身內，但你的價值卻在你自己內。自我的價值源自自我的延伸，為此，你的自我價值「觀」必然源自你的善念延伸之物。讓你的世界愈來愈真實吧，因為真實世界乃是聖靈的禮物，而它非你莫屬。

　　若想憶起自己身為上主之子的「真實價值」，首要之務即是學習寬恕；寬恕之後才會明白，在特殊性的虛幻世界裡，只有一事值得學習，就是看出我們根本不屬於這個世界。當我們一點一點放下自己對聖子奧體的不慈之念，就等於在為仁慈之念（也就是耶穌始終為我們保存的共同福祉之念）騰出空間，如此，真實世界離我們還會遠嗎？唯有基督慧見才能將我們領向這一境界，而憶起上主自然成了此生的神聖宿命。

(VI.4:4~10) 基督的眼睛永遠明亮，只要你接納祂的慧眼，祂愛的眼神便會落於你所見之物。聖靈為每一個沉睡的聖子護守著基督慧見。在聖靈的慧眼裡，上主之子完美無缺，祂一心只願與你共用這一慧見。祂要幫你看清真實世界，因為上主已將天國賜給了你。你的天父願透過聖靈而喚回聖子的記憶。聖子覺醒的第一步乃是開始投資真實世界，如此，他才會學到如何重新投資自己。因為真相必與天父及聖子同在，聖靈是藉聖父聖子之名而祝福了這個真實世界。

　　在這個人間，我們是永遠不可能了解一體實相的，但只要

學會基督慧見，天堂的倒影便會在寧靜的眼神中現身。我們若真心渴望憶起天父，唯有求助於祂的聖子（也就是我們的自性），我們才學得到真實世界的慧眼而跳脫夢境。在此之前，可別忘了先把那些被自己的特殊需求扭曲了的知見，帶到耶穌面前接受療癒，洗去仇恨，釋出真愛，讓所有生命在一個愛內成為一個生命。一言以蔽之，我們應把過去投注於小我思想體系的心力，轉向救贖大業，投注於真實世界的願景。

(VI.5:1~5) 你遲早會看到真實世界的，你一看到它，即刻便會憶起我們。然而，你必須學會看清沉睡的代價，並且拒絕支付才行。唯有如此，才能顯出你甦醒的決心。真實世界便會出現於你眼前，因為基督從不入睡。基督一直等著你的眼光轉向祂，祂的眼光片刻不曾離開你。

這段話道出了「與耶穌一起正視小我」的真正內涵。要知道，僅僅「看一下」是療癒不了任何問題的，除非它包含了寬恕的整個過程。也就是說，我們必須切身感受到，自己為了選擇小我的個別利益，而放棄聖靈的共同福祉所付出的慘痛代價才行。我們先前討論過，聖靈喜歡用對比參照的方式來誘導我們（T-13.XI.4），唯有親眼看到我們為了小我賞賜的特殊關係的一點點甜頭，自己竟然賠上了畢生渴望的愛與平安，那麼，覺醒的決心就不是那麼困難了。在基督慧見的神聖祝福下，我們必會領受真實世界本來如此而且永遠如此的真相。

(VI.5:6~9) 祂安詳地凝視著真實世界，一心只願與你同享，因

為祂深知天父對祂的愛。基督就是在此一真知下給你那原屬於你的禮物。祂在天父的祭壇上，寧靜安詳地等待你回頭，祂在聖靈的祝福之光下，默默地將天父之愛傳送到你身上。聖靈會引領所有的人回歸天父的家園，基督在那兒等著與自性團圓。

上主只有一位聖子，當我們能夠義無反顧地放下自己的判斷而選擇慧見時，我們便已進入了真實世界，並且欣然發現，**所有的**弟兄都和自己在一起。我們不該感到意外，因為真實世界中沒有分別相，只有對一體自性的記憶，也就是上主所創造與自己一體不分的基督。

最後，讓我引用本章最後一段作個總結：

(VIII.8:1) **上主在愛中賜給你一個真實世界，想要與你所造及所見的世界交換。**

進入真實世界的途徑，除了正視自己打造的世界以外，還得看透它的虛幻本質才行。除了透過聖靈的慧見，耶穌還教給我們具體的方法：拿自己的世界和基督所賜的世界交換，讓心中只留下真理的記憶，徹底忘卻虛幻的世界。試問，那不曾存在過的虛無，有什麼值得回憶的？有什麼好回顧的？當我們透過救贖的眼光好好正視虛妄的世界時，它背後的錯誤知見當下便「消失了蹤影」，最後只留下正知正見，而這一正念會在瞬間消融於真知之內，也就是我們旅途的終點。

(VIII.8:2~9) **你只需由基督手中接收過來，正視一下它的存**

在。它的真相便會使一切幻相當下破滅，因為注視真相，給了你一種全面性的知見。你只要正視一眼，便會憶起原來它始終不曾改變過。虛無當下便消失了蹤影，因為你終於懂得如何真正去看了。經過救贖的知見便輕而易舉轉為真知，因為唯有知見才可能錯誤，而知見根本就不存在。它一被修正，便會讓位給真知，那才是唯一且永恆的真相。所謂救贖，不過是領你回到那不曾失落之境的方便法門而已。只因你的天父對聖子的愛永恆不渝。

我們終於回到了原點，也就是當初為了抵制救贖而選擇小我的抉擇者之心內。我們在充滿痛苦及死亡的噩夢中浮沉了百千萬劫，如今終於意識到小我的瘋狂。為了恢復清明神智，我們欣然踏上奇蹟的歸途，用寬恕扭轉我們的知見。最後，當蒙受救贖的世界都已悄然隱退時，我們便回到家了，回到上主願我們在的地方（T-31.VIII.12:8）。

附　錄

奇蹟課程思想體系圖

天堂－真知

天心	上主	不二之境	
靈性	基督－自性	一體性	真理
旨意	造化	實相	愛
光明	創造－推恩	永恆	不易

因
分裂妄心
內涵層次

上主之子
抉擇者
夢者－觀者 ｝ ← 小小瘋狂一念－分裂之夢：幻覺

投射

小我（妄心－神智不清） ←

分裂－個體性－特殊性
觀念**離開了**它的源頭

－－－

錯誤真實，後果嚴重：罪－
咎－懼　匱乏

－－－－－

戰場－犧牲
非此即彼－加害或被害

聖靈（正心－神智清明）
對上主的記憶

救贖
觀念**離不開**它的源頭

－－－

錯誤虛幻不實：無聊夢境－
一笑置之　富足

戰場 ... 真實世界　療癒
寬恕　　正知見、慧見
神聖一刻　理性
神聖關係　幸福美夢
救恩　　　耶穌

奇蹟

遺忘的面紗（否認）

果
失心狀態
形式層次

藏身之地
轉移焦點
煙幕彈

分裂世界－知見領域
時間（過去－現在－未來）──空間

分裂－個體性－特殊性
觀念**離開了**它的源頭

－－－

錯誤真實，後果嚴重：
罪－咎－懼　匱乏

－－－

戰場－犧牲
非此即彼－加害或被害

身體（大腦、心理）
問題：苦樂，疾病－解決方法：怪力亂神

監獄　　　　　　　　　　　　　　　　　　　　教室

奇蹟資訊中心
出版系列：

《奇蹟課程》
（A Course in Miracles）——新譯本

　　《奇蹟課程》是二十一世紀的心靈學寶典，更是近年來各種心理工作坊或勵志學派的靈感泉源。中文版已在 1999 年由若水譯出，並由作者海倫‧舒曼博士所委託的「心靈平安基金會」出版。

　　新譯本乃是根據「心靈平安基金會」2007年所出版的「全集」，也是原譯者若水在「教」「學」本課程十年之後再次出發的精心譯作。全書分為三冊：第一冊：〈正文〉；第二冊：〈學員練習手冊〉；第三冊：〈教師指南〉、〈詞彙解析〉以及〈補編〉的「心理治療」與「頌禱」二文。新譯本網羅了《奇蹟課程》所有的正式文獻，使奇蹟讀者從此再無滄海遺珠之憾。（全書三冊長達 1385 頁）

《奇蹟課程》
〈學員練習手冊〉新譯本隨身卡

　　《奇蹟課程》第二冊〈學員練習手冊〉共三百六十五課，一日一課地，在力求具體的操練中，轉變讀者看事情的眼光，解開鬱積的心結。

　　若水由十餘年的奇蹟課程教學譯審經驗出發，全面重譯這部曠世經典。新譯版一本經典原文的精確度，語意更為清晰，文句更加流暢。精煉再三的新譯文，吟誦之，琅琅上口，饒富深意，猶如親聆J兄溫柔明晰的論述，每天化解一個心結，同享奇蹟。

　　為方便現代人在忙碌生活中操練每日一課，經三修三校的重譯版，首度以隨身卡形式發行，以頂級銅西卡精印，紙版尺寸 8.5 × 12.6 公分，另有壓克力卡片座供選購。（全套卡片共 250 張）

奇蹟課程導讀與教學系列

　　《奇蹟課程》雖是一部自修性的課程，只因它的理論架構博大精深，讀者常易斷章取義而錯失精髓，故奇蹟資訊中心陸續推出若水的導讀系列、米勒導讀，以及一階理論基礎及二階自我療癒DVD、其他演講錄音或錄影教材，幫助讀者逐漸深入這部自成一家之言的思想體系。

若水導讀系列
（一）《創造奇蹟的課程》（全書 272 頁）
（二）《生命的另類對話》（全書 272 頁）
（三）《從佛陀到耶穌》（全書 224 頁）

　　若水在這三冊中，解說《奇蹟課程》的來龍去脈與理論架構，透過問答的形式，說明崇高的寬恕理念如何落實在生活中；最後透過《奇蹟課程》的理念，闡釋佛陀和耶穌這兩位東西方信仰系統的象徵，在實相裡並無境界之別，而只有人心的「小我分裂」與「大我一體」的天壤之隔。

米勒導讀
《奇蹟半生緣》

　　一位慧心獨具卻不得志的記者，三十多歲便受盡「慢性疲勞症候群」的折磨，群醫束手無策，他在走投無路之下，不禁自問：「究竟是誰把我這一生搞得這麼慘？」

　　《奇蹟課程》讓他看到，自己竟是一切問題的始作俑者。他對這一答覆百般抗拒，直到有位心理治療師對他說：「恭喜你！你若讀得下這本書，大概就不需要心理治療了！」

　　《奇蹟半生緣》全書穿插作者派屈克‧米勒浮沉人生苦海的經歷，但他並不因此獨尊自身的經驗和詮釋，而以記者客觀實証的精神，遍訪散居全美各地的奇蹟講師與學員，甚至傾聽圈外人的質疑。本書可說是一部美國奇蹟團體的成長紀實。（全書 319 頁）

奇蹟課程有聲教學教材

　　奇蹟資訊中心歷年發行《奇蹟課程》譯者若水的演講錄音或錄影光碟，將《奇蹟課

程》的抽象理念與現實生活銜接起來，幫助讀者了解《奇蹟課程》的精髓所在，是奇蹟學員不可或缺的有聲輔讀教材，由於教材內容每年不盡相同，欲知詳情，請上網查詢。

www.acimtaiwan.info 奇蹟課程中文網站
www.qikc.org 奇蹟課程中文部簡体網

肯恩實修系列

《奇蹟原則50》

許多讀者久仰《奇蹟課程》之盛名，興沖沖地讀完短短的導言後，就怔忡在一條一條有如天書的「奇蹟原則」之前。讀了後句忘前句，「奇蹟」的概念好似漂浮在字裡行間，始終無法在腦海中落腳，以至於閱讀了一兩頁之後便後繼無力，難以終篇，竟至棄書而逃。

「奇蹟原則」前後五十條，其實是整部課程的濃縮，若無明師指點，讀者通常都不得其門而入。於今多虧奇蹟泰斗肯尼斯旁徵博引，以深入淺出而又幽默的答問形式，將寬恕與奇蹟的精神落實於生活中，為初學者乃至資深學員提供了一個實修的指標。（全書209頁）

《終結對愛的抗拒》

追尋心靈成長的人，學到某個階段往往面臨一個瓶頸：儘管修習多年，一遇到某種挑戰，就不自覺地掉回原地，因而自責不已。問題到底出在哪裡？

佛洛依德在他的臨床經驗中，驚異地發現，病人的潛意識中有「拒絕療癒」的本能，肯尼斯根據《奇蹟課程》的觀點，犀利地剖析人們「拒絕療癒或轉變」的原因，又仁慈地為讀者指出穿越小我迷霧的關鍵，由停滯不前的窘境中突圍。對於追尋心靈成長和平安的人而言，本書不但有提點指授的功效，更有當頭棒喝的力道。（全書109頁）

《親子關係》

坊間論及親子問題的書籍可謂汗牛充棟，泰半繞在親子關係複雜且微妙的糾結情懷，唯獨肯尼斯‧霍布尼克不受表象所惑，借用《奇蹟課程》的透視鏡，澈照出親子之間愛恨交織的真正關鍵。

本書表面上好似在答覆「如何教養子女」、「如何對待成年子女」以及「如何照顧年邁雙親」等具體問題，它其實是為每一個人點出我們在由「身為兒女」，到「照顧兒女」，繼而「照顧雙親」的艱苦過程，以及我們轉變知見時必然經歷的脫胎換骨之痛。（全書238頁）

《性‧金錢‧暴食症》

在紛紜萬象的世界裡，性、金錢與食物可說是人生問題的「重頭戲」，最易牽動小我的防衛機制，故也最具爭議性。作者肯恩沿用《奇蹟課程》中「形式與內涵」的層次觀念，針對性、金錢等等所引發的光怪陸離現象（形式），揭露它們背後一貫的目的（內涵）──小我企圖藉無止盡的生理需求，抹滅心靈的存在，加深孤立、匱乏、分裂等受害感，最後連吃飯、賺錢與性交都可能變成一種攻擊的武器。

肯恩與學員的趣味問答，反映出我們日常是如何受制於這些生理需求的；然而，我們也能藉聖靈之助，將現實挑戰化為人生教室，將小我怨天尤人的陰謀，轉為寬恕與結合的工具。（全書196頁）

《仁慈──療癒的力量》

這是一部針對奇蹟教師及資深奇蹟學員的實修指南。全書分上下兩篇，上篇列舉奇蹟學員常有的現象，例如以奇蹟之名攻擊他人，或以善意為由掩蓋自己批判的心態；下篇探討如何用仁慈的眼光來看待自己與他人的缺陷，教我們將自身的限制或缺陷轉為此生的「特殊任務」，在人間活出寬恕的見證，成為聖靈推恩的管道。（全書251頁）

《逃避真愛》

本書是針對道理全懂卻難以突破的資深學員而寫的，它一針見血地指出，綑綁我們修行腳步的，不是世界的黑暗，也非人間的牽絆，而是自己打造出來的一道心牆。

只因我們深怕真愛會消融了自己的特殊性，故把心靈最深的渴望隱藏到心牆之後，與之「解離」，在人間展開一場虛虛實實又自相矛盾的追尋。一邊痛恨小我的束縛，一邊又忙著為小我說項；以至於內心有一部分奮力向前，另一部分則寧可原地觀望。藉著裝傻、扭曲、辯駁，把回歸真愛的單純選擇

渲染成複雜又艱深的學問。

《逃避真愛》溫柔地解除了人心無需有的恐懼，讓我們明白心牆的「不必要」，陪伴我們無咎無懼地跨越過去。（全書156頁）

《假如二二得五》

從古至今，多少人心懷救苦救難的大志，傾注一生之力貫徹自身理想，卻往往受現實所囿而終不能及。我們這些凡夫俗子，亦不乏拼搏自救之心，然而在現實面前，還是屢屢敗陣，活得憋屈而無奈。問題究竟出在哪裡？

對此，本書剴切提出：整個世界其實一直按照 2＋2＝4 的「鐵律」來運作，萬物循著固定的軌跡盈虛盛衰，一切可謂「命中註定」，無怪乎歷史上的種種救世之舉皆以失敗告終。然而，《奇蹟課程》識破世界的詭計，小我既然使出 2＋2＝4 的苦肉計，它便祭出 2＋2＝5 的救贖原則，破解小我編織的羅網，溫柔地引領我們走出世界的幻境。本書即是教導我們，如何在貌似 2＋2＝4 的世界活出 2＋2＝5 的生命氣象，而且更進一步，迎向天地間唯一真實的等式 1＋1＝1。（全書171頁）

《駱駝・獅子・小孩》

本書書名出自德國哲學家尼采的代表作《查拉圖斯特拉如是說》裡的「三段蛻變」──駱駝、獅子、小孩。這則寓言提綱挈領地勾勒出靈性的發展過程，尼采的幾項重要論點，包括強力意志、超人、永劫輪迴，也在肯恩博士精闢的詮釋之下，與奇蹟學員熟悉的抉擇心靈、資深上主之師、小我運作模式等觀念相映成趣。

肯恩博士為奇蹟學員引薦這位十九世紀天才的作品，企盼在大家為了化解分裂與特殊性而陷入苦戰之際，可以由這本書得到鼓舞和啟發。我們終將明白，唯有「一小步又一小步」的前進，從駱駝變成獅子，再進一步蛻變為小孩，不跳過任何一個階段，才能抵達最後的目標。（全書177頁）

肯恩《奇蹟課程釋義》系列

《奇蹟課程序言行旅》

如果說《奇蹟課程》是一首曠世交響曲，《序言》便奠定了整首樂曲的氣質與基調，不僅鋪敘出奇蹟交響樂的關鍵理念，還將讀者提昇到奇蹟形上思想的高度和意境，堪稱《正文行旅》最佳的暖身之作。

肯恩有如一流的樂評家，領著讀者，在宏觀處，領受樂章磅礡的主旋律，在微觀處，諦聽暗藏其中的千百種變奏，致其廣大，盡其精微，深入課程之堂奧，回歸心靈之家園。（全書121頁）

《正文行旅》（陸續出版中）

《奇蹟課程》在人類靈性進化史上的貢獻可謂史無前例，而《正文行旅》乃是《奇蹟課程釋義》三部曲的完結篇。肯恩由文學，詩體，音樂三重角度，依循各章節的主題，提供了「重點式」以及「全面性」的導覽，幫助學員深入奇蹟三昧，沉浸於智慧與慈悲之海。

這部行旅可說是肯恩一生教學的智慧結晶，奇蹟學員浸潤日久，必會如他所願：奇蹟，發自心靈，必將流向心靈。（第一冊335頁，第二冊314頁，第三冊331頁）

《學員練習手冊行旅》（陸續出版中）

整套《奇蹟課程釋義》的問世，可說是無心插柳。1998年起，肯恩應學生之請，為〈學員練習手冊〉做了一系列的講解，基金會將研讀錄音增編彙整為逐句詮釋的〈練習手冊行旅〉。此案既定，〈正文行旅〉以及〈教師指南行旅〉應運而生，為奇蹟學員提供了最完整且精闢的修行指針，訂名為《奇蹟課程釋義》，幫助學員將〈正文〉理念架構所引伸出來的教誨，運用到現實生活中。這三部《行旅》，可說是所有踏上奇蹟旅程的學員最貼心的夥伴。

《學員練習手冊行旅》的宗旨，乃是幫助奇蹟學員了解三百六十五課的深意，以及它們在整部課程中的作用。更重要的是，幫助學員將每日一課運用於現實生活中，否則《奇蹟課程》那些震古鑠今之言可謂枉費唇舌，徒然淪為一套了無生命的學說。（第一冊346頁，第二冊292頁，第三冊234頁，第四冊337頁，第五冊289頁，第六冊289頁）

《教師指南行旅》

（共二冊，含《詞彙解析行旅》）

〈教師指南〉是《奇蹟課程》三部書的最後一部，它以「如何才是上主之師」為主軸，提綱挈領地梳理出〈正文〉的核心觀念，全書以提問的形式鋪敘而成，為其他兩部書作了最實用的補充。

肯恩在逐句解說〈教師指南〉時，環繞著兩個主題：「個別利益」對照「共同福祉」，以及「向聖靈求助」。因為若不懂得向聖靈求助，我們根本學不會「共享福祉」這門功課。當然，全書也穿插不少副題，如「形式與內涵」、「放下判斷」等等，就像貝多芬的偉大樂章那樣，不時編入數小節旋律，讓主題曲與變奏曲銜接得更加天衣無縫。肯恩說：「我希望藉由本書讓學員看出，耶穌是如何高明地把他的基本訊息串連為一個整體，一如交響樂以主旋律與變奏曲那般交叉呈現、迴旋反覆地將我們領上心靈的旅程。」（第一冊337頁，第二冊310頁）

其他出版品

《寬恕十二招》

《寬恕十二招》的作者保羅‧費里尼，有鑒於人們的想法與情緒反應模式，早已定型僵化，成了一種「癮」，不是一朝一夕可以化解得掉的。因此，他將《奇蹟課程》的寬恕理念，分解為十二步驟，一步一步地引導我們超越自卑、自責以及過去的創痛，透過自我寬恕而領受天地的大愛。這是所有準備好負起自我治癒之責的人必讀的靈修教材，也是曠世靈修經典《奇蹟課程》的輔讀書籍。（全書 110 頁）

《無條件的愛》

作者保羅‧費里尼繼《寬恕十二招》之後，另以老莊的散文筆法，細細描述我們每一個人心中都擁有的「無條件的愛」。他由大我的心境出發，以第一人稱的對話方式，直接與讀者進行心與心的交流，喚醒我們心中沉睡已久的愛，開啟那已被遺忘的智慧。此書充滿了「醒人」的能量，是陪伴你走過人生挑戰的最好伙伴。（全書 215 頁）

《告別娑婆》

宇宙從哪兒來的？目的何在？我究竟是什麼？為什麼會在這裡？我要往哪裡去？我該怎麼活在這個世界裡？當你讀完本書，會有一種「千年暗室，一燈即亮」的領悟。

全書以睿智而風趣的對話談當今世局、原子彈爆炸，一直說到真愛、疾病、電視新聞、性問題與股價指數等等，讓我們對複雜詭異的人生百態，頓時生出「原來如此」的會心一笑。它說的雖全是真理，讀起來卻像讀小說一樣精彩有趣，難怪一問世便成了西方出版界的新寵。（全書 527 頁）

《一念之轉》

作者拜倫‧凱蒂曾受十餘年的憂鬱症所苦，一天早上，她突然覺悟了痛苦是如何形成又如何結束的。由此經驗中，她發明了四句問話的「轉念作業」（The Work），引導你由作繭自縛中徹底脫身，是一本足以扭轉人生的好書。（全書 448 頁，附贈轉念作業個案 VCD）

《斷輪迴》 阿頓與白莎回來了！

繼《告別娑婆》走紅之後，葛瑞的生活形態發生重大的轉變，也面臨了更多的挑戰。葛瑞仍是口無遮攔地談八卦、論是非、臧否名流，阿頓和白莎兩位上師在笑談棒喝中，繼續指點葛瑞如何在現實挑戰下發揮真寬恕的化解（undo）功能，徹底瓦解我執，切斷輪迴之根。（全書 304 頁）

《人生畢業禮》

本書是保羅與 Raj 在 1991 年的對話記錄。對話日期雖有先後，內涵卻處處玄機，不論由哪一篇起讀，都會將你導入人類意識覺醒的洪流。

Raj 借用保羅的處境，提醒所有在人間孤軍奮鬥的人，唯有放下自己打造的防衛措施，才可能在自己的心靈內找到那位愛的導師。也唯有從這個核心出發，我們才會與所有弟兄相通，悟出我們其實是一個生命。（全書 288 頁）

《療癒之鄉》

《療癒之鄉》中文版由美國「獅子心基金會」委託台灣「奇蹟資訊中心」出版。

作者羅賓‧葛薩姜把《奇蹟課程》深奧又慈悲的教誨化為一套具體的情緒啟蒙和心靈復健課程，協助犯罪和毒癮的獄友破除

心理障礙，學習處理人與人之間的衝突，調整情緒，建立自信，切斷「憤怒→攻擊→憤怒」的惡性循環。《療癒之鄉》陪伴無數受刑人度過獄中歲月。

《療癒之鄉》也是為所有困在自己心牢裡的讀者而寫的。世間幾乎沒有一人不曾經歷童年的創傷、外境的壓迫，以及為了生存而形成種種不健康的自衛模式。獄友的心路歷程給予我們極大的啟發，鼓舞我們步上心靈療癒之路。（全書 440 頁）

《我要活下去》

這本書不只是一本鼓舞信心的療癒指南，還是一個女人把自己從鬼門關前拉回來的真實故事。

作者朱蒂‧艾倫博士（Judy Edwards Allen, Ph.D.）原本是成功的專業顧問、大學教授、大學教科書作者，四十歲那年獲知罹患乳癌的「噩耗」，反而成為她生命的轉捩點，以清晰、熱情的文筆，記錄了她奮力將原始的求生意念成功地轉化為「康復五部曲」的歷程。讀者會看到她如何軟硬兼施地與醫生打交道，如何背水一戰克服無助感，又如何透過寬恕，喚醒內心沉睡已久的愛與生命力。最後，她終於超越自己對生死的執著，在這一場疾病與療癒的拔河大賽中，獲得了靈性的凱旋。（全書 280 頁）

《時間大幻劇》

人們對於時間，存在著種種截然不同的看法，比如：時間是良藥，可以癒合一切創傷；善惡終有報，只等時候到；時間是無情的殺手，終將剝奪我們的一切……。人類早已視時間的存在為天經地義，戰戰兢兢地活在過去的懊悔、現在的焦慮和對未來的恐懼中。我們好似活在一座無形的牢籠裡，苟延殘喘，等待大限的到來。

《奇蹟課程》的泰斗肯恩博士曾說：「不了解時間，不可能讀懂《奇蹟課程》的。」他引經據典，將散落全書有關時間的解說，梳理出一個完整的思想座標，猶如點睛之龍，又如劃破文字叢林的一道靈光，讓我們一窺《奇蹟課程》的究竟堂奧（究竟義）。此書可說是肯恩留給奇蹟資深學員最珍貴的禮物。（全書413頁）

《奇蹟課程誕生》

《奇蹟課程》的來歷究竟有何玄虛？為什麼它選擇經由海倫‧舒曼博士來到人間？它的記錄方式及成書過程，與它傳給人類的訊息有何內在關係？有幸親炙此書的我們，又該如何延續奇蹟精神的傳承？

不論你只是好奇《奇蹟課程》的精采傳奇，還是有心以「史」為鑒，窮究奇蹟的傳承精神，本書都提供了最可靠的第一手資料。作者因與茱麗、海倫與比爾等人交往密切，故受這些開山元老之託，冷靜而客觀地梳理《奇蹟課程》的記錄及成書經過，佐以三位奇蹟元老的親筆自白，融鑄成一部信實可徵的《奇蹟課程》誕生史，帶領讀者重新走過五十年前那段精采神奇的心靈歷程。（全書195頁）

《飛越死亡的夢境》

本書榮獲美國出版界著名的「活在當下書籍獎」（Living Now Book Awards），全書以嶄新的視角詮釋曠世靈修經典《奇蹟課程》的教誨，為讀者剀切指出「起死回生」的著力點。

作者特別選取在人間每個角落不時作祟的「死亡陰影」入手，揭露小我抵制永恆生命的伎倆。作者以親身的經歷為奇蹟作證，並且提供了極其實用的反省練習，解除我們潛意識中對死亡的恐懼，為百害不侵的生命本質開啟了一扇門，真愛與喜悅得以流過人間，讓奇蹟成為日常生活裡「最自然的事」。（全書524頁）

國家圖書館出版品預行編目資料

奇蹟課程釋義：正文行旅. 第三冊（第九章～第十二
章）／肯尼斯‧霍布尼克博士（Kenneth Wapnick,
Ph.D.）著；若水譯 -- 初版 -- 臺中市：奇蹟課程有限
公司奇蹟資訊中心，2023.08
　　面；　　　公分
　　譯自：Journey through the Text of a course in miracles
　　ISBN 978-626-96278-5-1（平裝）

1. CST: 靈修

192.1   112012379

奇蹟課程釋義
正文行旅　第三冊（第九章～第十二章）

作　　者	肯尼斯‧霍布尼克博士（Kenneth Wapnick, Ph.D.）	
譯　　者	若　水	
校　　譯	江智恩	
責任編輯	李安生	
校　　對	李安生　黃真真　吳曼慈	
封面設計	林春成	
美術編輯	陳瑜安工作室	
出　　版	奇蹟課程有限公司‧奇蹟資訊中心	
	台中市潭子區福潭路143巷28弄7號	
聯絡電話	（04）2536-4991	
劃撥訂購帳號	19362531　戶名　劉巧玲	
網　　址	www.acimtaiwan.info	
電子信箱	acimtaiwan@gmail.com	

印　　刷	世和印製企業（02）2223-3866	
經銷代理	聯合發行公司	
	電話（02）2917-8022 # 162	
	（03）212-8000 # 335	

定　價　新台幣 350 元
出版日期　2023 年 8 月初版

ISBN　978-626-96278-5-1